원택스님 고희기념 성철스님 사상논집

아침바다 붉은 해 솟아 오르네

【 필진 】

서재영 — 천년의 침묵을 깨는 사자후
강경구 — 『선문정로』 설법의 맥락과 특징
김영욱 — 『본지풍광』의 화두와 현재적 의미
박성배 — 돈오돈수설의 종교성에 대하여
원　소 — 곁에서 본 성철스님

원택스님 고희기념 성철스님 사상논집
아침바다 붉은 해 솟아 오르네

초판인쇄	2015년 4월 5일
초판발행	2015년 4월 10일
책임편집	원택
발행인	여무의
발행처	도서출판 장경각
등록번호	합천 제1호
등록일자	1987년 11월 30일
본 사	경남 합천군 가야면 해인사길 122 해인사 백련암
서울사무소	서울시 종로구 삼봉로 81
	(수송동, 두산위브파빌리온) 931호
전 화	(02)2198-5372
팩 스	(050)5116-5374
홈페이지	www.sungchol.org

ⓒ 2015, 장경각

ISBN 978-89-93904-14-7 03220

값 13,000원

※ 이 책에 실린 내용은 무단으로 복제하거나 전재할 수 없습니다.
※ 잘못된 책은 교환해 드립니다.

원택스님 고희기념 성철스님 사상논집

아침바다 붉은 해 솟아 오르네

책임편집 원택

장경각

인사말

　지난 2012년 3월 11일은 성철대종사 탄신 100주년이 되는 날이었습니다. 조계사 창건 이후 처음으로 '퇴옹당 성철대종사 탄신 100주년 기념법회' 현수막을 조계사 대웅전 현판 바로 밑에 걸고 장엄하게 법회를 봉행하였습니다. 무엇보다도 오랫동안 큰스님의 가르침을 따르던 불자들이 기념법회를 마치고 나서 기뻐했던 기억입니다.

　기념법회 전날 조계사 대웅전에서 실시한 철야 삼천배 법회에는 700여 명의 대중이 참여하였는데 500명 넘게 동참한 백련암 신도들이 삼천배를 마친 후 모두 감격해 마지않던 일이 마치 어제 일처럼 생생합니다. 그러나 그렇게 성황리에 100주년 기념법회를 마쳤건만 저의 마음 한구석은 기쁘면서도 허전하기 이를 데 없었습니다.

　큰스님께서는 1967년에 해인총림의 초대방장으로 추대되어 선열당 방장실에 머무시며, 그 해 동안거를 맞아 보름마다 상당법문과 사부대중을 위해 100여일 동안 불교 이론과 수행에 대한 법문을 하셨습니다. 큰스님께서 백일법문을 설법하신 지 25년 만에 당시 녹음했던 릴테이프를 일반테이프로 옮기고 녹취 정리하여 1992년 4월 30일 『백일법문』 상·하 두 권으로 출판하게 되었습니다. 그리고 2004년 3월 25일에는 불필스님 고희기념으로 『백일법문』 CD 3장과 『성철스님 백일법문 노트』라는 소책자를 전국 선원에 법보시하였습니다.

　그런데 1967년 당시 백일법문을 CD 3장에 담고 스님의 육성을 들어보다가 1992년 간행된 『백일법문』 상·하의 내용이 상당히 누락된 것을 발견하게 되었습니다. 그 후 2007년 경에 '성철스님 100주년 기념법회'에 맞추어 『백일법문』을 다시 발간할 것을 결심하고, 백일법문 테이프를 다시 녹취해 나갔습니다.

그러나 그로부터 5년이 지나 '탄신 100주년'이 되어서도 『백일법문』을 완성하지 못했고, 다음 해 '성철스님 열반 20주기' 때도 『백일법문』을 정리하지 못하였습니다. 그러다 2014년 11월 14일 마침내 『백일법문』 개정증보판을 상·중·하 3권으로 세상에 내놓게 되었습니다.

소납이 출가(1972년)하기 5년 전인 1967년, 큰스님께서 동안거 100여 일 동안 사자후를 하셨고, 산문에 든 지 40여 년이 지나 어느덧 고희를 맞는 해에 『백일법문』 개정증보판을 세상에 내놓게 되니 큰스님께서 백일법문을 하신 지 47년 만이라 그 감회가 남다르지 않을 수 없었습니다. 이제는 상좌로서의 책무를 비로소 마친 듯 했습니다.

몇 년 전, 수좌인 맏상좌가 말을 꺼냈습니다.

"얼마 안 있으면 스님께서 고희가 되시는데 그동안 발표한 글을 모아 고희집을 만들어 드렸으면 합니다."

"내 이미 『성철스님 시봉이야기』 1, 2권에 할 이야기를 다 했는데 무슨 책을 또 만드느냐? 내가 출가해 오로지 백련암에 살면서 큰스님을 모시고 또 얼빈에 드신 이후에는 큰스님의 행석과 사상을 정리하여 선양하는 데 매달려 살다 보니 상좌들과 국내 여행도 한번 못했다. 내 비용은 내가 마련할 터이니 너희 비용은 너희가 마련하여 함께 유럽여행이나 가자."

그러나 저희들끼리 의논한다더니 그 뒤로 흐지부지 되어버렸는지 '고희맞이 은사와 상좌의 유럽여행'은 이루어지지 않았지만 이 책이 나오는 데는 맏상좌의 아이디어가 한 몫을 한 셈이 되었습니다.

TV에서 가끔 유럽의 웅장한 종교 문화유산과 유명 개인유물관들을 보노라면, 큰스님 추모사업을 진행하면서 유럽여행을 하였더라면 얼마나 도움이 되었을까 하는 안타까운 마음이 컸습니다.

그러던 차에 어느 날, '나를 위한 고희집이 아니라 큰스님을 위한 고희집'을 만들어야겠다는 생각이 떠올랐습니다. 그래서 평소 큰스님 사상과 백일법문에 관심을 갖고 연구해 오신 서재영 박사님에게 의논을 하게 되었습니다.

"제가 세속의 나이 벌써 고희가 되었습니다. 상좌들이 고희집을 운위하는데, 학자도 아니고 법문을 업으로 하는 사람도 아닌 저에겐 어림없는 일입니다. 다만 세월이 이만큼 되고 보니 큰스님의 저서인 『백일법문』, 『선문정로』, 『본지풍광』을 논문 형식이 아닌 쉬운 말로 풀어 큰스님의 사상을 전하는 고희집을 출간하는 것이 어떻겠습니까?"

"학자들은 논문 쓰는 것을 편하게 여기지 대중의 눈높이에 맞추어 글 쓰는 것을 좋아하지는 않습니다. 그러나 큰스님을 위한 스님의 고희집이라 하시니, 몇 분 선생님들과 의논을 해 보겠습니다."

그리하여 『백일법문』은 불광연구원의 책임연구원 서재영 박사님, 『선문정로』는 부산 동의대 중문학과의 강경구 교수님, 『본지풍광』은 가산불교문화연구원의 책임연구원 김영욱 박사님, 큰스님의 사상 일반은 뉴욕 스토니부룩대 교수이신 박성배 교수님, 큰스님의 일상생활 모습은 상좌인 원소스님(철학박사)이 맡아 주기로 하였습니다.

그런데 고희집의 원고 정리가 끝나갈 무렵, 그동안 발간준비를 하던 『백일법문』 개정증보판 상·중·하 3권을 출간하게 되어 서재영 박사님이 맡은 『백일법문』의 내용에 보완할 필요가 있게 되었습니다. 그리하여 큰스님을 위한 고희집 출간이 해를 넘기게 되었습니다.

앞에서 말했듯이 1967년 동안거 때 큰스님께서 설법하신 백일법문을 47년 만에 원음에 충실하게 정리, 보완하여 개정증보판을 출간하고 저는 큰스님의 진영 앞에 3권의 책을 모셔놓고 부끄럽고 죄송한 마음에 한없이 참회를 올렸습니다.

"스님, 스님께서 하신 설법을 오늘처럼 잘 정리하여 1970년쯤에 출간하였더라면 스님의 위상은 더없이 높아졌을 것입니다. 그리고 여느 수행자들이 따르기 힘든 10년 가까운 장좌불와, 성전암에서의 동구불출, 10년의 실참실수, 그리고 방대한 독서력과 선교(禪敎)에 걸친 중도관점에서의 탁월한 논점 정리는 타의 추종을 허락하지 않는 독보적인 안목이 널리 빛을 발하셨을 것이며, 불교 학계에도 큰 반향을 일으켰을 것입니다. 설법하신 지 50년 가까이 되어 겨우 완성된 『백일법문』을 내놓게 되니, 스님의 진면목을 일찍 세상에 알리지 못한 죄가 너무너무 큽니다."

이제 저는 이런 참회의 마음으로 『아침바다 붉은 해 솟아 오르네』라는 제목으로 소납의 고희 참회집을 내어 놓습니다.

세 분 박사님의 논평 내용을 간단히 살펴 볼까 합니다.

서재영 박사님은 '천년의 침묵을 깨는 사자후'라는 제목하에 『백일법문』에 대한 글을 써주셨습니다.

"1960년대의 한국불교계는 정화의 소용돌이 속에서 앞날을 예견할 수 없을 만큼 암울한 격동의 나날이었다. 성철스님의 백일법문은 바로 이와 같은 시대적 어둠 속에서 포효처럼 울려 퍼진 사자후였다. 이런 맥락에서 『백일법문』은 다음과 같은 특징으로 요약할 수 있다.

첫째, 『백일법문』은 학문을 직업으로 삼는 학자의 저작이 아니라 종교적 전통성과 권위를 담지(擔持)한 종정 스님의 저작이라는 점에서 다른 어떤 전문서적 못지않은 종교적 신뢰성을 갖고 있다.

둘째, 『백일법문』의 주제는 불교의 핵심적 사상, 돈오돈수(頓悟頓修)와 같은 수증론(修證論) 등 심원한 불교사상과 수행에 관련된 내용들이 담겨 있다. 만약 이와 같은 주제들이 실천이 결여된 채 문헌적 탐구를 통해 기술된 것이라면 종교적 의미성은 반감될 수밖에 없다. 그러나 『백일법문』은 평생 수행으로 일관한 투철한 수행자가 펼친 법문이라는 점에서 내면적 검증을 거친 저서라고 볼 수 있다.

셋째, 『백일법문』은 방대한 인용문헌에서 볼 수 있듯이 전문 논저로서도 손색없는 위상을 갖고 있으며, 여타 스님들의 저작과도 뚜렷한 차별성을 가진다.

넷째, 『백일법문』은 부처님의 올바른 가르침으로 돌아감으로써 불교의 본래성을 회복하자는 성철스님의 투철한 가치관이 배어 있는 저서다. 『백일법문』에 흐르고 있는 주제의식은 도도하리만치 불교의 본질적 주제에 철저하다. 이는 근대 이후 발간된 불교권의 저작들을 통해서 쉽게 발견할 수 없는 『백일법문』만의 특징이자 가치이기도 하다.

한편 불교의 근본은 석가모니 부처님이라는 점을 재확인하면서 부처님을 넘어서려는 각종 종파주의는 배격된다. 이는 교판이 등장한 이후 동아시아 불교계에서 볼 수 없었던 주장이다. 어떤 측면에서 중국의 천태종, 화엄종 등 교판이 풍미한 이후 1500년 만에 우리 불교계에서 아함과 초기불교 교설의 가치를 회복시킨 일대 사건이라도 해도 좋을 것이다."

다음은 강경구 교수님의 글을 소개합니다.

강경구 교수님은 동아시아 불교문화 논집 제15집(2013.여름)에 실린

'『선문정로』 문장인용의 특징에 관한 고찰'이라는 논문을 접하고서 인연이 되어, 이번에 '『선문정로』 설법의 맥락과 특징'이라는 제목의 글을 써주셨습니다.

동아시아 불교문화 논집에 실린 논문의 서론을 인용해 봅니다.

"본고에서는 『선문정로(禪門正路)』의 문장인용 방식에 대한 고찰을 통해 그 인용방식의 특징들과 의미에 대해 정리해 보고자 한다. 개관하자면 『선문정로』의 문장인용에는 일반적인 직접 인용 외에 문맥조절, 생략, 추가, 수정, 문장의 재구성 등과 같은 주목할 만한 특징들이 발견된다. 그것은 학문적 논리의 정합성을 중시하는 입장에서 보면 심각한 문제가 될 수 있는 것이며, 자칫 『선문정로』의 안목에 대한 의혹으로 연결될 수 있는 특징들이기도 하다. 그럼에도 불구하고 『선문정로』 문장인용의 특징을 밝히고 그 의미를 고찰할 필요성은 여전히 남는다. 이를 통해 성철스님이 종지로 전달하고자 했던 것이 분명해질 수 있을 것이라 보이기 때문이다."

그리고 강경구 교수님은 이번 논평문에서는 다음과 같이 서술하고 계십니다.

"『선문정로』는 성철스님의 수행 및 깨달음에 대한 직접적인 체험을 바탕으로 집필된 책이라 평가된다. 이 책의 인용문은 전부 성철스님의 발언으로 이해할 필요가 있다. 다양한 방식으로 인용문에 개입하여 자신의 주장을 관철하고 있기 때문이다. 원문의 생략과 추가에 자유롭고, 완전히 새로운 문장을 구성하는 경우도 있으며, 문맥을 달리하는 경우도 있기 때문이다. 이에 대해 학문적 엄밀성이 부족하다는 학자들의 비판이 제기되기도 한다. 그렇지만 이렇게 인용문에 개입하여 자기화하는 일은 중국의 전통적 글쓰기나 선사들의 설법에 드물지 않게 발견되는 특징이기도 하다. 따라서 논의의 편의성과 권위성을 확보하기 위해 인용한 문장이라 해도 결국은 성철스님의 발언으로 보아야 한다는 것이다. 이로 인해『선문정로』의 인용문은 보기 드문 일관성을 유지하게 된다. 다양한 성분들이 성철스님의 용광로를 통과하면서 하나로 통일되었기 때문이다. 이러한 점들을 기억하면서『선문정로』의 길을 따라가기로 하자."

강 교수님의 위와 같은 표현처럼『선문정로』를 한결 편하게 접근할 수 있기를 기대해 봅니다.

마지막으로 '『본지풍광』 역주, 그 틀과 방향에 대한 시론'이란 제목의 논문에 실렸던 김영욱 박사님의 글중 일부분입니다.

"퇴옹성철 스님이 지닌 '간화선사'로서의 면모가 가장 집약적으로 드러나는 물증을 우리는『본지풍광(本地風光)』에서 발견할 수 있다. 간화선을 수행의 핵심으로 삼는 한국 불교에서 실수(實修)를 겸한 선사가 간화선의 전통과 근거를 하나하나 밟아가며 그 종지를 제시한 현대의 작품으로 이 책과 비견할 만한 짝은 없다. 이 책에 실린 공안과 그에 대한 퇴옹의 사자후는 구절마다 더 이상 나아갈 수 없는 화두공부의 극치임을 보여준다."

김영욱 박사님은 이번 논평문에서 다음과 같이 서술하고 있습니다.

"성철스님은 이 책에서 자신을 아낌없이 드러내고 있다. 스님의 저술 가운데 선사로서의 진면목을 이처럼 철저하게 담은 책은 없다. 동시에 그 진면목을 깊이 숨기고 있는 책이기도 하다. 그만큼 이 책은 해독하기 쉽지 않아 소수의 사람들에게만 접근이 허용되어 왔다. 더구나『본지풍광』은 다른 저술들에 가려져 늘 뒷전에 밀려나 있었다. 하지만 이 책에 성철선의 핵심이 들어 있다는 사실을 명심해야 한다.

따라서 『본지풍광』을 제외하고는 스님에 대하여 아무리 비난하여도 허공에 삿대질하는 격이고, 반면에 어떤 찬사로써 추어올리더라도 『본지풍광』의 진면목에 뿌리내리지 않으면 이 또한 터무니없는 소리일 뿐이다. 이런 방식의 칭찬과 비난은 모두 일고의 가치도 없는 맹목적 견해에 불과하다.

『본지풍광』은 한 구절 한 구절마다 보옥을 쏟아낸다. 선(禪)의 정수를 꿰뚫어본 안목의 결과물로 이 책은 구성되어 있기 때문이다. 『본지풍광』은 칼날이나 쇠몽둥이와 같은 무기를 저장하고 있는 창고라 할 수 있다. 그 무기가 화두(話頭) 또는 공안(公案)이며 이러한 성격의 책을 공안집(公案集)이라 한다. 『본지풍광』은 성철스님이 여러 공안을 추출하여 그것을 당신의 안목으로 새롭게 재정비한 작품으로서 전통 공안집의 형식과 정신적 골수를 그대로 담고 있다. 이는 근현대 한국불교사에서 빛나는 유산 중 하나이면서 전통 공안집 형식으로서는 마지막 유산이기도 하다."

우주의 진리를 깨치는 불교의 진리 체득이 어찌 쉬울 수가 있겠습니까? 성실하고 박학한 학자님들의 붓끝을 빌어 큰스님의 사상과 가르침을 쉽게 풀어 놓았으니, 진리를 깨쳐 성불하고자 하는 부처님 제자들에게 어둠을 밝히는 훌륭한 횃불이 되기를 바랍니다.

3·1절 아침에 때 아니게 내린 함박눈 덕분에 가야산 백련암의 풍광이 더없이 아름답고 신성하기 그지없습니다.

갑오년 동안거 해제일을 앞두고
해인사 백련암 **원택** 화남

红霞破空开 碧海

차례

인사말 … 4

천년의 침묵을 깨는 사자후 … 서재영 … 17
　- 『백일법문』을 중심으로 -

『선문정로』 설법의 맥락과 특징 … 강경구 … 89

『본지풍광』의 화두와 현재적 의미 … 김영욱 … 165

돈오돈수설의 종교성에 대하여 … 박성배 … 237

곁에서 본 성철스님 … 원　소 … 277

성철스님 행장 … 324

천년의 침묵을 깨는 사자후

- 『백일법문』을 중심으로 -

서재영
—
불광연구원 책임연구원

비로자나불의 광명은 온 우주를 두루 비추기에 해인사 모든 도량은 그 자체가 대적광전이다. 그곳에는 분별과 변견은 사라지고 오로지 고요한 침묵의 빛이 감돌고 있을 뿐이다. 그렇게 고요한 침묵의 빛이 감도는 적광의 도량에서 근대 불교사에 기록될 일대 법석이 펼쳐졌으니 바로 성철스님의 백일법문이다.

1. 천년의 침묵을 깨는 법문

1) 운명을 바꾸는 말 한마디

때로는 한마디의 말이 한 사람의 일생을 좌우하기도 한다. 여기 말 한마디에 운명이 바뀐 청년에 얽힌 이야기가 있다. 그는 나무꾼의 아들로 태어나 홀어머니를 모시고 살아가는 시골뜨기 총각이었다. 그날그날 나무를 팔아 생계를 꾸려나가는 것이 그의 일상이었다. 그의 삶에서 고원한 이상이나 원대한 삶에 대한 목표 같은 것은 들어설 틈이 없었다. 나무 값을 얼마나 더 많이 받느냐, 어머니를 위해 그날 저녁에는 어떤 반찬을 준비할지가 관심의 전부였을지 모른다. 그야말로 나귀나 끌고 말고삐나 잡고 따라가며 사는 전형적인 '여전마후(驢前馬後)'의 삶에 불과했다. 하지만 그런 그의 삶을 송두리째 바꿔놓은 것은 한 구절의 말씀이었다.

어느 날 그가 나무를 팔고 값을 계산하고 있는데 어떤 스님이 찾아와 탁발하면서 읊조리는 경전 한 구절을 우연히 듣게 되었다. 나무하고 장작 패는 자질구레한 일상의 삶 속에서는 단 한 번도 들어보지 못한 낯설고 생소한 내용이었다. 하지만 바로 그 한 구절이 그의 삶을 송두리째 바꾸어놓았다. 귓전을 스쳐가는 짧은 경귀가 시골뜨기 총각의 영혼에 강한 진동을 울렸고, 평범한 범부의 삶을 전복시킬 만큼 그의 영혼을 온통 뒤흔들어 놓았다.

그 한 구절은 자질구레한 일상에 매몰되어 있던 시골뜨기 총각에게 범부의 삶 저 너머에 또 다른 삶이 있음을 깨닫게 했다. 총각은 그 길로 자신의 삶을 버리고 자신의 영혼을 송두리째 뒤흔들어 놓은 그 말씀의 근원을 찾아 나섰다. 그가 바로 중국 조사선의 전통을 확립한 육조혜능 대사이다.

만약 그날 관숙사에서 한 구절의의 경귀를 듣지 못했다면 그는 그저 평범한 범부의 삶으로 일생을 마쳤을지도 모른다. 『금강경』에서도 사구게 한 구절만이라도 읽고 외우고 독송하면 그곳이 바로 부처님이 계시는 묘탑과 같다고 했다. 단 한 구절의 말씀이 사람의 인생을 송두리째 바꾸는 놀라운 힘이 있기 때문이다.

감히 혜능스님에게 견줄 수 있는 이야기는 아니지만 필자 또한 그런 경험이 하나 있었다. 필자 역시 청소년 때는 시골에서 가축이나 돌보고 나무하며 군불이나 때며 사는 시골뜨기였다. 그때 우연히 듣게 된 성철스님의 백일법문이 어쩌면 내 삶의 방향을 바꾸어 놓았는지도 모른다. 필자가 백일법문을 처음 접한 것은 스님의 육성 테이프를 통해서였다. 당시까지 필자는 스님들의 법문하면 으레 인연담이나 기도 영험담같은 신화적 내용이라고 생각하고 있었다. 그때까지 필자가 접했던 스님들의 법문이 대개 그랬기 때문이다. 하지만 어느 봄날 우연히 듣게 된 성철스님의 백일법문은 철없는 시골뜨기의 귀를 번쩍 열리게 만들었다.

스님의 법문에는 아인슈타인의 에너지 불변의 법칙과 같은 과학적 내용도 등장했고, 이것을 반야심경의 불생불멸(不生不滅)의 원리와 접목해서 알아듣기 쉽게 설명하고 있었다. 그 이전까지 들어보지 못한 낯선 내용이었다. 만약 필자가 스님의 법문을 육성이 아닌 책으로 만났다면 상황은 달랐을지도 모른다. 왜냐하면 스님의 육성법문에는 책이 줄 수 없는 힘과 매력을 갖고 있었기 때문이다. 스님의 목소리에는 신심에서 묻어나는 강력한 힘이 느껴졌으며, 청중들과 함께 호흡하는 법석에서 묻어나는 생생한 감동이 그대로 느껴졌다. 그것은 기획되고, 논리적 문장으로 다듬어진 글이 주는 느낌과는 분명 달랐다.

이후 성철스님에 대한 나의 이미지는 달라졌다. 더불어 법문은 물론 불교에 대한 생각도 바뀌었다. 매일 독송하지만 그 가치를 잘 몰랐던 반야심경이 새로운 의미로 다가왔고, 내가 반야심경이라는 그 대단한 경전을 독송하고 있다는 사실에 강한 자부심까지 느끼기 시작했다. 그때 그렇게 우연히 들었던 백일법문 때문이었을까? 필자는 불교학을 전공하는 학자가 되었고, 지금까지 불교를 연구하고 강의하며 사는 삶이 되었다.

처음 대학에서 강의를 맡아서 학생들을 만났을 때 필자는 백일법문을 통해 내가 느꼈던 그 감동과 불교에 대한 바른 이해를 젊은이들과 함께 나누고 싶었다. 그래서 동국대에서 맡고 있던 교양과목의 교재로 『백일법문』을 채택했다. 물론 이것은 학생들의 입장에서 보면 다소 어려운 것일 수도 있는 선택이었다. 백일법문이란 대 선지식께서 눈 밝은 납자들을 향해 쏟아낸 법문이 아니던가. 그것도 무려 100일이라는 근대 한국불교사에서 보기 드문 대법석을 통해 탄생한 장광설이 아니던가!

더군다나 내게는 스님이 풍기시던 그 강렬한 확신과 힘이 넘쳐나는 투박한 경상도 억양도 없지 않은가? 무엇보다 평생 수행으로 일관한 삶에서 우러나는 내면의 힘이 절대 빈곤한 중생이 아니던가? 하지만 "우리도 한번 해 봅시다!"라며 학인들을 격려하시던 스님의 말씀을 떠올리며 용기를 냈다. 책으로 출간된 『백일법문』을 다시 읽고 강의를 준비하면서 예전의 그 신심과 용기가 되살아나기 시작했다.

다행이 학생들의 반응도 내가 그랬듯이 변화를 느낄 수 있었다. 어떤 학생은 불교라는 종교가 평소 자신들이 생각하던 그런 종교가 아님을 깨달았다고 했다. 한 학생은 강좌가 끝난 다음 다시 자기 신앙으로 돌아가기 어려울 만큼 세상을 보는 눈이 달라졌다고 했다. 그때 필자는 백일법문의 힘을 새삼 깨달았다. 불교를 체계적으로 이해하고 싶은 사람에게 스님의 법문이 얼마나 큰 힘이 되는가도 알았다. 부처님의 가르침에 대한 핵심을 알고자 하는 사람들에게 얼마나 요긴한 나침반이 되는지도 깨달았다.

이런 판단은 비단 필자만의 생각은 아니었다. 조계종 원로이신 고우 스님께서도 불교를 공부하는 사람들에게 반드시 『백일법문』을 권장하시는 것을 보았다. 필자가 처음 『백일법문』을 접하고 30년이 훌쩍 넘었지만 여전히 『백일법문』은 살아 있는 선지식의 법문으로 인정되고 있었다. 지금도 백일법문을 주제로 하는 강의가 개설되고 있고, 학술논문이 발표되고 있고, 백일법문을 주제로 한 스님들의 법문이 진행되고 있다. 근대 한국불교사에 『백일법문』이 던진 영향을 짐작케 하는 대목이 아닐 수 없다.

2) 천년의 침묵을 깨고

해인사 대적광전(大寂光殿)은 찬란한 비로자나불의 광명이 가득한 '빛의 집'이다. 그 진리의 빛은 찬란하게 밝지만 현란하거나 눈부시지 않다. 그 빛은 경계에 이끌려 들떠 있는 마음을 가라앉히고, 논쟁으로 날카롭게 날이 선 대립을 잠재우는 '고요한 침묵의 빛'이므로 '적광(寂光)'이다. 그 빛은 갖가지 삿된 견해와 번뇌를 고요하게 잠들게 하고, 일체의 대립적 변견(邊見)을 사라지게 하고, 인식의 날카로움을 모두 제멸시킨다. 그러기에 해인사 대적광전은 '고요한 침묵의 집'이기도 하며,

비로자불로 상징되는 진리의 빛으로 가득한 '빛의 궁전'이기도 하다.

그 '빛의 집'이 탄생한 것은 지금부터 천 년 전의 일이다. 해인사는 신라시대 의상대사가 창건한 화엄십찰 가운데 대표적인 도량이기 때문이다. 비로자나불의 광명은 온 우주를 두루 비추기에 해인사 모든 도량은 그 자체가 대적광전이다. 그곳에는 분별과 변견은 사라지고 오로지 고요한 침묵의 빛이 감돌고 있을 뿐이다. 그렇게 고요한 침묵의 빛이 감도는 적광의 도량에서 근대불교사에 기록될 일대 법석이 펼쳐졌으니 바로 성철스님의 백일법문이다. 가야산 호랑이의 포효로 상징되는 그 법문은 천년의 고요를 깨는 파천황(破天荒)의 사자후로 울려 퍼졌다.

그렇게 천년의 침묵을 깨고 수많은 납자들에게 수행의 지남(指南)이 되었던 백일법문은 성철스님께서 해인총림 방장에 취임했던 1967년 12월 4일부터 1968년 2월 18일까지 약 석 달에 걸쳐 설해진 법문 전

체를 말한다. 백일법문이란 명칭도 법문이 설해진 기간이 100일에 가깝기 때문에 붙여진 이름이다. 스님은 이 기간 동안 매일 두 시간씩 하루도 빠짐없이 감로의 법석을 펼쳤다. 스님의 법문은 넓이로 따지면 초기불교에서 시작해서 선종에 이르기까지 전체 불교사상사를 종횡으로 아우르고, 깊이로 따지면 불교사상의 핵심 줄기를 잡아서 불교의 근간을 일목요연하게 꿰뚫고 있었다. 이렇게 백일법문은 넓이라는 날줄과 깊이라는 씨줄이 촘촘하게 짜여들어 비단결 같은 감로법문을 직조(織造)해 냈다.

이때 설해진 백일법문의 설법순서는 몇몇 부분을 제외하고 도서출판 장경각을 통해서 지난 1992년 4월 단행본으로 출판된『백일법문』상·하권의 내용과 대체로 같은 순서로 진행되었다. 그러나 백일법문의 전체적 내용구성은 단행본『백일법문』상·하권의 내용이 전부는 아니다. 전체 백일법문은 단행본『백일법문』상·하권 외에도 별도의 단행본으로 출판된『신심명·증도가 강설』,『돈오입도요문론 강설』과『영원한 자유』에 포함된 일부 내용, 그리고 출판되지 않은『임제록』에 대한 강설 일부분이 포함된 실로 방대한 내용이었다.

백일법문이 실제 설해진 전체 내용을 순서대로 살펴보면 단행본『백일법문』상권 가운데 「1장 서」, 「2장 원시불교사상」, 「4장 유식사상」, 단행본『영원한 자유』에 포함된 「현대과학과 불교」, 「불교와 현대물리학」, 단행본『백일법문』상권 가운데 「5장 열반경 등의 사상」, 「3장 중관사상」, 『백일법문』하권 가운데 「6장 천태종 사상」, 「7장 화엄종 사상」, 「8장 선종사상」으로 구성되어 있다. 여기에 덧붙여 별도의 단행본으로 출판된『심신명·증도가 강설』과『돈오입도요문론 강설』이 뒤이어 설해졌다.

이렇게 볼 때 단행본『백일법문』은 전체 불교사상 가운데 선종에 대한 내용이 책 내용의 일부분을 차지하고 있지만 전체 백일법문을 기준으로 놓고 볼 때 선(禪)과 교(敎)가 차지하는 비율은 거의 1:1 정도의 분량으로 균형을 이루고 있음을 알 수 있다. 그리고 백일법문이 설해지는 전체적인 순서는 대체적으로 불교사의 전개 순서대로 진행되고 있음을 알 수 있다. 특히 단행본으로 묶어진『백일법문』은 초기불교에서 선종으로 이어지는 전체적인 불교사상의 맥락을 따라가면서 편집되어 있다. 따라서 이 책 한 권만 정독하고 깊이 있게 공부해도 불교사상의 핵심 줄기를 잡아가며 체계적으로 불교를 공부할 수 있도록 구성되어 있다. 사상의 내용적으로 보면 부처님의 중도선언으로부터 시작해서 중관사상, 유식사상, 천태사상, 화엄사상을 거쳐 선종의 돈오(頓悟) 사상과 간화선 수행론에 이르기까지 불교사상의 고준(高峻)한 봉우리들을 모두 섭렵하고 있다.

3) 47년 만에 만나는 백일법문 원음

1차로 발간된『백일법문』은 성철스님께서 입적하시기 전이었던 지난 1992년에 출간되었다. 이 책이 출간되기까지는 성철스님의 상좌 원택스님의 역할이 절대적이었다. 당시 원택스님은 백련암에서 큰스님을 모시고 수행하면서 백일법문 테이프를 하나씩 받아 녹취하였고, 그렇게 정리된 원고를 토대로 출판된 것이 바로 1차본『백일법문』상·하 두 권이다. 하지만 지난 2004년 성철스님의 육성이 담긴 백일법문 테이프를 정리하여 3장짜리 CD로 제작·배포하면서 두 권짜리 단행본에 누락된 내용이 있음이 확인되었다.

이에 원택스님은 백일법문의 가르침을 왜곡 없이 최대한 원음을 그대로 전달하기 위해 7년이라는 긴 세월에 걸쳐 100개가 넘는 법문 테이프를 꼼꼼히 다시 듣고 내용을 세심하게 확인하여 2014년 11월 3권으로 개정증보판 『백일법문』을 다시 출판했다. 개정증보판 『백일법문』은 비록 내용은 한 권 분량이 더 늘어났지만 전체적인 내용의 구성이나 체제는 1차 발간본과 궤를 같이하고 있다. 다만 각 장에서 누락된 부분을 보완하면서 책의 분량이 3권으로 늘어나게 되었다.

개정증보판 『백일법문』의 구성은 다음과 같다. 상권은 불교의 본질과 인간관, 중도사상, 근본불교 사상, 인도 대승경론의 중도 등 주로 인도불교사상에 관한 내용을 담고 있다. 중권에는 천태종의 중도사상, 화엄종의 중도사상, 삼론종의 중도사상, 유식법상종의 중도사상을 다루고 있는데, 이는 중국에서 찬란하게 꽃을 피운 대승불교의 심오한 사상들을 다루고 있다. 마지막 하권에서는 선종의 중도사상, 선종의 본질, 돈오돈수와 돈오점수 등 중국 선종의 선사상과 수행론을 집중적으로 다루고 있다.

개정증보판에서 달라진 내용은 두 가지로 요약할 수 있다. 첫째, 1차분에서 누락된 내용을 세심하게 점검하여 내용을 증보함으로써 각 장의 내용이 더욱 풍성해졌다. 이는 단지 내용적 측면의 증보에 그치지 않고 성철스님의 법문을 그대로 복원했다는 데 가장 큰 의미가 있다.

둘째, 일부 장의 내용과 기술 순서가 소폭 조정되었다. 1992년판 『백일법문』의 편집 순서는 불교사의 교리발달 순서로 정리되었다. 하지만 이번에 발간된 개정증보판에서는 성철스님께서 법문하신 순서로 내용을 다시 조정했다. 이는 백일법문의 내용을 보다 왜곡 없이 전달하고, 성철스님의 원음을 살려내고 그 행간에 담겨 있는 맥락까지 살려내기 위함이다. 그러나 전체적인 내용의 흐름은 1차분 백일법문과 궤를 같이하고 있어서 내용상의 충돌이나 혼란은 전혀 없다.

개정증보판 『백일법문』은 상권은 인도불교 사상, 중권은 중국 학파 불교 사상, 하권은 선종 사상과 수행론으로 구성되었다. 내용이 더욱 풍부해졌을 뿐만 아니라 성철스님의 원음이 그대로 복원되었다. 이로써 백일법문이 설해진 지 47년 만에, 1차분 『백일법문』이 발간된 지 12년 만에 성철스님의 백일법문이 완전하게 복원되었다.

2. 대중설법으로 탄생한 근대불교 대표저작

1) 간화종장의 대중설법

주지하다시피 선종의 대표적 어록으로 손꼽히는 『육조단경』은 대중설법으로 탄생한 어록이다. 육조혜능 스님은 소주 대범사에서 승려, 도교인, 일반신도 등 천여 명의 사부대중이 모인 법석에서 불교사에 길이 남을 법문을 설했다. 혜능스님은 대중을 향한 육성법문을 통해 선종의 사상적 체계를 완성하고 조사선 전통의 근간을 확립했다. 그 법문을 문인 법혜가 정리하여 책으로 엮은 것이 바로 『육조단경』이다.

흥미롭게도 평소 조계정맥(曹溪正脈)을 누누이 강조했던 성철스님이 남긴 법문인 백일법문 역시 대중설법이라는 형식으로 펼쳐졌다. 장장 백일에 걸쳐 진행된 이 법문을 원택스님 비롯한 성철스님의 문도들이 정리하여 책으로 묶은 것이 바로 단행본 『백일법문』이다. 이렇게 보면 조계정맥의 전통은 『육조단경』과 『백일법문』의 설법형식에서도 궤를 같이하고 있음을 엿볼 수 있다.

원택스님의 회고에 따르면 백일법문이 설해질 당시 해인사 큰방에는 입추의 여지가 없었다고 한다. 60평이나 되는 넓은 방에는 큰스님의 법문을 듣고자 하는 사부대중들이 질서정연하게 줄지어 앉아서 법문을 경청했다고 한다. 그 면면들은 선방에서 수행하던 수좌 60여 명, 해인강원에 수학중이던 학인 70여 명, 해인사에서 소임을 맡아보는 스님과 인근 지역 스님들까지 모여들어 대법석을 이루었다고 한다.

천년의 고요가 잔잔하게 흐르던 고요한 침묵의 도량에 쩌렁쩌렁한 사자후가 울려 퍼지기 시작했고, 그 법문을 듣고 눈 푸른 납자들의 눈빛도 형형하게 빛나기 시작했다. 3백여 명에 달하는 대중들이 모여든 이 법석은 정화의 명분과 정당성을 웅변하는 자리이기도 했다. 정화불사를 통해 비구 측이 확보한 해인사 도량에서 펼쳐진 대법석이었기 때문이다.

방대한 경전을 열람하고 체계적으로 준비된 백일법문은 불교사상의 핵심을 파고드는 매우 전문적인 내용으로 구성되어 있었다. 하지만 그 법문은 비록 승가를 대상으로 했다고 하지만 대중들을 대상으로 설해진 법문이었다. 그런 맥락에서 본다면 백일법문은 여타 고승들의 저작과 달리 우리말로 설해진 구어체 법문이라는 특징이 있다. 대중들을 향해 구수한 억양으로, 그것도 문화적 변방을 상징하는 사투리로 설해졌다. 마치 육조혜능이 남쪽의 변방 신주(新州) 출신이었던 것처럼 성철스님 역시 투박한 경상도 사투리로 법을 설했다.

선종은 불립문자(不立文字)와 교외별전(敎外別傳)을 지향한다. 성철스님 역시 해인사 선원에 입방한 수행자들에게 철저하게 책 보지 말 것을 당부한 것으로도 유명하다. 불교는 언어문자의 길이 아니며, 수행을 통해 깨닫고자 하는 것 역시 언어적 세계가 아니기 때문이다. 그런 성철스님께서 백일에 걸쳐 광장설을 토해낸 것은 특이한 일이 아닐 수 없다. 그것도 영험담이나 인과법문이 아니라 초기불교에서 시작하여 중관, 유식, 천태, 화엄을 거쳐 선종에 이르기까지 전체 불교사상의 핵심을 짚는 대법문을 펼친 것이었다.

백일법문의 특징 중에 하나가 바로 언어도단(言語道斷)을 지향하는 선사가 펼친 불교사상 강의라는 것이다. 성철스님은 백일법문을 통해 선과 교를 아우르는 대설법을 펼쳤다. 언뜻 보면 성철스님은 선사이므로 문자를 배격하고, 수행은 교리 밖에 있다고 강조했을 것으로 생각할 수 있지만 실상은 그렇지 않다. 스님은 실참의 관점에서 교와 수행을 아우르고 있기 때문이다. 따라서 선사가 설한 백일법문을 바르게 이해하기 위해서는 다음과 같은 점을 유의해서 읽어야 할 것이다.

첫째, 백일법문이 아무리 교학을 말하고 있다고 해도 백일법문은 선사의 설법이라는 점이다. 이 말은 문자의 메시지를 통해 성철스님의 뜻을 모두 읽어낼 수는 없음을 말한다. 어쩌면 『백일법문』의 진짜 의미는 언어적 설명의 이면이나 책의 여백에 있을지도 모른다. 알맹이는 문자에 있지 않고 문자는 그 알맹이를 지시하는 이정표의 역할만을 하고 있을지도 모를 일이다. 따라서 백일법문을 제대로 읽는 것은 언어적 설명과 논리에만 갇혀 있다면 법문의 본지에 도달할 수 없을 것이다.

둘째, 『백일법문』은 성철스님께서 후학들을 위해 제시한 수행의 이정표라고 할 수 있다. 언어적 설명과 논리적 해명 그 자체가 법문의 목적이 아니라 실참 수행으로 인도하기 위한 지침을 제시하는 것이 백일법문이 전하고자 한 메시지였다. 백일법문이라는 이정표를 보고 그것이 가리키는 곳을 따라 참다운 도(道)의 길로 가라는 것이 백일법문이라는 설법이 던지는 메시지이다. 따라서 백일법문은 교학적 내용을 설명하기 위한 교학, 언어와 논리로 불교를 설명하기 위한 책이 아님을 유념하고 읽어야 한다. 백일법문이 지칭하는 이정표를 유심히 읽고 그것이 가리키는 곳을 향해 실제로 발걸음을 한 걸음씩 옮길 때 백일법문이 담고 있는 참 의미는 바르게 드러날 것이다.

2) 한국 근대불교의 대표적 저작

1960년대의 한국불교계는 정화의 소용돌이 속에서 앞날을 예견할 수 없을 만큼 암울한 격동의 나날이었다. 성철스님의 백일법문은 바로 이와 같은 시대적 어둠 속에서 포효처럼 울려 퍼진 사자후였다. 반복되는 종단의 분쟁 속에서 정신적으로 방황하는 납자들에게 그 포효는 어디로 가야할 것인지를 알려주는 지남이 되었다. 종단의 현실 앞에 좌절했던 출가자들에게는 출가의 참뜻을 되새기게 하는 본분사(本分事)를 일깨우는 경종이 되었다. 끝없는 분규에 실망한 불자들에게 백일법문의 장광설은 정법에 대한 깊은 믿음을 되살아나게 하는 감로의 설법이 되었다. 나아가 민족적 분단과 이데올로기적 대립 속에서 서슬퍼런 칼날을 세우고 갈등하던 사람들에게 백일법문의 중도설법은 이분법적 가치관이 초래한 분열과 갈등을 치유할 수 있는 등대의 불빛과도 같았다.

그렇다고 백일법문이 당위적인 메시만을 담고 있는 법문집은 아니었다. 백일법문은 방대한 경론을 섭렵하고 논리가 정연한 논지로 구성되어 있다. 따라서 『백일법문』은 단순한 설법집이 아니라 방대한 논증자료를 바탕으로 치밀하게 구성된 전문적인 저작으로도 손색없는 책으로 평가할 수 있다. 이런 맥락에서 『백일법문』은 다음과 같은 특징으로 요약할 수 있다.

첫째, 『백일법문』은 학문을 직업으로 삼는 학자의 저작이 아니라 종교적 정통성과 권위를 담지(擔持)한 종정 스님의 저작이라는 점에서 다른 어떤 전문서적 못지않은 종교적 신뢰성을 갖고 있다. 다시 말해 『백일법문』의 내용은 저자의 종교적 신분을 통해 그 내용에 대한 신뢰성이 일차로 검증되고 있다는 점이다.

둘째, 『백일법문』의 주제는 불교의 핵심적 사상, 돈오돈수(頓悟頓修)와 같은 수증론(修證論) 등 심원한 불교사상과 수행에 관련된 내용들이 담겨 있다. 만약 이와 같은 주제들이 실천이 결여된 채 문헌적 탐구를 통해 기술된 것이라면 종교적 의미성은 반감될 수밖에 없다. 그러나 『백일법문』은 평생 수행으로 일관한 투철한 수행자가 펼친 법문이라는 점에서 내면적 검증을 거친 책이라고 볼 수 있다.

셋째, 『백일법문』은 여타 스님들의 저작과도 뚜렷한 차별성을 띤다. 근대 이후 출판된 스님들의 저작들은 대개 일반 신도들을 대상으로 하고 있다. 이런 이유로 전반적으로 대중들의 근기에 맞춘 내용을 중심으로 구성되어 있는 것이 일반적이다. 그러나 『백일법문』은 방대한 인용문헌에서 볼 수 있듯이 전문 논저로서도 손색없는 위상을 갖고 있고, 다루고 있는 주제 또한 가벼운 주제들이 아니다.

넷째, 『백일법문』은 부처님의 올바른 가르침으로 돌아감으로써 불교의 본래성을 회복하자는 성철스님의 투철한 가치관이 배어 있다. 이와 같은 가치관에 의해 방대한 내용에도 불구하고 사상적 일관성을 유지하는 치밀한 주제의식을 견지하고 있다. 『백일법문』에 흐르고 있는 주제의식은 도도하리만치 불교의 본질적 주제에 철저하다. 이는 근대 이후 발간된 불교권의 저작들을 통해서 쉽게 발견할 수 없는 『백일법문』만의 특징이자 가치이기도 하다.

이상과 같은 내용들을 종합할 때 『백일법문』은 단지 학문적 탐구의 소산이 아니라 수행에 근거하여 종교적 권위를 담지하고 있다는 점에서, 방대한 논증자료를 제시하여 객관성을 담보하고 있다는 점에서, 방대한 내용임에도 불구하고 치밀한 주제의식으로 일관된 논지를 펼치고 있다는 점에서, 불교사상의 핵심적인 내용을 다루고 있다는 점에서 근대 한국불교의 대표적 저작으로 손꼽을 수 있다. 이런 맥락에서 필자는 현대 한국불교를 대표할 만한 스님의 저서를 꼽으라면 단연코 『백일법문』이라고 생각한다.

3. 백일법문의 주제의식과 설법방식

1) 분본사에 투철한 주제의식

백일법문은 백일에 걸쳐 설해진 방대한 법문이다. 다루고 있는 영역 역시 초기불교에서 선종에 이르기까지 1700년 불교사를 두루 섭렵하고 있다. 백일법문이 높게 평가받는 것은 단지 이와 같이 전문적인 주제와 방대한 내용을 다루고 있기 때문만은 아니다.

불교사의 흐름을 따라가면서 사상사적으로 정리하면 웬만한 학자라도 그런 규모의 책을 쓰지 못할 리도 없다. 그럼에도 백일법문이 특별하게 평가받는 것은 그 방대한 내용을 다루고 있으면서도 분명한 주제의식으로 전체 내용을 관통하고 있기 때문이다. 백일법문은 처음부터 끝까지 확고한 주제의식을 가지고 전체 내용을 끌고 간다. 그 주제의식이란 무엇이 불교의 핵심인가라는 질문이다. 백일법문은 이 질문에 대한 성철스님의 답변이기도 하다.

"나는 여기서 본분사로서 사람들을 대한다. 만약 근기에 따라 사람을 대하면 삼승 십이분교가 있게 되느니라." 『백일법문』의 첫머리를 장식한 이 구절은 조주선사의 말씀이다. 성철스님은 '본분사'라는 조주선사의 말씀을 통해 선의 근본정신을 밝히고 백일법문이 지향할 방향을 제시한다. 조사선의 기본 입장은 인간은 누구나 태어나는 순간 이미 부처님과 같은 존엄성을 지니고 있다는 것이다. 모든 중생은 그 자체로 부처님과 조금도 다름없는 '본래성불(本來成佛)'의 존재이므로 달마대사는 범부중생과 부처님이 그 근본에서는 조금도 다르지 않다고 했다.

하지만 인간은 번뇌의 먹구름에 가려 자신의 본래 모습을 깨닫지 못하고 스스로를 열등한 존재라고 비하한다. 위대한 성인과 견주어 조금도 다르지 않으면서도 스스로 중생이라는 속박에 갇혀 옹색하게 살아가는 것이 중생의 삶이다. 선은 그와 같은 거짓 인식을 떨쳐버리고 자신의 진짜 모습을 바로 통찰하게 한다. 이처럼 여래와 견주어도 추호의 모자람이 없는 자신의 본래성품을 확고히 깨닫는 것을 '견성(見性)', 즉 '자기 성품의 봄'이라고 한다.

번뇌의 먹구름을 걷어내고 자신의 본래성품을 바로 볼 때 그릇된 인식에 속박되어 있던 자아가 해방되고, 중생이라는 자기 한계를 벗어버리고 무량한 공덕을 갖춘 삶을 회복한다는 것이 선의 가르침이다. 이처럼 자신에 대한 왜곡된 인식을 버리고, 자기의 본래 모습으로 돌아가는 것을 조주선사는 '본분사(本分事)'라고 했다.

그와 같은 본분사를 밝히려면 어떻게 해야 할까? 그것은 감각의 대상을 따라 밖으로 질주하는 욕망을 멈추는 것이며, 갖가지 번뇌를 따라 방황하는 유랑의 삶을 멈추는 것이며, 본래 자신이 갖고 있는 본성의 자리로 돌아가는 것이다. 그곳이야말로 우리들이 돌아가야 할 진정한 고향이므로 옛 조사들은 그 세계를 '본분가향(本分家鄕)'이라고 했다. 중생이 돌아가야 할 고향은 자신에게 내재된 거룩한 자성을 완전하게 드러내는 것이다. 그와 같은 고향집으로 돌아간 중생은 부처님과 조금도 다름없는 거룩한 존재가 된다.

선지식과 스승의 역할은 제자들을 바르게 지도하여 본래 자신의 자리, 중생의 본래 고향으로 돌아가도록 인도하는 것이다. 이를 위해 옛 스승들은 '몽둥이[棒]'로 학인들을 다스리기도 했으며, 정신이 번쩍 들도록 '큰 소리[喝]'를 버럭 지르기도 했다. 조사들의 성품이 괴팍해서가 아니라 깨침의 세계로 인도하기 위한 방편이었음으로 그와 같은 가르침을 '본분초료(本分草料)'라고 했다. 먼 길 가는 우마(牛馬)에게 사료가 필요하듯이 본분의 고향으로 돌아가는 여행길에 자양분이 되는 양식이라는 것이다.

결국 조사들은 제자들을 본분의 세계로 이끄는 분들이며, 조사선은 본분가향으로 들어가는 길이며, 스승들의 지도는 본분의 고향으로 들어가는 데 필요한 밑거름과 같은 것이다. 그런 과정을 거쳐 마침내 자신의 본래 모습을 깨달은 사람을 본분인(本分人) 또는 본분종사(本分宗師)라고 하니, 본래의 고향으로 돌아간 사람이라는 뜻이다. 백일법문은 본분종사의 가르침이다. 삼승십이분교로 갈라지는 교학을 설명하기 위해서가 아니라 우리 자신이 누구인가를 보게 하는 가르침이며, 우리들의 본래 자리로 돌아가게 하는 가르침이다. 그것이 선의 본분사이기 때문이다. 백일법문을 관통하는 주제의식은 바로 우리 스스로의 자성을 보게 하는 데 있다. 어떤 교설을 설명하든 그 교설을 통해 말하고자 하는 주제는 본분사를 밝히는 것이 백일법문이다.

2) 자비와 대승에 입각한 설법방식

선의 핵심은 복잡한 논리와 장황한 달변이 아니라 중생들을 본분의 고향으로 즉시에 돌아가게 하는 데 있다. 밤길을 헤매면서 지친 나그네에게 가장 필요한 것은 즉시 집으로 돌아가서 평온한 휴식을 취하게 하는 것이지 사람을 앉혀놓고 어둠은 무엇이고 빛은 무엇인지 설명하는 것이 아니다. 성철스님은 본분사에 충실하는 것이야말로 선의 생명선임을 분명히 밝히고 있다. 그런 주제의식으로 초지일관되게 백일법문의 말씀을 끌고나간다.

그러나 모든 사람들이 본분의 고향으로 단박에 들어갈 수 있는 것은 아니다. 중생의 근본은 모두 같지만 각자의 그릇에 따라서 빠르게 들어가는 사람도 있고 더디게 들어가는 사람들도 있기 마련이다. 근기가 예리한 사람은 한 송이 꽃으로도 충분한 것이 선이다. 다만 더디게 깨닫는 사람들을 위해 논리를 동원하고, 자세히 설명하다 보면 자연히 말이 많아지고, 논리가 복잡해지기 마련이다.

말에 의존하지 않고 마음으로써 마음을 바로 전하는 것이 선이다. 석가모니 부처님도 말과 논리에 의지하지 않고 이심전심(以心傳心)으로 가섭에게 여래의 마음을 전하셨다. 그럼에도 불구하고 부처님은 그 뜻을 단박에 알지 못한 중생들을 위해 그들의 근기를 따라서 평생에 걸쳐 설법하는 수고로움을 마다하지 않으셨다. 여래가 일생에 걸쳐 설법한 것이 바로 여래의 말씀이며 삼승 십이분교로 확장된 가르침이니 이를 교(敎)라고 한다.

선의 길은 근기 낮은 중생들을 위해 장황하게 설명하는 말의 길을 선택하지 않고 바로 핵심으로 들어가고, 가장 빠른 지름길을 지향한다. 그래서 서산대사는 교(敎)의 길을 '활[弓]'로 비유했다. 구불구불 돌아가는 활 모양처럼 교학의 길은 근기를 따라 빙빙 돌아감을 비유한 것이다. 반면 선(禪)의 길은 '활의 시위[弦]'로 비유했다. 이런저런 복잡한 것을 딱 잘라버리고 핵심으로 바로 가는 지름길이라는 것이다.

그래서 예로부터 선의 길은 '직지인심(直指人心) 견성성불(見性成佛)'로 표현되었다. 사람의 마음을 바로 가리켜서 자신의 본래 성품을 깨닫게 하여 마침내 부처를 이루게 하는 길이 선이기 때문이다. 선을 '경절문(徑截門)'이라고 부르는 이유도 여기에 있다. 돌아가지 않고 깨달음으로 바로 들어가는 지름길이라는 뜻이다.

이처럼 선사들은 오직 자성을 깨닫게 하는 본분사로만 사람들을 대할 뿐 근기에 따라 설명하지 않는다. 선의 세계는 말을 세우지 않는 불립문자의 세계이기 때문이다. 성철스님 역시 돈오돈수를 주장하고 조사선의 돈오정맥을 주창하는 간화선의 대표적인 종장이다. 그렇다면 성철스님은 빙빙 돌아가는 교학의 길과 언어의 길을 멀리하고 본분사만을 논해야 마땅하다. 그러나 뜻밖에도 『백일법문』은 방대한 경전을 하나하나 인용하고, 불교사상의 정수를 두루 섭렵하는 수고로움을 마다하지 않고 있다.

초기불교에서 시작하여 중관, 유식, 천태, 화엄을 거쳐 선종에 이르는 불교사상의 준령들을 세심하게 섭렵하여 백일법문이라는 장광설을 쏟아내고 있다. 이는 스님께서 그렇게 강조하던 조사선의 길도 아니고, 선의 생명선도 아니다. 그렇다면 성철스님은 왜 선가의 본분사를 버리고 이렇게 길게 돌아가는 길을 선택했을까?

성철스님은 『백일법문』 서두에서 "이 법문이 선문의 골수가 아닌 줄 알고 들어야 합니다. 나는 지금부터 선가의 본분을 버리고 이론과 언설로서 불교의 근본 뜻을 말해 보고자 합니다."라고 밝히고 있다. 스스로 선가의 본분을 버리고 이론과 언설로서 불교의 근본을 밝히겠다고 선언한 것이다. 이 대목에서 백일법문의 주제는 본분사를 벗어나지 않지만 방법에 있어서는 '직지(直指)'의 길을 버리고 중생의 근기를 따라 굽이굽이 돌아가는 길을 선택하고 있음을 알 수 있다.

성철스님은 일생에 걸쳐 철저한 수행으로 일관하고 수좌들에게 책 보지 말 것을 강조하며 오직 간화선을 통한 경절의 한 길만을 제시한 것으로 유명하다. 그러나 성철스님은 백일법문에서 지름길 대신 돌아가는 길을 선택했으며, 중생의 근기를 따라가는 언어와 교학의 길을 선택했다. 이것이야말로 백일법문이 가진 진정한 매력이며, 선승이라는 이미지에 가려진 성철스님의 또 다른 진면목이다.

법력 높은 선승이었기에 높은 법상에 올라 난해한 상단법문만 설법해도 누구 하나 탓할 사람이 없었지만 스님은 굳이 돌아가는 길을 택했다. 이것은 백일법문이 자비정신에 입각한 법문이며, 대승의 정신을 실천하는 법문임을 의미한다. 스님은 소수의 상상근기 중생들만을 위한 것이 아니라 여러 중생을 독려하여 깨달음으로 인도하고자 했던 것이다. 뛰어난 제자들만 데리고 지름길로 바로 가는 대신 돌아가는 길을 선택함으로써 중생들에 대한 무한한 자비심을 드러내고 있기 때문이다.

대승은 수승한 중생들만 가는 길이 아니라 수많은 중생들과 더불어 가는 길이다. 그래서 대승의 정신을 설명할 때 '자미득도선도타(自未得度先度他)'라는 말을 곧잘 한다. 설사 '자신은 피안으로 건너가지 못하는 한이 있더라도 중생들을 먼저 건너가게 하겠다는 것'이 대승의 정신이고 보살의 실천이다.

성철스님은 철두철미한 본분종사였다. 백일법문의 주제의식 또한 그 본분사에 입각해서 끌고나가고 있다. 하지만 성철스님은 설법방식에서는 오히려 돌아가는 길을 선택하고 있다. 바로 들어가는 경절문이 아니라 언어와 교학의 길을 선택함으로써 보편구제를 지향하는 대승 정신을 실천하고자 했음을 알 수 있다. 말이 없는 것이 선의 길임에도 수많은 대중들이 모인 자리에서 백일에 걸쳐 광대한 설법을 이어간 이유는 바로 여기에 있다. 결국 백일법문은 본분사라는 정신을 지향하지만 설법방식에서는 대승적 자비의 실천이라는 관점에 입각해 설해졌음을 알 수 있다.

4. 초기불교에 대한 재평가

1) 교판의 등장과 초기불교

백일법문은 초기불교에서 선종에 이르는 전체 불교사를 아우르고 있다. 물론 여러 면에서 선이 강조되고, 선에 관한 내용도 비중 있게 다루고 있지만 백일법문의 분명한 특징은 대승불교권에서 폄하되었던 초기불교를 재평가하고 그 가치를 다시 인정한 것이다.

팔만대장경이라는 말에서도 알 수 있듯이 불교의 경전과 교리는 매우 방대하다. 서기 67년 백마사로 중국에 불교가 처음 전래될 당시에는 『42장경』이라는 짤막한 경전이 전해진 것이 전부였다. 하지만 이후 약 천 년에 걸쳐 인도와 서역으로부터 수많은 불전들이 유입되면서 불전은 날이 갈수록 방대해지고, 교리적 내용도 점점 더 복잡해지기 시작했다.

특히 중국 대승불교의 아버지로 불리는 구마라집(344~413)에 의해 수많은 대승경전들이 번역되면서 불전의 방대함과 복잡함은 더욱 심화되었다. 게다가 부처님은 중생들의 근기에 따라 다양한 방편을 사용했다. 이에 따라 경전마다 서술내용과 교리가 다르게 설명되는 부분이 발생하는 것은 물론 각 경전들 사이에도 서로 상충되는 내용이 등장하기 시작했다

이런 문제를 해결하기 위해 6세기경에 이르면 당대까지 중국어로 번역된 경전들을 치밀하게 연구하고 정리하는 작업이 시작된다. 이를 통해 설해진 순서대로 경전을 분류하고, 교리적 내용을 세밀하게 분석하여 사상석 문류와 체계를 잡는 연구가 진행되었다. 이렇게 경전을 분석하여 시기별로 내용을 분류하고, 체계적으로 교리를 정리하는 것을 '교판(敎判)'이라고 부른다.

교판이란 '교상판석(敎相判釋)'이라는 말을 줄인 것으로, 달리 '판석(判釋)'이라고도 한다. 여기서 '판(判)'은 '부판(剖判)', 즉 내용을 '잘게 쪼개어 판단한다'는 뜻이고, '석(釋)'은 '해석한다'는 뜻이다. 따라서 교상

판석이란 '부처님의 가르침을 세밀하게 분류하고 의미를 바르게 해석하는 것'을 의미한다. 이와 같은 교판이 가져온 성과는 경전을 시기별로 정리하고, 일목요연하게 교리적 체계를 세운 것을 들 수 있다.

나아가 불법에 대한 해석의 다양성을 열어놓았던 것도 또 하나의 성과라고 볼 수 있다. 불교에 대한 독자적인 해석의 등장은 독립된 종파의 탄생으로 이어졌기 때문이다. 경전을 체계적으로 분류하고 해석한 교판은 이미 남북조시대 때부터 다양하게 시도되었다. 그들 중에서 가장 체계적인 교판으로 평가받는 것이 천태대사와 현수법장이 정리한 교판이다. 이 두 스님이 정리한 교판에 의해 교리가 체계화되고, 천태종과 화엄종이 성립되었다.

수나라 때 활동한 천태지의(538~597) 스님은 부처님의 가르침을 오시팔교(五時八敎)로 분류했다. 천태대사는 남북조시대에 도생(道生)과 혜관(慧觀) 등 소위 남삼북칠(南三北七)로 불리던 교판을 연구하여 독자적인 교판체계를 수립했다. 천태교판은 대소승의 모든 경전이 부처님께서 직접 설하셨다는 것을 전제로 정리되었다. 오시(五時)는 모든 경전의 내용을 다섯 시기로 분류하고, 이를 부처님의 일생에 맞게 배대한 이론이다.

이에 반해 팔교(八敎)란 경전의 내용을 교화방법적인 측면과 설법의 내용적인 측면으로 분석하여 여덟 가지로 분류한 것을 말한다. 첫째 중생의 근기에 따라 돈교(頓敎), 점교(漸敎), 비밀교(秘密敎), 부정교(不定敎)로 분류했다. 그리고 교화방법에 따라 장교(藏敎), 통교(通敎), 별교(別敎), 원교(圓敎)로 분류했다.

오시설의 특징은 당대까지 번역된 모든 경전을 부처님의 삶에 배대하여 설법의 순서를 정리한 것이다. 물론 현재와 같은 문헌학적 고증이

나 역사적 사실에 대한 고증을 통해 도출된 결과로는 볼 수 없다. 일례로 『화엄경』은 불멸 후 약 5, 6백년이 경과한 뒤에 등장한 대승경전이지만 천태대사는 부처님께서 가장 먼저 설한 경전으로 분류하고 있다.

오시설을 토대로 하면 45년에 걸친 부처님의 설법기간도 50년으로 늘어나게 된다. 천태대사는 부처님께서 29세에 성도하여 79세에 열반하셨다고 보았기 때문이다. 따라서 천태의 오시설은 오늘의 관점에서 보면 객관적 사실과는 거리가 발생한다. 하지만 불교를 한눈에 조망할 수 있는 틀을 제공했다는 점에서는 커다란 의미를 부여할 수 있을 것이다.

천태교판과 쌍벽을 이루는 교판이 바로 현수법장(643~712)이 체계화한 화엄교판이다. 현수법장 스님은 당대까지 전해진 경전을 종합적으로 연구하여 역시 다섯 가지로 분류하였는데 이를 '오교(五敎)'라고 한다. 소승교(小乘敎), 대승시교(大乘始敎), 대승종교(大乘終敎), 돈교(頓敎), 원교(圓敎)가 그것이다.

부처님의 최초설법이 『화엄경』이라고 보았던 천태와 달리 법장의 교판은 소승의 가르침이 가장 먼저 설해졌다고 보았다. 그 뒤로 대승시교와 대승종교를 배치하여 소승에서 대승으로 발전해 가는 불교사의 흐름과 일치하게 분류하는 진일보함을 보여준다. 그러나 법장은 『아함경』이 포함된 소승교를 '법에 무지한' 낮은 차원의 가르침이라고 분류했다. 이는 부처님께서 직접 설법한 법문인 『아함경』을 폄하하는 결과를 낳게 된다. 동아시아에서 『법화경』과 『화엄경』이 최고의 경전으로 평가받으며 널리 읽힌 반면 부처님의 육성이 담긴 『아함경』이 경시되었던 것은 이상과 같은 교판의 영향이 적지 않게 작용했기 때문이다.

이와 같이 중국에서 성립된 교판에서는 부처님께서 직접 설법한 아함경의 가치가 폄하되고 초기불교의 가치를 낮게 평가했다. 이런 경향은 불립문자와 교외별전을 지향하는 선종에 이르면 더욱 분명한 경향으로 굳어진다. 불교를 아난이 전한 교학과 가섭이 전한 심법으로 구분 짓고, 아난이 전한 교는 돌아가는 더딘 길이며, 가섭이 전한 마음은 깨달음으로 바로 들어가는 지름길로 표현되었다. 여래선과 조사선이라는 개념이 등장하는 것도 이런 맥락이다. 여래선은 말 그대로 부처님께서 행한 수행법을 말하고, 조사선은 중국에서 성립된 조사선을 말한다.

 문제는 부처님이 수행했다는 여래선보다 중국에서 성립된 조사선을 더욱 수승한 수행법으로 평가하는 것이다. 특히 고려시대 천책(天頙)이 집필한 『선문보장록』에 따르면 선법은 석가모니 부처님의 깨달음으로부터 시작된 것이 아니라 진귀조사(眞歸祖師)로부터 가르침을 받아서 유래했다는 주장까지 등장한다. 부처님도 아득한 옛날 진귀조사에게 가르침을 받아서 깨달음을 얻었다는 것이다. 이런 경향은 조선시대 이후 선종이 주류를 이루면서 한국불교에서 아함과 초기불교의 가치를 폄하하는 근거가 되었다. 이런 이유로 대승경전은 독송하고 사경했지만 『아함경』을 독경하거나 사경하는 전통은 없었다. 신앙의 현장에서도 관음과 지장은 있었지만 석가모니는 없었다고 해도 과언이 아니다. 부처님오신날을 제외하고는 신앙의 현장에서 석가모니불 정근을 하는 사찰이 없는 것도 이런 이유일 것이다.

2) 불교의 근본을 다시 확인하다

 백일법문 역시 천태지자와 현수법장의 교판을 심층적으로 연구하고 이들 교판이 원교(圓教)로 분류한 가르침을 대승불교의 중심사상으로 인정한다. 하지만 백일법문은 중국 교판가들의 이론을 그대로 수용하지는 않는다. 성철스님은 현대 불교학자들의 연구 성과까지 두루 섭렵하여 교판의 한계를 비판하고 초기불교에 대한 독자적인 입장을 밝히고 있다.

대표적인 것이 바로 불교의 근본은 석가모니불이라는 점을 분명히 한 것이다. 불교의 출발이 석가모니라는 것은 당연한 주장이라고 생각할 수도 있다. 하지만 앞서 고찰한 바와 같이 교판을 토대로 하는 중국 대승불교에서는 결코 그렇지 않았다. 이런 상황을 감안할 때, 특히 성철스님이 교보다 선의 수승함을 강조하는 선승이었음을 고려할 때 백일법문은 성철스님만의 독자적인 선교관을 견지하고 있음을 엿볼 수 있다.

천태지의와 현수법장은 천태교판이나 화엄교판을 수립하고 자신들의 사상적 견지에 따라서 각 시기의 불교사상을 분류하고 사상적 깊이의 깊고 얕음을 논하게 된다. 이들은 자신들의 교판체계에 따라 불교교리를 체계화했는데 이들 교판에서 『아함경』은 소승으로 분류되고 생멸법(生滅法)의 범주로 구분되었다.

그러나 성철스님은 이와 같은 태도가 부당한 것이라고 비판하고 천태와 현수의 교판에 정면으로 맞선다. 성철스님이 기존의 교판을 비판하고 불교의 근본을 아함에서 찾는 이유는 가장 초기에 설해진 『아함경』에 이미 천태나 화엄교판에서 원교라고 주장하는 대승사상의 핵심이 설해졌다고 보기 때문이다. 성철스님은 "불교는 부처님의 가르치심이 근본이 되는 것인 만큼 부처님과 그 가르침을 직접 받은 제자들 당시의 불교가 중심이 되어야 함은 당연한 이치"라는 입장을 보이고 있다.

백일법문의 입장은 불교는 부처님으로부터 시작된 종교이며 따라서 불교의 근본은 석가모니 부처님과 석가모니 부처님께서 설한 말씀을 근본으로 삼아야 한다는 것이다. 이는 교판을 토대로 자신들이 신봉하는 경전이나 사상이 가장 수승하다고 주장하며 불교의 근본 뿌리를 부정해 왔던 종파주의에 대한 단호한 배격으로 읽을 수 있는 대목이다. 시대적 흐름에 따라서 부처님의 근본 종지(宗旨)가 왜곡되거나 부정된다면 마땅히 바로잡아져야 한다. 이런 맥락에서 백일법문은 천태교판이나 화엄교판에서 원교로 분류한 대승사상을 최고의 가르침으로 삼고 부처님께서 직접 설한 아함을 열등한 가르침으로 분류한 것은 시정되어야 한다고 보았다.

　성철스님은 "천태대사나 현수대사가 『아함경』을 소승으로 취급하여 아함의 연기를 생멸연기로 해석하고, 아함의 사제도 생멸사제로 간주한 것은 결단코 잘못된 것"이라며 교판의 한계를 분명하게 지적한다. 백일법문은 불교가 부처님으로부터 출발한 이상 근본불교를 떠나서 더 수승한 가르침이 있을 수 없다고 주장함으로써 불교의 뿌리와 사상적 근원을 초기불교로 되돌려놓는다. 이와 같은 입장은 천태교판이나 화엄교판을 정면으로 반박하는 것으로 성철스님의 자주적 교학관을 엿보게 하는 대목이다.

　그렇다면 『아함경』에 담겨 있는 가르침은 어떻게 불교사상의 뿌리로 평가될 수 있는가? 백일법문은 그 해답을 중도사상에서 찾는다. 즉 "부처님은 중도를 정등각했다고 선언하였는데, 중도가 즉 연기이며, 연기가 즉 법성이며, 법성이 즉 법계이며, 법계가 즉 사제"라는 관점으로 초기불교와 대승불교를 하나의 사상체계로 해석한다. 불교의 근본이 중도라는 관점에 선다면 근본불교를 폄하하는 문제도 극복된다는 것이 성철스님의 논지다. 부처님께서 설하신 연기법과 사성제와 같은 교설이 곧 중도의 다른 이름이기 때문에 아함의 교설과 원교의 교설이 서로 다르지 않다는 것이다.

따라서 백일법문에서는 부처님의 근본교설이 소승의 가르침으로 폄하되는 것이 아니라 불교의 뿌리로 다시 확인된다. 불교의 근본은 석가모니 부처님이라는 점을 재확인하면서 부처님을 넘어서려는 각종 종파주의는 배격된다. 이는 교판이 등장한 이후 동아시아 불교계에서 볼 수 없었던 주장이다. 어떤 측면에서 교판이 풍미한 이후 1500년 만에 우리 불교계에서 아함과 초기불교 교설의 가치를 회복시킨 일대 사건이라 해도 좋을 것이다. 성철스님의 이 같은 입장은 후대로 가면서 불교사상이 점차 발전하는 것처럼 인식되는 오류를 바로잡고 불교는 석가모니 부처님의 초전법륜에서 시작되었으므로 부처님의 가르침에 충실해야 함을 천명하는 것이다.

성철스님의 이와 같은 인식은 백일법문에서 처음 등장한 것이 아니다. 불교의 근본은 부처님이라는 견해는 성철스님의 수행과 삶에서 깊게 체화된 가치관이다. 그것을 보여주는 것이 바로 봉암사결사에서 스

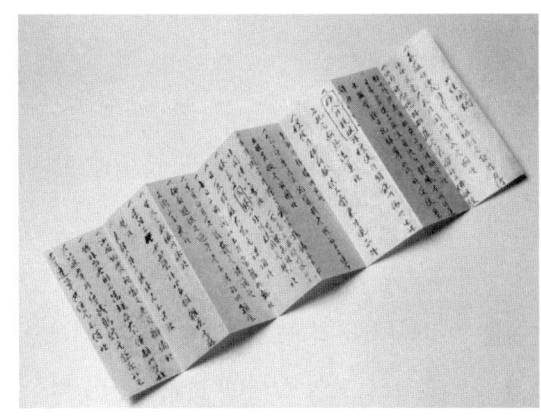

성철스님의 '공주규약' 친필

님께서 보여준 태도이다. 1947년 봉암사결사에서 성철스님이 내세운 기치는 '부처님 법대로 살자'는 것이었다. 이 같은 정신을 구체적으로 담아내고 있는 것이 18개 조항으로 정리된 '공주규약(共住規約)'이다. 공주규약이란 봉암사 결사에 참석한 대중들이 지켜야할 약속에 해당하는 수행규칙을 말한다.

그 공주규약 중에서 첫 번째와 두 번째 조항에는 공주규약의 근간이 되는 핵심적인 내용이 담겨 있다. 즉, "삼엄한 부처님 계율과 숭고한 조사의 유훈을 부지런히 닦고 힘써 실행하여 깨달음의 경지에 원만하고 빠르게 이를 것을 기약한다"와 "어떠한 사상과 제도를 막론하고 부처님과 조사의 가르침 이외의 사견은 절대 배척한다"라는 내용이 서두를 장식하고 있다. 이렇게 볼 때 불교의 근본은 석가모니라며 교조를 다시 확인하고, 초기 경전이야말로 불교사상의 근원이라는 주장은 관념적인 주장이 아님을 알 수 있다. 그런 정신은 백일법문이 설해지기 전부터 스님의 삶을 통해서 철저히 체화된 가치관이기 때문이다.

5. 대승비불설에 대한 비판

1) 대승비불설과 중도

백일법문은 교판의 한계를 지적하며 초기불교의 가치를 재발견하고 불교의 중심은 부처님이며 초기불교의 교설에 이미 불교사상의 핵심이 설해졌다고 보았다. 하지만 그렇다고 성철스님이 초기불교의 가치만을 인정하고 대승불교의 가치를 인정하지 않은 것은 아니다. 초기불교에 대한 평가절하가 교판에 의해서였다면 대승불교에 대한 폄훼는 오늘날의 불교학에 의해 진행되고 있다. 성철스님은 교판에 맞서 초기불교를 재평가했던 것과 같이 현대불교학이 제기하는 대승비불설에 대해서도 단호한 입장을 보였다.

'여시아문(如是我聞)'으로 시작되는 모든 경전은 그 경전이 부처님에 의해 설해졌음을 강조하고 있다. 불자라면 누구도 우리가 독송하는 경전이 부처님께서 설한 말씀이라는 사실에 의문을 품지 않는다. 그러나 불교학에 문헌학이 접목되고 텍스트에 대한 고증이 치밀해지면서 불경의 성립시기가 하나씩 밝혀지게 되었다. 예를 들면 『법화경』이나 『화엄경』의 범어본을 언어학적, 문법학적으로 연구한 결과 이 경전들은 부처님 당시에 성립된 것이 아니라 부처님께서 돌아가시고 약 5~6백 년이 지난 뒤에 편찬된 경전임이 밝혀졌다.

자연히 대승경전은 부처님이 직접 설한 경전이 아니라는 주장이 등장하게 되었다. 이른바 '대승비불설(大乘非佛說)'이 그것이다. 이 주장의 요지는 아함과 니까야만 부처님께서 직접 설한 경전이고 나머지는 불설이 아니라는 것이다. 그 근거로 대승경전에는 많은 부처님들[多佛]이 등장하고, 기복적 성격이 강하고, 스스로 굳이 불설임을 강조하고, 중국에서 편찬된 위경이 많음을 그 예증으로 들고 있다.

대승비불설에 관한 논의는 이미 4~7세기경 인도에서부터 제기된 바 있고, 중국에서도 4세기경 도안이 편찬한 『종리중경목록』에 30권이 넘는 위경이 등장한다. 하지만 근대에 와서 학계에서 일고 있는 대승비불설의 발신지는 일본이다. 일본에서 이런 주장을 가장 먼저 한 사람은 18세기에 활동한 도미나카 나카모도(富永仲基)로 알려져 있다. 그는 대장경 전반을 검토하고 집필한 『출정후어(出定後語)』에서 부처님께서 직접 설한 경전은 아함뿐이며 대승경전은 여기에 내용을 첨가한 것이라고 주장했다.

그러나 이런 주장이 학계에 널리 제기되기 시작한 것은 문헌학적 고증이 뒷받침되기 시작한 20세기 초였다. 여러 학자들이 대승경전을 연구한 결과 '대승경전은 부처님이 친히 설한 경전이 아니다'라고 판단하면서 대승비불설이 널리 회자되기 시작했다. 비불설로 분류된 경전에는 『능엄경』, 『원각경』, 『대승기신론』 등 동아시아 불교와 선종의 사상 형성에 지대한 영향을 끼친 경전들도 다수 포함되어 있었다.

자연히 이들 경전을 불설로 믿고 있던 불교계에는 커다란 파장이 일어났다. 이에 대해 일본의 저명한 불교학자 우이 하쿠주[宇井伯壽]는 '부처님의 근본사상을 어떻게 알 수 있을까?'라는 문제를 고민하기 시작했다. 그는 부처님의 중요한 사적(史蹟)을 기초로 당시 인도사상을 참고하고, 가장 오래된 초기경전의 내용을 종합하여 부처님의 근본사상을 찾고자 했다. 이런 과정에서 학계가 주목한 것이 율장(律藏)이었다.

율장은 시대적으로나 언어학적으로나 부처님 당시의 사실을 그대로 전하고 있는 문헌으로 평가되었기 때문이다. 바로 그 율장에는 부처님께서 5비구에서 설한 최초로 설법으로 알려진 초전법륜(初轉法輪)이 수록되어 있다. 여기에는 "출가자는 두 가지 극단[二邊]을 가까이 하지 말지니라. 두 가지 극단이란 고(苦)와 낙(樂)이니라. 여래도 이 두 극단을 버린 중도를 바른 깨달음이라고 한다"라는 말씀이 담겨 있다.

율장에 기록된 최초의 말씀에서 부처님은 5비구에게 고와 낙이라는 두 가지 극단에 집착하지 말고 중도를 바르게 깨달아야 한다고 설하고 있다. 『중론』에는 생멸(生滅), 단상(斷常), 일이(一異), 내거(來去)라는 여덟 가지의 극단과 이에 대한 중도가 등장한다. 그런데 여기서는 고락 두 가지만 등장하고 있다. 이것은 당시 수행자들이 고행을 중심적인 수행으로 삼고 있어 고락의 문제가 가장 중요한 이슈였기 때문이다.

부처님은 당시 이분법적 변견의 핵심이 되고 있는 고락의 문제를 통해 고와 낙 어느 것에도 집착하지 말라는 중도의 가르침을 설했다. 따라서 여기서 고락은 선악(善惡), 시비(是非)를 비롯해 모든 극단적 사유를 대변하는 명제로 볼 수 있다. 이처럼 부처님의 최초설법이 중도설법이고, 문헌학적으로도 가장 앞선 문헌에 기록된 법문이 중도설이므로 불교사상의 뿌리는 중도라는 결론에 이르게 된다.

초전법륜이 중도라는 내용은 율장은 물론 경전 성립사적으로 율장보다 앞선 시기에 편찬된 『수타니파타』에도 등장한다. 『수타니파타』의 「피안도품」에는 "양 극단에 집착하지 아니하고 그 가운데에도 집착하지 않는다."라는 중도사상이 등장하고 있다. 따라서 가장 오래된 불교문헌을 토대로 볼 때 부처님의 최초설법은 중도사상이므로 불교의 근본은 중도사상이라는 것이 성철스님의 논지다.

대승불교가 불멸후에 성립되었고, 대승논사들에 의해 편찬된 경전이라는 것은 이미 모두가 인정하고 있는 사실이다. 설사 그렇다고 해도 대승경전의 내용이 중도사상에 입각한 것이라면 그것은 불법의 핵심을 담고 있으므로 대승경전 역시 불설로 보아야 한다는 것이다. 이런 원칙으로 본다면 천태종과 화엄종, 나아가 선종 역시 중도사상을 근본으로 삼고 있으므로 이들 종파 역시 불교의 근본에 입각해 있다는 것이 성철스님의 논지다. 성철스님은 이런 논지를 토대로 "학자들이 잘 몰라서 대승불교를 의심하고 소승불교만이 부처님 불교가 아닌가 하고 연구해 보았지만 부처님의 근본불교가 중도사상에 있다는 것이 판명된 뒤에는 대승비불설은 학계에서 사라졌다."고 대승불교를 옹호했다.

2) 대승은 근본불교 복구운동

대승비불설을 논하는 사람들은 대승불교의 아버지로 불리는 용수(龍樹)의 사상에 대해서도 불교가 아니라고 비판한다. 그러나 이상에서 살펴본 바와 같이 근본불교의 핵심이 중도사상이라면 상황은 달라진다. 용수의 핵심사상이 중도이므로 용수는 부처님의 근본사상을 계승한 것이 되기 때문이다. 한 발 더 나아가 성철스님은 "용수보살이 주창한 대승불교의 근본 뜻은 부파불교에서 벗어나 부처님의 근본불교로 돌아가자는 복구운동"이라고 평가했다.

부파불교시대의 교리는 영원한 실체가 있다는 유견(有見)과 그런 것이 없다는 무견(無見)으로 갈라져 대립했다. 이를테면 부파불교는 유무(有無)라는 비불교적 변견에 사로잡혀 있었다는 것이다. 특히 설일체유부 등에서 '삼세실유 법체항유(三世實有 法體恒有)'라는 명제를 통해 삼세에 걸쳐 존재의 실체가 항존한다고 보았다. 존재의 실체를 인정하는 것은 제법무아라는 부처님의 가르침에서 보면 불교사상에 위배되는 주장이다.

용수는 『중론』과 『대지도론』을 저술하여 부처님의 근본사상인 중도를 천양한다. 따라서 용수의 중관사상은 부파불교의 왜곡된 유론을 논파하고 부처님의 근본으로 돌아가기 위한 운동이라는 것이 학자들의 평가다. 이런 맥락에서 용수의 대승불교 사상은 '삿된 것을 부수고 바른 것을 드러냄[破邪顯正]'이라는 평가를 받는다. 용수의 대승사상은 유무에 사로잡힌 부파불교의 변견을 깨고 제법무아라는 부처님의 가르침을 바로 세우기 위함이었기 때문이다.

대승비불설의 요지는 대승경전이 부처님 당시에 성립되지 못했다는 문헌학적 비판에 뿌리를 두고 있다. 하지만 그런 관점에서 보면 소승경전 역시 각 부파에서 편집되어 전승되었다는 반론에 직면하게 된다. 그 과정에서 새로운 내용이 가필(加筆) 또는 개필(改筆)되면서 부처님 당시의 내용이 그대로 전승된 것은 아니라는 것이다. 따라서 중요한 것은 부처님 당시에 완성된 문헌이냐 아니냐가 아니라 무엇이 불법의 핵심 가르침이냐일 것이다. 성철스님은 대승경전이 비록 시대적으로는 후세에 성립된 문헌이 맞지만 사상적으로 보면 대승불교야말로 부처님의 근본사상을 정통적으로 계승한 불교라고 옹호하고 있다.

붓다는 "연기(緣起)를 보는 자 여래를 본다"고 했다. 그렇다면 연기를 깨닫고 그와 같은 가르침을 담고 있다면 그것이 곧 여래의 말씀이고 불전(佛典)일 것이다. 설사 아함과 니까야를 마르고 닳도록 외운다고 할지라도 연기적 사유와 실천이 없다면 그것이야말로 비불설이다. 뗏목은 강을 건너는 데 목적이 있다. 경전 또한 텍스트 자체가 아니라 그것에 말씀을 담아 전하기 위한 뗏목과 같은 것이다. 따라서 뗏목 그 자체가 아니라 뗏목에 실어 전하고자 했던 가르침에 주목해야 하는 것이 바른 관점이다.

최근 학계와 교계 언론에서 대승비불설을 둘러싼 논쟁을 벌인 적이 있다. 성철스님은 적어도 우리 학계보다 약 50년 전에 이미 대승비불설의 문제점을 지적하고 이 문제를 어떻게 바라봐야할 것인가에 대한 관점을 제시하고 있다. 특히 불교사상의 핵심이 중도라고 규명하고 그것을 계승하고 있는가 아닌가가 불설과 비불설을 나누는 기준이 되어야 한다는 원칙까지 제시했다. 이는 단순히 대승이 불설이냐 아니냐를 넘어 불설과 비불설을 가르는 원칙을 제시했다는 점에서 높이 평가해야할 대목이다.

6. 불교사상의 핵심 줄기를 잡다

1) 동굴에 갇힌 학문과 백일법문의 통합성

중국에서 불교학의 출발은 전체 불교경전을 통합하고 분류하면서 성립된 교판으로부터 시작됐다. 교판은 부처님의 가르침을 분류하여 해석하는 것을 의미하지만 그렇게 하기 위해서 전제된 것이 전체 불교를 종합하는 과정이 선행되어 있다. 따라서 교판은 전체 불교를 조망하는 포괄적 인식의 산물이기도 하다. 하지만 현대의 불교학은 그와 같은 통합의 전통이 사라지고 분과 학문으로 전락한 측면을 부정할 수 없다. 불교라는 종합적 틀 속에서 사상, 실천체계, 수행, 응용이 통합적으로 다뤄지지 못하고 있는 것이 현재의 불교학이 직면해 있는 한계이다.

한때 인문학이 지향했던 것처럼 불교학 내부에서 전공분과가 활발하게 세분화되었다. 이런 경향은 일본으로부터 수입된 불교학이 많은 영향을 미친 것이 사실이다. 불교학 내부에서 문사철로 구분되고, 또

교학과 선으로 구분되고, 역사에서는 인도불교, 중국불교, 한국불교사로 구분된다. 교리적으로는 천태, 화엄, 중관, 유식, 선 등으로 다시 세분된다. 여기에 또 다양한 응용분야로까지 불교학이 세분되어 있다. 이로써 전체적인 조망 속에서 불교를 이해하고 현실의 문제를 극복하기 위한 대안을 제시할 수 있는 안목을 키우기 어려운 상황이 되었다. 각자 자기전공 속으로 깊이 파고들어가는 바람에 넓게 바라볼 수 있는 시야를 잃어버렸기 때문이다.

이런 학문풍토는 여러 가지 단점을 가지고 있다. 첫째, 불교학자이면서도 불교를 종합적으로 이해하지 못한다는 것이다. 교학을 전공하면 선을 모르고, 선을 전공하면 교학을 모른다. 유식을 공부하면 중관을 모르고, 중관을 공부하면 유식을 모른다. 오직 자기 전공에만 매몰되어 있다. 그와 같은 영역 가르기는 학자들로 하여금 자기 영역에 매몰되게 만들고, 그런 테두리를 벗어나는 것은 학자로서의 소양이 없는 것처럼 인식되기까지 했다.

둘째, 자기 전공분야에 갇혀 갖가지 현실적 문제에 대한 대안을 제시하지 못한다는 것이다. 자신이 알고 있는 것은 전체 불교학 중에서 극히 일부분이기 때문에 불교를 포괄하는 대안을 제시할 수 없다. 마치 부파불교가 불교학의 정치한 교학은 발전시켰지만 통합적인 비전을 세시하지 못했던 것처럼 지금의 불교학도 과도한 분과로 인해 개별화되고, 현실에 무기력한 불교학이 되었음을 부정할 길이 없다.

그 결과 자기의 전공분야는 잘 알고 있지만 그 앎이 개인의 고통을 해소하고, 사회문제를 해소하는 데는 매우 무기력한 불교학이 되고 말았다. 왜냐하면 특정한 세부 전공에서 제시하는 대안이 전체 불교를 대변할 수 있는 대표성을 담보하기 어렵기 때문이다. 이런 이유 때문에 설사 누군가 자기 전공에 입각해서 어떤 대안을 제시한다고 할지라도 대중적인 호소력을 얻기 힘들다. 아무리 전문적인 견해를 제시해도 그 것은 천태나 중관이라는 한 분과의 주장으로 치부될 뿐 불교를 대표하는 주장으로 수용되지 못하기 때문이다. 이런 상황으로 인해 오늘날의 불교학은 전체 불교를 조명하고 이 시대가 요구하는 대안을 제시하지 못하고 있다.

이는 상황은 비단 불교학만의 문제는 아니다. 인문학 전반에 걸쳐 학문의 세분화로 전체를 조망하지 못하고 있는 것이 현실이다. 우물 안 개구리가 우물의 둘레만한 크기의 하늘만을 보는 것처럼 자기 전공의 관점에서 세상을 보는 관견(管見)이 인문학의 한계로 지적되고 있다. 이런 폐단을 극복하기 위해 나타난 것이 소위 학문의 대통합으로 불리는 '통섭(統攝, consilience)'이다. 미국의 사회생물학자 에드워드 윌슨에 의해서 주창된 학문의 대통합은 이제 학제적 연구와 학문 간의 영역 가로지르기라는 새로운 경향을 낳고 있다.

이런 맥락에서 백일법문을 보면 어떨까? 선사로 알려진 성철스님은 선어록만을 공부하고 선이라는 틀 속에 갇혀 있었을까? 하지만 앞서 살펴본 바와 같이 스님은 불교에 대한 종합적인 조망 속에서 초기불교의 가치를 재발견하고 있다. 나아가 전체 불교사상을 섭렵하고 그것을 종합하고 있는 것이 백일법문이다. 그리고 방대한 불교사상을 종합하는 차원에 머물지 않고 불교학의 핵심 줄기를 잡아내는 탁월함을 보여준다. 이런 저작은 원효스님과 같은 몇몇 고승을 빼면 한국불교에서 찾아보기 쉽지 않은 것도 사실이다. 결론적으로 백일법문은 분과학문으로 전락한 불교학이 견지해 왔던 한계를 뛰어넘고 있다고 평가할 수 있다.

백일법문이 어느 한 분야만을 천착한 것이 아니라 불교를 종합하는 통섭의 방법론을 보여주고 있는 첫 번째 증거는 바로 전체 불교문헌을 섭렵하고 있다는 것이다. 백일법문의 구성 자체가 초기불교에서부터 중관, 유식, 열반, 천태, 화엄, 선종사상을 총괄하는 방대한 내용으로 구성되어 있다. 성철스님은 백일법문을 통해 자신의 논지를 전개하기 위해 경전과 논소는 물론 다양한 선어록의 내용까지 전체 불교에 걸쳐 방대한 문헌을 섭렵하고 있다. 단행본 『백일법문』에만 국한해서 출전이 정확히 표기된 것만 집계해도 80여 종의 경론(經論)과 어록(語錄) 등이 동원되고 있다.

단행본 『백일법문』에 인용된 경론과 어록을 중심으로 분야별로 집계해 보면 아래와 같다. 첫째, 경전과 율장으로는 『원각경』, 『화엄경』, 『해심밀경』, 『입능가경』, 『수능엄경』, 『사분율』, 『오분율』, 『마하승기율』 등을 포함해 모두 16종의 경전과 율장이 종횡으로 인용되고 있다.

둘째, 논소류를 살펴보면 『대비바사론』, 『구사론』, 『대승기신론』, 『대지도론』, 『중론』, 『삼론현의』, 『성유식론』, 『마하지관』, 『관음현의』, 『오교장』, 『화엄경탐현기』 등 30종이 넘는 대소승의 주요 논서들이 총망라되어 있다. 이들 논서를 통해서 성철스님은 부파불교의 교학은 물론이고 삼론학, 중관사상, 유식사상을 거쳐 천태, 화엄에 이르는 중국 종파불교의 이론적 핵심을 파고들고 있다.

셋째, 선어록과 전등사서 등 주요 어록이 30여 종 이상 인용되고 있다. 『백일법문』에는 『육조단경』, 『임제록』, 『마조록』, 『전심법요』 등 조사선의 주요 어록과 전등사서가 망라되고 있음을 확인할 수 있다. 나아가 『도서』, 『절요』, 『간화결의론』, 『태고록』, 『나옹록』 등 보조지눌과 나옹혜근, 태고보우 등 한국 선사들의 어록들까지 세심하게 검토하고 있음을 엿볼 수 있다.

백일법문에는 이상과 같은 방대한 경록들만 등장하는 것은 아니다. 스님께서는 인문사회 분야는 물론 과학서적까지 두루 섭렵하면서 왕성한 지적 소화력을 바탕으로 하고 있었다. 백련암에 있는 성철스님의 개인 서고격인 장경각에는 불교는 물론 인문, 사회, 과학 등 다방면에 걸쳐 1만여 권의 장서가 소장되어 있다.

이처럼 성철스님은 어린 시절 공부했던 유학과 한학에 대한 소양을 바탕으로 출가 이후에는 방대한 불교 논서를 두루 섭렵했다. 여기에 인문 사회학과 과학적 지식까지 뒷받침되고 있다. 따라서 성철스님의 『백일법문』에는 일찍이 우리 불교계가 쉽게 경험하지 못했던 불교지식의 종합을 경험할 수 있다. 한학과 불교가 서로 관통하고, 인문사회적 지식과 불교교리가 상호 융섭하면서 성철스님만의 독창적이고 자신감 넘치는 이론이 등장하고 있는 것이 백일법문이 가진 힘이자 매력이다.

여기서 놓치지 말아야 할 것은 백일법문은 단지 그와 같은 문헌에 대한 탐구만으로 구성되지 않았다는 점이다. 오랜 수행에서 나오는 개인적 체험과 봉암사결사와 같은 현실경험이 뒷받침되어 이론과 경험이 입체적으로 직조되어 있다. 성철스님은 10년 간의 장좌불와를 비롯해 목숨을 건 수행으로도 유명하다. 백일법문은 바로 그와 같은 철저한 수행을 통해 얻어진 관점이 종횡으로 스며들어 직조해 낸 살아 있는 법문이다. 지식 그 자체만을 위한 건혜(乾慧)가 아니라 번뇌의 제멸이라는 관점에서 교학과 선, 이론과 현실 경험이 하나로 통합되고 있다.

따라서 백일법문에 등장하는 지식은 그 내용이 방대하지만 나열식의 지식이 결코 아니다. 수행과 이론이 통합되어 살아 있는 내용을 구성하고 있기 때문이다. 교리를 말하지만 끝없이 문자와 이론의 한계를 경계하고, 수행을 말하면서도 이정표에 해당하는 교학의 중심 주제를 놓치지 않는다. 우리는『백일법문』을 읽으면서 실참과 이론이 팽팽하게 균형을 이루면서 상호 견제하고 상호 조화를 이루는 색다른 경험을 하게 된다.

성철스님은 이처럼 방대한 경론과 어록에 근거해서 선과 교를 두루 섭렵하고 선과 교를 중도라는 하나의 관점으로 꿰뚫고 있다. 성철스님의 이와 같은 논리적 치밀함은 스님의 또 다른 대표적 저작이라고 할 수 있는『선문정로』를 통해서도 확인할 수 있다. 1990년대 한국불교계에 돈점논쟁을 거세게 불러일으켰던 이 책에서도 스님은 자신의 논지를 반증하기 위해 다양한 경론과 선어록 등 60여 권을 인용하고 있다. 이런 측면에서 본다면『백일법문』은 대중설법이라는 형식임에도 불구하고 불교사상의 중심적 주제를 심층적으로 다루고 있는 전문 논저로서의 위상도 함께 갖추고 있음을 알 수 있다.

2) 교판, 불교를 가로지르는 통섭의 불교학

앞서 고찰한 바와 같이 교판은 경전을 세밀하게 분류하고 심층적으로 연구하여 얻어진 결과물이다. 그런 점에서 교판은 불교를 체계적으로 이해하려는 시도이자, 무엇이 불교의 핵심인가라는 본질적 질문이기도 하다. 지의와 법장은 그들의 교판을 통해 불교를 종합했다는 업적도 있지만 더욱 중요한 것은 무엇이 불교의 핵심인가라는 질문을 던졌다는 점이다. 그들은 그 질문의 답에 해당하는 내용을 정리하고 '원교(圓敎)'라는 이름을 붙였다. 천태는『법화경』과『화엄경』을, 법장은『화엄경』을 각각 원교로 분류하면서 불법의 핵심 줄기를 잡아냈던 것이다.

부처님의 가르침 중에 핵심이 원교라면 원교가 무엇인지 알게 되면 불법의 핵심을 알 수 있다는 결론이 나온다. 그렇다면 원교란 무엇일까? 천태는 '원교란 곧 중도를 나타냄[圓敎者 此顯中道]'이라고 했다. 중도사상이 원교의 내용이며, 불교사상의 핵심이라는 것이다.

화엄교판 역시 원교로 분류하는 경전은 비록 천태와 달랐지만 원교의 내용이 중도라는 점에서는 입장을 같이 했다. 화엄사상을 압축적으로 담고 있는 의상스님의 법성게(法性偈)에는 '구경의 실제인 중도의 자리[窮坐實際中道床]'라는 표현이 나온다. 중도를 바로 깨친 그 자리가 궁극의 실제이며, 부처님의 경지라는 것이다. 결국 중도를 깨치면 불교의 최고 원리를 깨치게 되고, 부처님의 지위에 이른다는 것이 천태와 법장이 체계화환 교판의 결론인 셈이다.

이처럼 중국의 교학승들은 교판이라는 방법을 통해 경전을 연구하고, 내용을 종합하여 교학체계를 확립했다. 이를테면 교판은 당대 불교사상을 가로지르는 '통섭'을 통해 불교사상의 핵심 줄기를 잡아냈던 것이다. 따라서 중도사상은 모든 경전과 전체 불교사상에 대한 교학적 종합을 통해 도출해낸 불교의 결론이라고 할 수 있다.

성철스님은 이와 같은 교판의 결론을 따라서 불교의 핵심적 가르침인 중도사상에 대해 치열하게 파고든다. 이를테면 백일법문은 처음부터 끝까지 중도라는 불교의 핵심줄기를 움켜쥐고 불교를 이해하고 또 그것에 입각해서 설명해 나간다. 전체 불교사상을 이렇게 하나의 줄기를 잡고 초지일관 끌고나가는 저작은 쉽지 않다. 더구나 그것이 대중설법이라는 점에서 더욱 그렇다.

교판이 중도라는 불교사상의 핵심 줄기를 잡았듯이 백일법문의 귀결처 역시 중도사상이다. 따라서 『백일법문』을 읽는 것은 중도사상을 읽는 것이며, 백일법문을 이해하는 것은 중도사상을 이해하는 것이다. 잔가지와 잎을 따라가지 않고 오로지 핵심으로 파고드는 것이 백일법문이 가진 매력이자 힘이다. 백일법문의 그와 같은 힘으로부터 불교에 대한 확고한 믿음이 생겨나게 된다. 표면을 겉돌던 피상적 이해를 뚫고 들어가 이글거리는 불법의 핵심을 보게 만드는 것이 백일법문의 힘이다.

3) 중도, 불교사상의 핵심 줄기를 잡다

백일법문에서 가장 중심적 근간이 되는 사상적 축은 중도사상이다. 성철스님은 전체 불교사상의 흐름과 내용을 면밀하게 검토한 뒤 불교사상의 핵심은 중도사상이라고 단언한다. 부처님께서 초전법륜에서 행한 설법은 다름 아닌 중도선언이며, 이것은 의심할 수 없는 부처님의 근본 법륜이라는 것이다. 부처님은 중도를 깨닫고 초전법륜을 통해 그것을 천명했으며, 이는 다시 팔정도를 통해 실천적 행위규범으로 제시되었다는 것이다.

이렇게 불교의 근본이 되는 부처님의 초전법륜이 중도인 만큼 이후 전개되는 모든 불교사상은 다름 아닌 중도사상이 근간을 이룬다는 논리적 결론에 도달하게 된다. 따라서 용수의 중관사상 역시 용수의 독창적인 사상이 아니라 부처님이 오비구에게 설법한 중도선언을 근간으로 하고 있다는 것이다. 뿐만 아니라 중도사상은 근본불교와 중관사상에 한정되지 않고 유식사상, 천태사상, 화엄사상, 선사상에 이르기까지 전체 불교사상을 일목요연하게 꿰뚫는 내용적 핵심으로 이해된다.

중도사상이 불교의 최고 원리인 이상 선종사상 역시 예외일 수는 없다. 따라서 성철스님은 선종사상도 유무(有無)를 떠난 중도사상이 핵심이라는 점을 밝히기 위해 혜능, 마조, 백장, 대주 등 선종의 대표적인 선사들의 어록을 발췌하여 선사상의 근간도 중도사상임을 규명해낸다. 결국 백일법문은 근본불교에서 선종사상에 이르기까지 전체 불교사상을 일목요연하게 살펴보면서 이 모든 사상의 핵심이 다름 아닌 중도사상임을 증명해 내고 있다. 이것은 다양한 불교사상을 하나의 체계적 관점으로 회통(會通)한 것으로 백일법문의 교학적 체계는 바로 중도교판(中道敎判)이라고 보아야 할 것이다.

> "불교의 근본이 다 중도에 서 있느니만큼 혹 표현은 다르다 해도 중도를 제외하고는 불법이 따로 없습니다. 그러므로 중도를 바로 보는 것이 불교를 바로 보는 것이고, 중도를 바로 보지 못하면 절대로 불교를 이해할 수 없습니다."

이처럼 성철스님은 중도를 제외하고 불법이 따로 없다고 강조한다. 중도를 바로 보는 것이 불교를 바로 아는 것으로 요약된다. 백일법문에서 중도란 단순히 교학적 이론이 아니라 궁극적 실제를 증득한 깨달음의 경지로 이해된다. 따라서 누구든 '중도의 원리를 깨쳐야만 진실한 불교도'가 될 수 있다는 결론으로 귀결된다. 백일법문은 방대한 불교사상을 종합하고 있지만 중도를 통해 핵심줄기를 잡아내고 있다. 이로써 방대한 문헌의 섭렵을 통한 종합의 넓이와 불교사상의 핵심으로 파고들어가 근간을 잡아내는 깊이가 『백일법문』을 구성하는 씨줄과 날줄이 되고 있다.

7. 구경각 뒤에는 더 닦음이 없다

1) 깨달음의 내용

　백일법문의 가르침 가운데 다른 어록에서 쉽게 볼 수 없는 것 중에 하나는 깨달음에 대한 구체적인 설명이다. 성철스님은 『백일법문』 서두에서 '불교는 깨달음의 종교'라고 정의하고, 깨달음에서 한 발짝이라도 물러서면 불교가 아니라고 했다. 이런 인식 때문인지 『백일법문』에서는 깨달음이 어떤 것이며 깨달음의 경지가 어떤 것인지에 대해 유식학에 근거해서 매우 구체적으로 설명하고 있다. 이는 대개의 어록이 깨달음을 얻게 되면 '제불제조(諸佛諸祖)와 어깨를 나란히 하게 될 것'이라는 식의 다소 추상적인 설명과는 대조를 이룬다.

　성철스님은 깨달음에 대해 "선종에서는 그 마음을 깨치는 것을 견성성불이라고 합니다. 곧 자성을 보아[見性] 부처를 이룬다[成佛]는 말입니다. 여기서 말하는 견성이라는 것은 중생의 자성, 즉 불성(佛性)을 본다는 말입니다. 그러므로 견성이 즉 성불이고 성불이 즉 견성입니다."라고 정의한다.

　깨달음이란 '마음을 깨치는 것'으로 정의됨으로 불교는 마음의 종교로 설명된다. 성철스님은 '마음을 알아서 성품을 본다[識心見性]'는 『육조단경』의 가르침을 예증으로 들어 자신의 본래 성품을 보는 '견성(見性)'이 곧 깨달음을 완성하는 '성불(成佛)'이라고 했다. 즉 마음을 안다는 것은 곧 자신의 성품을 바로 보는 견성이고, 견성한다는 것은 마음을 안다는 것인 만큼 마음과 성품은 같은 것이 된다. 다만 여기서 마음으로 표현되는 것은 일상적 번뇌가 명멸하는 중생의 생멸심(生滅心)이 아니라 중생의 본래 성품인 진여심(眞如心)을 말한다. 모든 중생이 가지고 있는 그 진여심이야말로 중생의 본래 성품이며, 그것이 곧 불성이며, 중도라고 했다.

"『열반경』에서는 중도를 불성이라고 하셨습니다. 그러므로 견성한다는 것은 중도를 바로 본다는 것이 되는데 이것은 부처님이 초전법륜에서 '나는 중도를 정등각했다'는 그 말씀과 같습니다. 결국 우리가 성불하려고 하면 자성을 바로 보아야 되는데 자성이란 곧 중도이므로 중도를 바로 깨쳐야 견성을 한다는 것입니다."

중도가 곧 불성이라는 명제는 불성을 깨닫는 것은 곧 중도를 깨닫는 것으로 귀결된다. 다시 말해 깨달음이란 곧 자신의 성품을 보는 견성이며, 견성은 곧 불성을 보는 것이며, 그 불성은 다름 아닌 중도이기 때문에 깨달음은 중도를 깨닫는 것이 되고, 그것이 바로 부처를 이루는 성불이 된다. 따라서 『백일법문』에서 말하는 깨달음의 내용이란 다음과 같은 세 가지 의미로 정리할 수 있다.

첫째, 내적으로 자신의 본성을 보아 안팎으로 밝게 비추어 보는 내외명철(內外明徹)이 견성이므로 깨달음은 곧 나의 마음을 바로 깨닫는 것이다.

둘째, 깨달음이란 우리들도 부처님의 지혜와 덕상(德相)을 갖추게 되는 성불을 완성하는 것이므로 견성은 곧 내 속의 불성을 보고 그 불성을 완전하게 실현하는 것이다.

셋째, 불성이란 곧 삼라만상의 모든 지혜를 통달하는 것인데 그 지혜란 다름 아닌 중도이므로 깨달음은 중도를 바르게 깨닫는 것이다.
　결국 깨달음이란 내적으로는 자기 자신의 본성을 바로 보는 것이며, 밖으로는 나와 모든 존재에게서 부처님의 성품을 보고 그 불성을 실현하는 것이며, 부처님께서 깨달은 중도를 바로 깨치는 것으로 정의된다.

2) 깨달음의 경지

　깨달음의 내용이 견성, 성불, 중도정각이라면 그 깨달음의 경지는 어떤 것일까? 사실 『백일법문』의 수행론에서 가장 논란이 되었던 점은 깨달음의 경지에 대한 정의와 깨닫고 난 다음에도 수행이 계속 되는가에 관한 문제이다. 한마디로 '구경각(究竟覺)'과 '돈오돈수'로 요약되는 깨달음의 경지와 깨달음을 이룬 뒤에 계속 닦아가는 '오후(悟後) 수행'에 대한 성철스님의 주장은 돈오점수와 관련해서 많은 논쟁을 불러일으켰다. 그 깨달음의 경지에 대해 정리하면 크게 두 가지로 살펴볼 수 있다.
　첫째, 사상적 내용으로 보면 깨달음은 중도를 바르게 깨쳐서 부처님의 지위에 오른 것을 말한다. 따라서 깨달음이란 모든 번뇌 망상으로부터 완전히 벗어나 부처님의 지혜를 증득한 경지다. 그런 경지만이 참다운 깨달음이고 견성이며 중도정각(中道正覺)이라는 것이다. 만약에 부처님과 같은 그런 경지에 이르지 못했다면 깨달았다고 해서는 안 된다는 것이다. 이렇게 깨달음이 모든 번뇌를 완전하게 없애버린 경지라면 깨달음이 선언된 뒤에는 더 이상 닦을 것이 없는 것은 자명하다. 성철스님은 이처럼 완전한 깨달음의 경지에 이른 궁극적 깨달음을 '구경각'이라고 했다.

둘째, 유식학의 관점에서 보면 깨달음이란 모든 번뇌의 가장 근원적인 뿌리인 '제8아뢰야 미세망념'까지 완전하게 끊어버린 경지를 말한다. "십지보살이 모든 수도(修道)의 방편을 원만히 구족하여 제8아뢰야 미세망념까지 완전히 벗어난 구경각을 성취하면 이것이 견성"이라는 것이 성철스님의 견성론이다. 따라서 견성이란 단지 이성적으로 '나는 부처님과 같이 위대한 존재다'라고 지성적으로 이해하는 그런 상태를 말하거나, 또는 화두 수행을 하다가 어느 날 문득 나타나는 어떤 경계를 말하는 것이 아니다.

스님은 견성이란 "제8아뢰야 미세망념까지도 떠나며 또 십지·등각보살도 넘어서야 한다"고 했다. 번뇌의 뿌리가 되는 제8 아뢰야식에 내재된 미세한 망념까지 모두 녹여내고, 보살이 닦아가야 할 모든 수행 계위를 통과하여 십지보살을 넘어서고 등각보살까지 넘어선 다음에 최후의 경지에 이른 것이 깨달음이라는 것이다. 이런 의미의 견성은 모든 수행의 최후 단계를 넘어선 것이며, 부처님과 같이 수행을 완성한 구경의 경지를 의미한다. 성철스님은 이처럼 제8 아뢰야식에 내재된 미세한 망념까지 모두 뽑아 버린 무념(無念)의 경지만이 '불법에서 공인된 견성과 성불'이라고 단언한다.

이처럼 『백일법문』에 따르면 돈오, 즉 깨달음이란 "청정무구한 대원경지(大圓鏡智)를 성취하여 일체지가 완전히 현발(顯發)한 것"을 의미한다. 성철스님이 말하는 깨달음과 돈오는 모든 수행의 경지를 넘어 최후의 구경에 이른 상태를 말하기 때문에 그런 깨침에는 점차(漸次)가 있을 수 없다. 그리고 십지와 등각보살의 상태까지 넘어 부처님의 지위에 이르러서 이미 모든 공부를 마친 것이므로 깨달음 이후에 다시 더 닦아야할 '후수(後修)'란 있을 수 없다. 만약 더 '닦을 것이 있다'라고 한다면 그것은 아직도 궁극적 깨달음을 얻지 못했다는 의미로 해석된다. 이런 이유 때문에 깨닫고 난 다음에도 닦을 것이 있다고 말하는 점오(漸悟)에 대해 성철스님은 깨달음이 아니라고 강하게 비판한다. 그것은 완전한 깨달음인 구경각에 이르지 못한 것이기 때문이다.

이런 맥락에서 성철스님은 깨달음에 대해 "선종 정맥에서는 돈오라 하면 일체 망상이 다 끊어진 것을 말했습니다. 돈오한 동시에 돈수(頓修)여서 후수가 필요 없습니다."라고 단언했다. 돈오란 궁극의 경지를 이룬 구경각이기 때문에 더 닦을 것도 없고, 더 나아갈 것도 없는 경지라는 것이다. 그래서 자기 성품을 바로 보는 견성이 곧 구경각이고, 구경각이 부처를 완성하는 성불이라는 등식이 성립된다.

더러 성철스님 하면 돈오돈수를 주장함으로 마치 수행을 경시한 것처럼 오해를 받기도 한다. 그런 오해의 뿌리는 어느 날 문득 깨달음을 얻은 뒤에 더 닦을 것이 없다고 함으로써 수행자들에게 수행을 등한시 하게 만든다는 것이다. 그러나 이는 성철스님이 말하는 깨달음에 대한 정의나 돈오돈수의 개념을 정확히 파악하지 못한 데서 비롯되는 오해라고 할 수 있다. 오히려 성철스님은 '한 생각도 일어나지 않고 앞뒤 생각이 모두 끊어진 상태[一念不生 前後際斷]'에 이르러 대적멸지(大寂滅地)에 이르렀다 해도 그런 경계에 현혹되지 말고 끝까지 화두참구를 놓지 말라며 수행의 중요성에 대해 강조하고 있다.

이는 돈오돈수가 깨달음으로 가는 데 수행이 필요 없다거나 또는 한 소식 한 뒤에는 깨달았으니까 더 닦지 말라는 의미가 아님을 알 수 있다. 오히려 궁극적 경지에 이르지 못한 상태에서는 결코 깨달음을 함부로 선언해서는 안 된다는 입장이며, 철저한 수행에 대한 요구임을 알 수 있다. 부처님과 같은 경지에 도달하지 못했다면 결단코 수행을 멈추지 말라는 것이 돈오돈수론에 담겨 있는 의미임을 제대로 읽어야 한다.

성철스님이 먼저 깨닫고 점차 닦아 나간다는 돈오점수를 비판하는 이유는 그것이 수행자들에게 쉽게 깨달음을 선언하게 하는 요인으로 작용한다고 파악했기 때문이다. 깨달음이란 부처님과 같은 경지에 이르는 구경각이라는 인식이 결여되어 있으면, 수행하다가 어떤 경계를 만나게 되면 그것을 깨달음이라고 선언하는 사례가 많다는 것이다. 이런 경향은 최근까지 계속되어 3일이면 충분하고 일주일이면 깨닫는다며 대중을 현혹하기도 한다. 이렇게 볼 때 점오에 대한 비판과 돈오돈수론은 수행자들의 잘못된 돈오관과 그릇된 수행풍토에 대한 경책에 초점이 맞춰져 있음을 알 수 있다.

요약하자면 돈오돈수란 먼저 철저히 수행해서 궁극적인 깨달음을 얻는 '선수후오(先修後悟)'를 말하는 것이며, 돈오점수란 먼저 자성이 청정한 것을 깨달은 이후에 점차 닦아서 완성해 간다는 '선오후수(先悟後修)'의 문제로 요약된다. 그러므로 돈오돈수란 아무 수행 없이 몰록 깨치는 것을 의미하는 것이 아니라 철저한 수행을 거쳐 모든 번뇌망상을 완전히 제거한 최후의 궁극적 경지를 의미하는 것이다. 그런 점에서 돈오돈수와 돈오점수론의 논점은 깨달음의 경지를 어느 곳으로 설정할 것인가 하는 문제로 대비될 수 있다.

성철스님은 당시 선방의 왜곡된 수행풍토에 대해 "요사이 보면 공부를 해나가다가 어떤 생각이 좀 나면 사량분별이나 객진번뇌가 그대로 있는 여기서 뭐 알았다 하고 견성했다 하고 보림한다고 하여 화두고 뭐고 다 내버리고 앉았는데 이것은 고불고조가 말씀하신 방법과는 십만팔천 리나 떨어져 있습니다. 불교라는 것은 생사문제를 해결하는 것이 근본인데 생사문제가 해결되지 않을 것 같으면 불법에는 아무 소용이 없습니다"라고 꼬집고 있다.

성철스님이 말하는 견성이란 한 생각 바뀌는 인식의 전환이 아니라 생사의 문제를 모두 극복한 해탈의 경지를 말한다. 그러므로 작은 증과(證果)에 현혹되어 깨달음을 선언하고 섣불리 수행을 내려놓지 말라는 것이다. 결국 『백일법문』에서 구경각과 돈오돈수를 강조하는 이유는 선방에서 한철 두 철 수행하다가 이런저런 생멸심에 현혹되어 스스로 깨달았다고 증상만을 내어 깨달음을 선언하고 화두 참구를 내려놓는 잘못된 수행풍토와 폐단을 지적하고 납자들을 올바르게 지도하기 위한 가르침임을 알 수 있다.

구경각을 강조하고 돈오점수를 비판하는 것도 보조스님이라는 인물을 비판하기 위해서라기보다 섣불리 깨달음을 선언하고 수행을 방기하는 수행자들을 경책하고 수행을 독려하는 데 초점이 있다. 이는 잘못된 수행풍토를 질책하고 올바른 수행풍토를 조성하고자 하는 해인총림 초대 방장으로서의 고뇌가 담겨 있는 대목이기도 하다.

8. 깨달음으로 가는 이정표

1) 남의 집에서 구걸하지 말라

무문혜개 선사는 "문으로 들어온 것은 집안의 보배가 아니다[從門入者 不是家珍]"라고 했다. 이런저런 책에 쓰여진 것을 읽고 주워 삼키거나, 남의 견해를 듣고 그것을 자기 생각으로 복제하는 것은 깨달음으로 가는 공부에서 보배가 될 수 없다. 그런 것들은 귀와 눈이라는 문으로 쉴 새 없이 드나들지만 모두 참다운 소식이 아니며, 가문의 보배가 될 수 없기 때문이다.

깨달음으로 가는 공부에서는 남의 말에 현혹되지 말아야 하고, 글로 쓰여진 것들에도 휘둘리지 말아야 한다. 그것들은 어디까지나 남의 소식이며, 밖에서 온 소식이다. 선이 추구하는 깨달음은 자성을 바로 보는 견성이다. 그것은 어디까지나 내면으로부터 오는 소식을 듣는 것이다. 그래서 밖을 향한 문을 닫고 내면으로 향하는 문을 여는 것이 수행이다. 선의 종장들이 한결같이 빛을 내면으로 돌릴 것을 의미하는 회광반조(回光返照)를 강조한 이유도 이 때문이다.

성철스님 역시 후학들에게 남의 집 대문 앞에 가서 밥이나 빌어먹는 거지노릇을 하지 말라고 당부했다. 스님은 수좌들에게 '내 밥은 내가 먹어야 한다'고 누누이 강조했다. 남의 집 대문 앞에 가서 밥을 빌어먹는 것이란 언어와 문자를 통해 남의 소리에 귀 기울이고, 뭐 하나 얻을까 해서 기웃거리는 것을 의미한다. 반대로 '내 밥 내가 먹는 것'이란 자기 체험에서 나오는 내면의 소식과 그것에 근거한 자기의 소리를 경청하는 것이다.

그래서 예로부터 선문에서는 '문이 없음[無門]을 진리의 문[法門]'으로 삼는다고 했다. 진짜 소식은 눈과 귀와 같은 감각의 문으로 들어오는 것이 아니라 스스로에게 내재하는 본성의 소리를 듣는 것이기 때문이다. 문자에 얽매이는 것은 자기 체험에서 나오는 자기 소식이 아니라 타인의 소식을 주워섬기는 것에 불과하다.

2) 깨달음으로 가는 가이드북

남의 소식에 대한 선의 경계는 설사 그것이 부처님이 말씀하신 경전이라고 해도 예외가 아니다. 경전이 비록 부처님께서 설하신 것이라고 해도 그것 자체가 나의 소식일 수는 없다. 여기서 경전이라는 교학과 수행을 중시하는 선의 긴장관계가 성립된다. 선은 교외별전(敎外別傳)을 지향하는데, 그것은 진짜 소식은 부처님이 설한 경전 속에 있지 않고 따로 전해져 온다는 것이다. 이런 이유로 선가에서는 문자의 해악에 대해 매우 신중한 태도를 지켜왔다.

그렇다면 성철스님은 깨달음과 문자, 더 구체적으로 경전이나 교학에 대해 어떻게 생각했을까? 간화선 종장으로서의 위상을 고려하면 철저하게 문자를 부정했을 것이라고 생각할 수 있다. 실제로 수행자들에게 책 보지 말 것을 강조했고, 백일법문에서도 문자의 한계를 분명하게 지적하고 있다. 하지만 그와 동시에 수행에서 문자와 교학의 역할을 인정하는 대목도 찾아볼 수 있다.

모든 경전의 서두를 장식하는 것은 '나는 이렇게 들었다'이다. 불교의 가르침은 아난이 들은 부처님의 말씀이고, 그것을 언어로 정리한 것이 경전이다. 그래서 언어로 된 경전 속에 거룩한 부처님의 말씀이 있고, 그 속에 길이 있다고 생각하기 쉽다. 그렇다면 팔만대장경으로 대변되는 부처님의 말씀을 열심히 공부하고 이해하면 궁극적인 목적지에 도달할 수 있을까?

만약 성전 속에 종교의 본질이 있다면 성전을 공부하는 것이 곧 종교의 궁극적 경지로 가는 길이 될 것이다. 하지만 성철스님은 말과 글, 교리와 이론만 가지고는 결코 성불에 이를 수 없다고 단언했다. 아무리 경전공부를 많이 한 학자라도 언어와 문자에 대한 탐구를 통해 부처의 경지에 이른 사람은 아무도 없다는 것이다. 그래서 언어와 문자는 수행의 방해물로 인식되기까지 한다. 덕산선사가 평생 연구했던 『금강경』 주석서를 불태워 버린 것도 언어와 문자에 대한 선의 태도를 잘 보여주는 대목이다.

그렇다면 그 방대한 경전은 도대체 무엇 때문에 존재하는가? 성철스님은 선에서 경전이란 깨달음으로 우리들을 인도하는 노정기(路程記)에 비유될 수 있다고 했다. 궁극적 깨달음을 향한 여행을 떠나기에 앞서 어느 길로 가야 가장 안전하며, 목적지에 바르게 당도하기 위해서는 무엇을 준비해야 하며, 여정에서 만나게 될 위험은 어떻게 대처해야 하는지에 대해 알려주는 가이드북이 바로 경전이나 교학이라는 것이다.

이는 경전이 중요하지 않다거나 책을 불태워버리거나, 고름 닦는 종이에 불과하다는 옛 선사들의 입장과는 사뭇 대조적인 모습이다. 성철스님은 경전이라는 가이드북이 있기 때문에 사람들은 금강산의 아름다움에 대해 알려 줄 수 있고, "우리도 금강산 구경을 가야겠다"며 마음을 내게 만들 수 있다는 것이다. 따라서 경전이란 깨달음이 얼마나 위대한지, 그 깨달음을 이룩한 여래가 얼마나 거룩한 성인인지에 대해 알려주고, 우리도 발심하여 그 길로 나서도록 만드는 역할을 한다는 것이다. 이렇게 본다면 경전의 내용은 분명 깨달음 그 자체는 아니지만 깨달음의 세계로 수행자를 인도하고, 마침내 부처를 완성하게 하는 성불의 길라잡이가 되는 셈이다.

수행자가 경전 그 자체를 목적으로 삼지 않고 단지 목적지로 인도하는 가이드북이라는 성질을 바르게 이해하기만 한다면 경전은 깨달음으로 가는 여행에서 중요한 지침이 되고, 궁극적 목적지로 우리들을 인도하는 길잡이가 된다. 이런 이유로 성철스님은 "언어문자인 팔만대장경이 성불하는 노정기인 줄만 분명히 알면 그것도 꼭 필요한 것"이라며 경전의 가치를 인정하고 교학의 역할을 평가하고 있다.

그럼에도 역대 선사들은 불립문자와 교외별전을 말하며 언어문자의 위험성과 무가치에 대해 누누이 강조했다. 그것은 언어와 문자에 집착하고 그 자체를 목적지로 잘못 알고 문자에 집착하는 중생의 병통을 경계하기 위함이다. 경전을 목적지로 안다면 우리는 문자에 속박되고 말겠지만 그것이 이정표임을 안다면 경전은 깨달음으로 가는 좋은 지도가 된다. 여행기만 열심히 읽고 여행을 떠나지 않는다면 여행기가 오히려 독이 되는 법이다. 성철스님은 팔만대장경이라는 노정기에 안주하지 말고 그것을 참조하여 여행을 떠나서 마침내 부처가 되어야 한다고 독려한다.

3) 수행과 교학의 병행

경전과 교학이 깨달음으로 가는 노정기라는 역할을 인정한다면 수행에서 경전을 배격할 이유가 없다. 경전과 교학이 해롭기만 하다면 백일법문에서 그 많은 경론을 동원해서 설법하지도 않았을 것이다. 교학의 길은 부처님의 행적을 기록한 내용을 보고 바라밀의 길을 찾는 것이며, 경전의 말씀을 통해 마음의 지혜를 여는 길이다. 하지만 그와 같은 길은 실천이 담보되지 않는 이론과 같다. 경전은 어떻게 내면의 소식을 들을 수 있을 것인가에 대한 설명서와 같은 것이다.

그래서 스님은 "우리가 앞으로 공부를 함에 있어서 이론과 실천이 병행되어야 합니다. 경전을 배우면서 참선을 하고, 참선을 하면서 경전을 배우고 조사어록을 읽어야 합니다. 그렇지만 언어문자는 산 사람이 아닌 종이 위에 그린 사람인 줄 분명히 알아서 마음 깨치는 것을 근본으로 삼아야 합니다."라고 수행자들을 지도했다.

성철스님 하면 수행자들에게 책 보지 말 것을 강조하고 철저하게 참선수행만을 강조한 것으로만 부각되어 있다. 물론 안거에 동참한 선방 수좌들에게는 분명하게 책 보지 말 것을 강조한 것은 사실이다. 그곳에서는 오직 화두와 씨름해야 하는 곳이기 때문이다. 하지만 대중들에게까지 그렇게 말씀하지는 않았다. 대중들을 대상으로 법문한 백일법문에서는 오히려 경전을 보는 것과 참선수행을 적절히 병행할 것을 권장하고 있다. 경전을 보는 것은 이론을 공부하는 것이며, 참선을 하는 것은 실참 수행으로 비유되기 때문이다. 그래서 경전을 배우면서도 이론에만 집착하지 않고 참선을 통해 실참하고, 참선을 하면서도 무턱대고 밀어붙이는 것이 아니라 경전이라는 이론을 익히고, 조사어록이라는 지침을 읽어야 한다는 것이다.

적어도 백일법문을 통해서 본다면 성철스님은 언어문자로 된 경전과 화두참구라는 참선수행을 중도적으로 통합하고 있음을 알 수 있다. 경전과 수행, 조사어록과 화두 참구는 따로 떨어질 문제가 아니라 마음의 지혜를 밝히는 것을 중심으로 통합되어야할 문제다. 이렇게 보면 경전만 고집하는 것도 병폐이지만, 교리나 조사어록에 대한 이해 없이 무조건적인 수행만을 제시하는 것도 문제다. 중도와 연기적 진리에 근거하지 않는 수행은 오히려 외도의 수행으로 흐를 위험이 더욱 크다. 그런 점에서 경전과 수행을 병행하라는 말씀은 간화 종장인 성철스님의 지도법이 매우 합리적이었음을 엿보게 한다.

9. 깨달음으로 가는 최상승의 수행

『백일법문』의 전체적 맥락은 초기불교에서 선종에 이르기까지 전체 불교사상을 관통하는 핵심 내용을 중도로 이해한다. 그리고 그 중도는 오직 깨달음을 얻어야만 알 수 있는 경지이며, 그 외의 지견으로는 볼 수 없는 경계로 규정한다. 의상스님도 그 세계를 '증지소지비여경(證知所智非餘境)'이라고 했다. 깨달음은 부처님의 마음을 증득하는 것이 되고, 그것은 다름 아닌 중도를 바르게 깨닫는 경지를 말한다. 이처럼 중도는 사유나 지적인 이해의 대상이 아니라 깨달아야만 알 수 있는 경지이므로 성철스님은 철저한 수행을 통한 깨달음을 강조했다.

앞 절에 고찰한 바와 같이 성철스님은 선과 교는 서로 보완되어야할 관계로 설명되고 있다. 교만을 고집하며 선을 배척할 일도 아니고, 선의 우월성만을 내세우며 덮어놓고 실참만을 고집하는 것도 옳지 않다. 경전과 교학은 깨달음이라는 구경의 목표로 가는 가이드북 역할을 하고, 실참 수행은 깨달음으로 가는 실제적인 실천이 되어야하기 때문이다.

그렇다면 그 깨달음으로 가는 가장 좋은 길은 무엇일까? 예로부터 승가에게 제시되는 수행에는 세 가지 수행의 길이 제시되어 왔다. 삼문(三門)으로 불리는 그 세 가지란 참선, 염불, 간경을 가리킨다. 참선을 통해 화두에 대한 의심을 타파하는 길, 경전을 읽고 지혜의 눈을 뜨는 길, 염불수행으로 마음이 삼매에 드는 길이 그것이다. 그래서 날마다 불전에 올리는 축원문을 통해 '참선하는 이는 의심덩어리가 오롯이 드러나고', '경을 읽는 이는 지혜의 눈이 열리고', '염불하는 이는 삼매가 눈앞에 드러나기'를 발원한다. 삼문이라는 수행방법은 수행자에게 다양한 수행의 길이 열려 있음을 보여주는 대목이다.

그러나 성철스님은 깨달음을 얻는 수행에서는 화두 참선이 최고라고 강조한다. 부처님께서 참선수행을 통해 무상정등각을 얻으셨고, 역대 조사가 참선수행을 통해 깨달음을 얻으셨다는 것이다. 스님은 참선수행의 당위에 대해 "부처님께서 오로지 경행과 좌선만을 가르치시고 다른 방법이 없었으니 우리들은 오직 참선을 하여야 할 것"이라며 수행자들에게 참선수행을 독려했다.

성철스님은 평생 간화선 수행만을 올곧게 정진한 선승이다. 그래서 스님은 오직 참선수행만이 깨달음을 얻을 수 있는 지름길이라고 단언하는 것은 당연하다. 부처님 당시에도 마음을 깨치는 방법으로 경행(經行)과 좌선(坐禪)을 가르치셨고, 부처님도 기회가 있을 때마다 '선정을 익히라'고 간절하게 말씀하셨다는 것이다. 따라서 참선수행은 부처님께서 직접 제시하신 길이므로 깨달음의 길로 가는 수행은 참선수행이 최고라고 강조했다.

그러나 그 참선수행이 꼭 가부좌를 틀고 선방에 앉아 있어야 하는 것만은 아니다. 스님은 "선정은 앉아 있든지 서 있든지, 말할 때나 말하지 않을 때나 마음이 오로지 한 곳으로 모이는 것"이라고 했다. 선의 핵심이 마음의 고요를 추구하는 것이므로 '마음을 오로지 한 곳으로 모으는 것'이 수행의 요체이다. 성철스님은 마음을 화두에 집중하는 것이야말로 그와 같은 선정을 얻는 데 최고의 방법이라고 했다. 그래서 스님은 "우리가 무엇을 하든지 어느 때 어느 곳에서든지 늘 마음속에 '이것이 무엇인고?'하고 의심을 지어 가야 하는 것"이라며 화두에 몰입하는 것이 최고의 수행이라고 했다.

나아가 스님은 '선은 활동하는 힘'이라고 정의했다. 좌선뿐만 아니라 움직이고, 멈추고, 앉고, 눕는[行住坐臥] 모든 시간과 공간은 참선할 수 있는 환경이라는 것이다. "우리가 참선을 한다는 것은 좌선한다고 말하는 이가 많은데 좌선만이 참선이 아닙니다. 참선은 곧 선을 참구하는 것인 만큼 일체시 일체처에 오로지 마음을 순일이 하여 자기가 의심하는 화두에 몰두하는 것이 참선"이라는 것이다.

행주좌와 어묵동정의 일체시 일체처가 수행을 위한 시공이다. 문제는 어디서 무엇을 하든지 마음을 하나로 집중하여 순일하게 모을 수 있는 최고의 방법이 무엇이냐는 것이다. 스님은 화두를 참구하는 간화선이야말로 행주좌와 어묵동정에서 마음을 모을 수 있는 최고의 수행법이라고 했다. 따라서 염불·주력·간경 등의 다양한 수행법이 전해오고 있지만 화두를 참구하는 것이 번뇌를 잠재우고 성불로 가는 지름길이라고 강조했다. 불교의 핵심이란 깨달아야 아는 경지이며, 그 깨달음으로 가는 수행은 화두를 참구하는 간화선 수행이라는 것이다.

10. 시대적 맥락에서 본 백일법문의 의의

『삼국유사』에 따르면 100명의 고승을 초청해 100일에 걸쳐 매일 한 분씩 설법하는 백고좌(百高座) 법회에 대한 기록이 나온다. 그런 전통은 지금까지 이어져 종종 백일에 걸쳐 선지식의 법회를 열기도 한다. 하지만 한 스님이 백일에 걸쳐 대중들을 대상으로 설법을 행한 것은 역사적으로도 그 사례를 찾기가 쉽지 않다. 그렇다면 성철스님은 무엇 때문에 이와 같은 장광설(長廣舌)을 설파했을까?

그것을 이해하려면 당대의 시대적 상황 속에서 조명해 보아야 한다. 한 인물의 삶과 사상은 당대의 시대적 요청에 대한 고뇌이자 응답이기 때문이다. 백일법문의 내용 또한 이와 같은 맥락에서 이해되어야 한다. 시대적 맥락을 간과한 채 문자로만 이해하려고 하면 역사적 맥락이 간과되기 때문이다.

반면 역사적 맥락만을 고집한다면 시공을 초월하는 보편적 사상을 읽어낼 수가 없다. 역사적 공간이라는 특수성과 사상적 보편성이 담보될 때 비로소 하나의 사상으로 탄생할 수 있다. 백일법문은 당대의 시대적 상황에 대한 응답과 시간을 초월하는 보편적 내용의 담지라는 두 가지 의미를 모두 충족하고 있다.

백일법문의 사상이 불교사상의 핵심 줄기를 잡고 있음은 이미 고찰한 바와 같다. 문제는 그런 가르침이 어떤 시대적 맥락 속에서 등장하였는가이다. 일제강점기에 왜색불교로 신음하던 한국불교는 해방의 기쁨을 누릴 여유도 없이 곧이어 발발한 한국전쟁으로 수많은 사찰이 파괴되는 엄청난 피해를 입었다. 그러나 불교계의 본격적인 혼란은 바로 전쟁이 끝난 시점부터 시작된다. 전쟁의 공포가 가시기도 전에 불교계에 불어닥친 정화의 광풍은 이후 30여 년 동안 전체 불교계를 분쟁의 나날로 얼룩지게 했기 때문이다.

1950년대 불교계의 상황은 문교부에

서 사찰 내에서 유흥과 가무를 엄금하라는 지시를 내릴 만큼 혼탁해 있었다. 사찰은 가족들과 함께 머무는 생활공간이자 직장으로 인식되었고, 대처(帶妻)와 식육(食肉)하는 풍토가 불교계를 풍미했다. 이런 상황은 마침내 1954년 이승만 대통령에 의해 '대처승은 사찰에서 물러나라'는 타율적 정화유시를 촉발하게 되었고, 이후 7차에 걸쳐 발표된 이승만의 정화유시는 불교계에 전대미문의 내분을 불러일으켰다.

이렇게 1950년대는 한국불교가 비구와 대처승간의 전면전 양상으로 전개되면서 수많은 분쟁으로 치달았다. 이 같은 비극은 그대로 60년대로 이어졌고 승가는 순교항쟁을 결의하고, 신도들은 총궐기를 선언했다. 그런 결의를 실현하기 위해 단식, 할복, 분신, 데모, 집단 난투극, 법적 소송 등 모든 방법이 동원되는 분란이 반복됐다.

승속이 따로 없었던 이 같은 분란 속에서 불교계는 두 동강이 나고 서로를 질시하고 배척하는 비극이 연출되었다. 성철스님의 백일법문은 바로 이 같은 정화불사가 어느 정도 가라앉아 가던 1960년대 말에 설해졌다. 그와 같은 교단사적 배경에서 백일법문의 의의를 살펴보아야 보다 입체적으로 그 가치를 이해할 수 있다.

1) 승가 의제의 전환

앞서 고찰한 바와 같이 당시는 정화불사만이 한국불교의 살 길이라고 인식되던 때였다. 성철스님과 함께 1947년 봉암사결사를 조직했던 청담스님을 비롯해 많은 스님들이 정화에 온몸을 바쳤다. 그런 상황에서 성철스님은 출가자의 본분사를 천명하고 구경각과 돈오돈수를 소리 높여 주창했다. 이것은 정화의 소용돌이 속에 빠져 있던 한국불교계에 새로운 의제를 던진 일대사건으로 평가할 대목이다. 다시 말해 백일법문이 제기한 강렬한 메시지는 당시 승가의 인식세계를 지배하고 있던 정화라는 의제를 새로운 의제로 대치하는 역할을 했다.

당시의 불교계는 정화불사라는 일련의 사건들로 인해 불교의 내적 성숙과 승가본연의 수행은 뒷전으로 미뤄질 수밖에 없었다. 승속을 막론하고 갈등의 현장으로 달려가야 하는 분란의 연속이었다. 모든 구성원들이 이 같은 지각변동에 동참해야 하는 상황은 자연히 불교의 본질적 이상을 약화시키고, 출가자 본연의 과제를 도외시하게 만드는 결과로 귀결되었다. 따라서 당연히 승가와 불자들의 인식을 지배하는 담론의 의제는 투쟁과 승리일 수밖에 없었다. 바로 이 시기에 성철스님은 "참다운 출가정신은 무엇인가?"와 "불교의 궁극적 목표인 깨달음이란 무엇인가?"와 같은 출가자에게 가장 본질적인 문제를 제기했다.

이와 같은 문제의식은 불교의 지배적 담론을 정화에서 내적 성찰과 수행가풍의 진작으로 전환시키는 역할을 하는 데 기여했다. 백일법문이 불교계의 의제를 전환시켰음은 이후 거세게 전개된 돈점논쟁이 반증한다. 정화불사가 수행환경이라는 외연의 문제에 관한 것이었다면 돈점논쟁은 수행과 생사해탈과 같은 출가자의 본분사로 주제의식이 돌아왔음을 보여주는 대목이기 때문이다.

2) 정화의 내재화

성철스님은 해인총림 초대방장에 취임하면서 백일법문을 시작으로 수행풍토 진작에 진력한다. 이는 제도의 개선과 사찰확보 차원에서 진행된 외적 정화불사에서 수행과 정진을 중심과제로 하는 내적 정화로의 전환을 의미한다. 해인총림은 정화불사의 결과로 설립된 비구 측의 성과였기에 이제 총림의 과제는 정화 이후에 관한 의제를 요구받고 있었다.

근대 한국불교의 정체성을 바로 잡는 불사이기도 했던 정화는 그 역사적 의미 이상으로 잃는 것도 많았다. 모든 에너지와 삼보정재(三寶淨財)를 소진하며 진행된 대외적 분쟁은 불교와 승가의 이미지를 심각하게 실추시켰다. 특히 서구적 가치관과 기독교의 급속한 확산이 진행되는 상황에서 진행된 불교의 내분은 사회적 고립을 자초하기에 충분했다.

이처럼 한국불교계가 정화라는 외적 분쟁에 몰두하는 과정에서 자연히 내적 성숙은 공백으로 남겨질 수밖에 없었다. 그러나 해인총림에서 울려 퍼진 백일법문의 진지한 문제의식과 불교의 핵심 줄기를 잡는 법문은 내면적 공백을 메워주는 자양분이 되기에 충분했다. 다시 말해 백일법문이 있음으로 해서 현대 한국불교사는 외적으로는 종단정화를 위해 분투하고 내적으로는 자기성찰과 성숙을 위해 수행하는 안팎의 균형이 가능해졌다고 볼 수 있다.

이런 맥락에서 본다면 청담스님을 위시한 종단정화가 수행환경의 외연을 바로잡는 것이었다면 성철스님의 백일법문은 정화를 통해 확립한 그릇에 수행이라는 내용을 채우는 과정으로 평가할 수 있다. 정화에 발벗고 나섰던 청담스님과 끝까지 수행에만 몰입했던 성철스님이 '부처님 법대로'를 기치로 삼았던 봉암사결사에서 서로 의기투합했던 도반임을 상기한다면 그 두 분은 각자 역할을 나누고 있었다고 볼 수 있다. 따라서 만약 정화를 통해 설립된 해인총림에서 백일법문이 울려 퍼지지 않았다면 정화는 단지 사찰의 주인이 바뀌는 것 그 이상의 의미를 갖지 못했을 것이다. 그런 점에서 백일법문은 밖으로 향해 있던 정화를 내재화함으로써 진정으로 정화의 완성을 도모하는 역할을 했다고 볼 수 있다.

3) 분열과 갈등에 대한 처방

60년대 말로 접어들면서 불교계의 상황이 비구 측에게 유리하게 전개되고 대표적 본사가 비구들의 수행공간인 총림으로 설립됐음에도 불구하고 납자들의 인식을 지배하는 것은 여전히 분열과 대립적 가치관일 수밖에 없었다. 그러나 총림을 구성한 이상 그 곳에 모인 납자들의 정신세계에 자리잡고 있는 날카로운 예봉(銳鋒)은 꺾여야 하고 무마되어야 했다.

그때 성철스님은 "결국 불교를 바로 알리려면 부처나 마구니를 함께 다 버려야 합니다. 부처와 마구니가 서로 옳다고 싸우면 양변에 집착했기 때문에 불법을 모르는 사람이 되고 맙니다."라고 설파한다. 이분법적 가치관으로 너는 마구니이고, 나는 정법행자라는 생각에 스스로 물들고 세상을 오염시켰던 행위는 이제 참회하고 스스로를 정화해야 할 시점에 이른 것이다. 대립과 분쟁에서 승리하기 위해 형성된 날카로운 인식을 내려놓아야만 창조적 승풍(僧風) 진작이 가능한 시점에 이른 때였다. 성철스님은 그 같은 상처를 치유할 약으로 중도라는 처방을 내렸다.

이미 고찰한 바와 같이 중도는 불교사상의 핵심 줄기를 잡는 것이다. 성철스님은 현실적 난관에 봉착할 때마다 그것을 돌파할 방법으로 선택한 것은 근원으로 돌아가는 것이었다. 해방 이후 불교계에 혼란이 시작될 시점인 1947년에 '부처님 법대로!'를 기치로 봉암사결사를 결행한 것도 그랬고, 정화의 소용돌이 속에 분열되어 갈등하던 승가를 향해 중도를 설파한 것도 그랬다. 철저히 불교의 핵심으로 들어가고, 가장 근본적인 문제를 파고듦으로써 밖을 향해 있던 인식을 내면으로 돌리게 했던 것이다. 이야말로 '회광반조'라는 선의 정신이 아닐 수 없다.

분열된 승가를 향해 스님은 "도(道)란 승(僧)을 말하며 승이란 본래 화합(和合)을 뜻하니 서로서로 합심하여 화목하게 잘 지내는 것을 말하지만 근본은 청정과 광명이 걸림 없음을 증득한 사람만이 승이라는 자격을 가질 수 있습니다."라고 일갈한다. 승가란 본래 '화합하는 공동체'를 지향하는 이상 차별 변견에 집착하여 갈등하고 분열하는 것은 승가가 아니라는 것이다.

성철스님은 불교의 핵심이 쌍차쌍조(雙遮雙照)하는 중도라고 천명함으로써 납자들의 인식을 정화하고 갈등과 대립이 빚은 업식(業識)을 정화하는 약으로 삼았다. 중도란 '쌍차(雙遮)'인 동시에 또 '쌍조(雙照)'이다. 너의 주장도 틀렸지만 나의 주장도 틀렸다고 서로의 견해를 모두 내려놓는 것이 쌍차이다. 이렇게 쌍차할 때 이원화된 인식은 철저히 부정된다. 그렇게 할 때 오히려 나의 주장도 살아나고 너의 견해도 살아나서 대립하는 두 견해가 모두 드러남으로 그것은 또 '쌍조(雙照)'가 된다. 따라서 백일법문이 설파하는 중도법문은 종단의 분열을 봉합하고 화합의 승가를 구현하기 위한 중도일승(中道一乘)의 기치를 제기한 것으로 평가할 수 있다.

그러나 백일법문의 중도설법은 종단 내적 상황에만 적용되는 가르침이 아니다. 당시는 좌익과 우익이라는 이분법적 가치관 속에 전 민족이 둘로 쪼개져서 싸우고 전쟁을 불사하던 시대였다. 남과 북에서 서로 다른 이념을 이유로 수많은 사람들이 처참하게 살육되었고, 봉암사결사에 참여한 수행자들마저 그런 이념의 광풍에 피해를 입어야 했다. 이와 같은 시대적 아픔이 횡행하던 시기에 성철스님이 설한 중도설법은 좌와 우라는 관념적 분별의식을 넘어 통합의 가치관을 제시한 것으로 평가할 수 있다.

한 인물의 사상은 시대적 상황과 결코 무관할 수 없다. 종단 내적으로나 민족과 국가적 차원으로나 당대의 가장 무서운 병은 바로 남북분단과 이념적 대결이 초래한 분열과 갈등이었다. 성철스님이 중도사상을 불법의 근간이라고 강조하고 전체 불교사를 재정립한 것은 결코 이 같은 시대적 상황과 무관할 수 없다.

11. 백일법문이 제시하는 과제

1) 자성자도의 신행문화

『백일법문』은 선과 교학을 넘나들며 불교사상의 핵심을 다루고 있는 매우 전문적인 내용을 담고 있다. 하지만 그 내용을 곰곰이 살펴보면 오늘날 한국불교가 지남으로 삼아야할 말씀이 담겨 있다. 그 중에 하나가 불교의 근본을 바로 깨닫고 그에 부합하는 신행문화를 정립해야 한다는 것이다. 이를 위해 불자가 알아야할 것은 부처님에 관한 것이나 심오한 교리가 아니다. 오히려 중생들 자기 자신에 대해 올바로 아는 것이 가장 중요하다.

인간을 어떻게 보는가는 불교의 사상적 특징과 신행의 방향과 직결되는 문제다. 만약 인간을 유한한 존재라고 본다면 불교의 신행도 그 유한성을 인정하고 절대자로부터의 구원을 비는 것이 중심적 의례가 되고 신행이 될 것이다. 반대로 인간 존재가 부처님과 같은 무한성을 지니고 있다면 불자의 신행도 그 무한성을 자각하고 그것을 실현하는 방향으로 구성될 것이다.

성철스님은 인간을 바라보는 시선에 따라 종교의 본질이 결정된다고 보았다. 성철스님은 다른 종교와 구별되는 불교의 가장 큰 특징 중에 하나가 바로 절대적 인간관이라고 보았다. 모든 중생은 자신의 본성을 바로 깨달으면 부처님과 다름없다는 것이 불교의 인간관이다. 그래서 부처님도 정각을 이룬 뒤에 "기이하고 기이하구나! 일체 중생이 모두 부처님과 같은 지혜와 덕상을 가지고 있건만 분별망상으로 그 사실을 깨닫지 못하고 있구나!"라고 탄식했다.

모든 중생들은 무한하고 절대적인 본성을 가지고 있다. 그 본성을 발현해 내면 중생 스스로가 부처님과 같은 삶을 살 수 있다. 그와 같이 자기 자신에게 여래의 지혜와 덕상이 내재되어 있음을 깨닫는 것이 '견성(見性)'이다. 중생은 그것을 알지 못하고 스스로 중생이라는 한계에 갇혀 어리석은 중생으로 살아간다. 분별망상에 가려 있는 자신의 진짜 모습을 모르기 때문에 거짓 자아에 속아서 중생으로 살아간다.

성철스님은 '일체중생에게 부처님의 덕상이 있다'는 불교의 가르침은 불교의 시작이자 끝이라고 했다. 인간에게 여래의 지혜와 덕상이 구족되어 있다는 것은 모든 중생이 성불할 수 있는 길을 열어주는 것이다. 모든 중생이 부처와 같다는 인간관에 의해 모든 중생들은 피조물이라는 수동적 존재의 한계에서 탈피하여 성불이라는 무한한 가능성을 지닌 존재로 전환된다. 이와 같은 인간관에 따라서 불자들의 신행방향도 결정된다.

백일법문은 철저하게 그와 같은 자기 자신의 성품을 바로 깨닫는 것이 곧 자신을 구제하는 것이라는 '자성자도(自性自度)'의 종지에 철저했다. 모든 중생들이 자성을 깨달아 부처님과 같이 행동하고 살아가는 것이 불교의 근본이자 생명이라는 것이다. 그때 우리가 사는 사바세계는 불국토가 되고, 정토로 변하게 된다. 자성을 깨닫는 견성을 자기구원으로 끝나지 않고 사바세계를 구제하는 세계완성으로 이어지는 것이다.

그러나 우리들은 늘 말세를 이야기하며 우리가 딛고 서 있는 현실세계를 버리고 타방정토에 태어나기를 기원하고, 스스로 하근중생이라고 한탄하며 타력구원에 목을 매달고 있다. 그런 불교는 말이 불교이지 초월적 신을 믿는 종교와 다름없다. 성철스님은 타방정토와 타력구원은 방편이지 불법의 근본이 아님을 분명히 알아야 한다고 했다. 물론 기복과 타력구원을 비는 것은 중생들을 바른 길로 인도하기 위한 방편은 될 수 있다. 하지만 그것은 어디까지나 중생을 구제하기 위한 자비심의 발로이자 수단이지 정법이 될 수는 없다. 방편은 깨침으로 인도하기 위한 것이지 그 자체가 목적이 되어서는 안 되기 때문이다.

『백일법문』을 조명하면서 주목해야 할 부분은 바로 이 점이다. 무엇이 불교의 바른 가르침이며, 불자는 어떤 자세로 신행해야 하는가이다. 성철스님은 일생에 걸쳐 신통기적에 대해 이야기하거나 타력구원에 대해 설법하지 않았다. 오직 불법의 핵심을 파고드는 것이 백일법문을 관통하는 정신이다. 불교가 참답게 자기의 본래성을 되찾고 인류를 구원할 종교가 되기 위해서는 그와 같은 본래 모습을 회복해야 한다.

교단과 승가 역시 이런 관점에서 서야 한다. 법문과 신행이 자성을 깨닫고 중생들의 삶이 펼쳐지고 있는 이곳에서 주인 된 삶을 사는 수처작주(隨處作主)의 정신을 근간으로 삼아야 한다. 그런 관점에 입각하여 종책을 세우고, 승가는 그런 방향으로 불자들을 인도해야 함을 백일법문은 설파하고 있다.

2) 현대적 교판 정립

두 번째는 오늘날의 시대적 상황을 반영한 현대적 교판을 확립하는 것이다. 중국에서는 본격적으로 경전이 번역되고 불교사상이 활발하게 유입되자 교상판석을 통해 불교에 대한 종합을 시도했다. 다양하게 유입된 부파불교와 대승경전 등이 불교에 대한 혼란을 야기하자 무엇이 불법의 핵심인지 바로 파악하기 위해서였다.

교판은 그와 같은 혼돈을 극복하기 위한 교학적 이해에 대한 체계화이자 불교에 대한 중국인들의 주체적인 수용태도이기도 했다. 이를 위해 중국의 교학승들은 교상판석을 통해서 경전이 담고 있는 가르침의 깊고 얕음을 분류하고, 불교의 사상적 중심을 잡았다. 그와 같은 작업은 전체 불교를 조망하는 틀이 되었고, 불교의 핵심을 파악하는 기준을 제공했다. 그런 노력으로 탄생한 교판은 1500년이 넘는 세월 동안 동아시아 불교의 사상적 지도를 형성해 왔다.

하지만 이제 상황이 달라졌다. 대승비불설에서도 볼 수 있듯이 과거 중국의 교판은 더 이상 오늘날의 불교를 설명하는 틀이 될 수 없는 상황에 직면해 있다. 지금 한국불교가 처한 상황은 교판이 부재한 시대라고 할 수 있다. 특히 교통과 통신의 발달은 하나의 시공 안에서 대승불교와 상좌부불교 등 모든 불교를 체험하게 만들었다. 이와 같은 다불교(多佛敎) 상황은 그동안 동아시아 불교를 이해하는 틀로 작용해 왔던 교판을 무력화 시켰다.

한국에는 초기불교와 대승불교가 혼재하고, 남방의 전통과 티베트 전통이 함께 들어와 있고, 심지어 서양불교의 역수입은 물론 심리치료 등과 접목된 제3의 불교라고 해도 좋을 응용불교까지 혼재되어 있다. 이렇게 서로 다른 전통이 각자 옳다고 주장하는 혼돈의 시기에 처해 있다. 일찍이 이렇게 다양한 전통의 불교가 같은 시기에 같은 장소에 혼재되었던 적은 없었다. 수많은 경론들이 쏟아질 때 중국불교가 혼돈기였다면 지금 한국불교가 처한 상황은 그보다 훨씬 심각한 혼돈기라고 해도 좋을 것이다.

한국불교가 처한 무기력함은 이런 복잡한 상황이 영향을 미쳤다고 할 수 있다. 올바른 승가상을 정립하기 위해서도, 승가의 교육체계를 잡기 위해서도, 불자들의 신행을 혁신하기 위해서도, 불자들의 교육체계를 세우기 위해서도 가장 시급하게 요구되는 것이 바로 오늘날의 시대상황을 반영하고, 이 시대의 불교가 나아갈 방향을 제시하는 교판을 정립하는 것이다. 그 작업은 무엇이 불교의 핵심이고, 무엇이 신행의 근본인가에 대해 서로 합의하고 이 시대의 불교와 신행에 대한 새로운 정의를 내리는 작업이기도 하다.

하지만 지금 한국불교에는 그와 같은 교판이 없는 무교판 시대의 불교라 할 수 있다. 옛날 중국에서 정리한 교판들은 시효가 다했으며, 그것을 대체할 새로운 교판은 아직 확립되지 못했다. 이런 상황 때문에 불교적 가르침은 불교 내부의 다양한 이견들에 의해 비판받고 저항 받으면서 힘을 잃는 상황에 처해 있다.

초기불교, 대승불교, 남방불교, 서양불교, 티베트불교가 혼재되어 있다고 해도 그것을 종합하고 근간을 잡아낸다면 그와 같은 다양성은 오히려 한국불교의 강점으로 승화될 수 있다. 하지만 현재와 같은 혼란의 상황이 방치된다면 서로 자신들이 옳다고 주장하면서 분열의 씨앗이 되고, 갈등의 원인으로 작용하게 될 것이다. 위빠사나와 간화선이 반목하고, 남방불교와 대승불교가 다투는 상황이 된다면 분열을 거듭했던 부파불교와 같은 상황이 재연될 것이다. 이런 상황을 막고 현재의 혼란과 다양성을 한국불교의 강점으로 만들기 위해서 필요한 것이 그 모든 것들을 종합하여 근간을 바로 세우는 현대적 교판을 완성하는 것이다.

백일법문이 현재 한국불교에 던지는 메시지 중에 가장 강력한 메시지는 바로 이것이다. 성철스님은 백일법문을 통해 전체 불교전통을 섭렵했다. 그리고 단순한 종합을 넘어 중도사상으로 핵심 줄기를 잡아서 '불교의 근본은 이것이다'라고 우리 앞에 당당하게 제시했다. 성철스님은 '중도교판'이라고 할 수 있을 만큼 중도를 중심으로 전체 불교사상을 조망할 수 있는 틀을 확립하고, 사상적 체계를 잡았다.

지금의 한국불교계도 백일법문이 보여주었던 것과 같은 작업이 필요하다. 학계와 종단, 학자와 승가가 머리를 맞대고 앉아 현재적 관점에서 전체 불교를 종합하고 이 시점에서 새로운 해석과 신행방향을 제시해야 한다. 그때 불자들의 혼돈은 사라지고, 분열 반목하는 갈등은 해소되고, 통합의 힘을 발휘하게 될 것이다.

『선문정로』 설법의 맥락과 특징

강경구
—
동의대학교 중어중문학과 교수

『선문정로』의 각 설법은 선문의 바른 길을 제시하는 동시에 지해와 지위점차의 설에 대해 경계할 것을 거듭 강조하는 내용으로 구성되어 있다. 그런데 성철스님은 한 걸음 더 나아가 별도의 장을 마련하여 깨달음의 도중에 만나게 될 곁길들의 구체적 내용과 문제점을 설한다.

1. 들어가며

『선문정로』는 참선수행의 지침이자 깨달음의 자기 점검기준으로 제시된 수행자의 길잡이 책이다. 그 핵심은 견성(見性), 돈오(頓悟), 무심(無心) 등의 단어에 집중되어 있고, 여기에 이르는 첩경으로 공안참구의 길이 제시된다. 그런데 성철스님은 여기에 '완전함'이라는 하나의 전제조건을 제시한다. 즉 철저한 견성, 완전한 돈오, 궁극적 무심이 아니면 진정한 깨달음이 아니므로 중간에 멈추지 말고 끝까지 노력하라는 것이다. 그것은 참선수행의 과정에 얻게 되는 기특한 견해나 기이한 체험을 깨달음으로 인정하는 당시의 수행풍토에 대한 소박한 비판에서 시작되어 보조스님의 돈오점수사상을 지해종도의 견해로 규정하는 비판으로 절정에 달한다. 그 비판의 내용과 의의에 대해서는 이후 살펴보겠거니와, 그것이 불교 수행풍토의 진작에 지대한 영향을 끼쳤다는 것은 분명해 보인다.

『선문정로』는 보기에 따라서 상당히 논쟁적이라고 이해될 수도 있는 책이다. 그런데 다시 생각해보면 『선문정로』뿐만 아니라 부처님과 조사들의 가르침은 상당부분 논쟁적 방식으로 시설되는 특징이 있다. 일체의 언어석 개념과 분별적 이원사유를 내려놓으라면서 정작 스스로는 치열한 논쟁적 어투로 법을 펴는 이 일은 하나의 아이러니가 아닐 수 없다. 이 법문 앞에서 우리는 자칫하면 논쟁의 물결에 휩쓸리게 된다. 그런데 수행의 차원에서 우리가 한 가지 기억해야 할 일이 있다. 모든 부처님과 조사들은 우리가 그 논쟁적 테제(These)에 대해 분별적 이원사유를 적용하는 순간 몽둥이를 내렸다는 사실이다.

따라서 『선문정로』와 함께 하는 공부에는 두 가지 길이 있을 수 있다. 완전히 아는 입장에서 공부하는 길과 완전히 모르는 입장에서 공부하는 길이 그것이다. 여기 성철스님이라는 큰 스승이 있다. 우리는 스승과 완전히 하나된 입장에서 이 책을 읽고 그 가르침대로 살 수 있다. 그런데 스스로 마음을 속이는 일 없이 이 책을 읽다보면 우리는 스스로 그렇지 못하다는 완전한 무지에 직면하게 된다. 이 무지를 인정하고 그것을 간절한 궁금증으로 전환하여 책을 읽고 가르침대로 화두를 드는 것이 두 번째 입장이 된다. 이 과정에서 성철스님의 말씀을 절대화하고 도그마화하여 스스로 논쟁의 한쪽 당사자가 되는 일이 없어야 한다. 그것은 이원적 분별사유를 키우는 일로서 깨달음의 길을 가로막는 장애가 되기 때문이다.

『선문정로』는 성철스님의 수행 및 깨달음에 대한 직접적인 체험을 바탕으로 집필된 책이라 평가된다. 성철스님은 자신의 체험을 통해 한국 선가에서 말하는 깨달음에 문제가 있다고 생각하게 되는데, 이것을 '아니다'라는 한마디 말로 부정하기에는 그 뿌리가 깊고 오래된 것이었다. 그래서 보다 설득력 있는 방법으로 정안조사들의 법문을 채집하여 제시하기에 이른다. '부처님 대조사님들을 재판관으로 삼고 판결을 받아보자'는 것이었다.

그럼에도 불구하고 이 책의 인용문은 전부 성철스님의 발언으로 이해할 필요가 있다. 다양한 방식으로 인용문에 개입하여 자신의 주장을 관철하고 있기 때문이다. 생략과 추가에 자유롭고, 완전히 새로운 문장을 구성하는 경우도 있으며, 문맥을 달리하는 경우도 있기 때문이다. 이에 대해 학문적 엄밀성이 부족하다는 학자들의 비판이 제기되기도 한다. 그렇지만 이렇게 인용문에 개입하여 자기화하는 일은 중국의 전통적 글쓰기나 선사들의 설법에 드물지 않게 발견되는 특징이기도 하다. 따라서 논의의 편의성과 권위성을 확보하기 위해 인용한 문장이라 해도 결국은 성철스님의 발언으로 보아야 한다는 것이다. 이로 인해 『선문정로』의 인용문은 보기 드문 일관성을 유지하게 된다. 다양한 성분들이 성철스님의 용광로를 통과하면서 하나로 통일되었기 때문이다. 이러한 점들을 기억하면서 『선문정로』의 길을 따라가기로 하자.

2. 바른 길의 출발 _ 무엇을 닦을 것인가?

『선문정로』가 수행의 바른 길을 제시하고 있다면 그것은 어디에서 출발하는가? 불성론과 번뇌망상(煩惱妄想)의 설법은 그 출발지의 풍경과 앞으로의 방향을 제시한다.

1) 모든 중생은 불성을 가지고 있다

불성론은 모든 중생이 다 불성을 가지고 있어 모두가 부처가 될 수 있다, 혹은 이미 부처라는 점을 밝히는 것을 핵심으로 한다. 불성은 평등성과 불변성을 갖는 '무엇'이다. 평등성이란 모두가 갖추었다는 뜻이고, 불변성이란 성불하거나 미혹하거나 간에 차이가 없다는 뜻이다. 이 불성은 법성, 법신, 진여, 십이인연, 중도, 심지(心地) 등 무수한 불학의 핵심용어들과 동의어의 관계에 있다. 요컨대 불성설의 입장에서 보자면 불교는 불성의 종교인 셈이다.

선문의 불성설을 이해하려면 그것과 초기불교와의 차별성을 살펴볼 필요가 있다. 초기불교에는 불성설이 없었고, 부파불교에도 없었다고 보아야 한다. 원래 초기불교에서는 인도의 전통적 브라흐만—아트만설을 인정하지 않았다. 우주 현상계의 뒤에는 불멸의 브라만이 있고, 개인의 육체에는 불멸의 아트만이 실려 있다는 것, 이 양자는 둘이 아니라는 것이 브라흐만—아트만설의 개략이다. 그것은 필연적으로 영원불멸이나 절대무와 같은 궁극적 실체를 인정하는 입장을 낳게 된다. 불교는 양극단을 벗어난 중도연기의 원리를 내세워 이에 반박한다. 그래서 삼법인의 하나인 무아설(無我說)은 불교와 외도를 가르는 경계선이 되는 것이다.

그런데 대승불교가 발전하면서 무아설과 모순되는 것처럼 보이는 불성설이 제기된 것이다. 그것은 아트만을 인정하는 신아론(神我論)과 크게 유사하며 이로 인해 비판의 대상이 되기도 한다. 심지어 일본의 비판불교에서는 불성설을 불교의 가르침이 아니라고 단언하기도 한다. 그래서 고금에 걸쳐 불성과 아트만의 차이에 대한 논의가 여러 가지로 나오게 되는데 그게 간단하지가 않다. 불성과 아트만의 차이점이 무엇이라고 제시되기만 하면 바로 그에 대한 반론이 나올 수 있는 관계에 있기 때문이다. 그래서 이에 대한 철학적 논의가 끝없이 재생산되어온 것이다.

그렇지만 불성과 아트만의 관련성 논의, 불성이 있느냐 없느냐의 논의에 말려드는 것은 실천적 입장에서 득이 될 것은 없다. 부처님도 이러한 논의를 위한 논의를 경계한 바 있다. 중요한 것은 자유이고, 해탈이며, 깨달음이기 때문이다.

그렇다면 실천적 차원에서 왜 무상·고·무아·공에서 상(常)·락(樂)·아(我)·정(淨)으로 건너가게 된 것일까 생각해볼 필요가 있다. 불교판 아트만설이라는 비판의 위험성을 감수하면서까지 말이다. 성철스님이 거듭 말하고 있는 것처럼 불교는 중도의 실천을 핵심으로 한다. 그 실천의 목적은 해탈이고 깨달음이다. 초기불교의 삼법인은 그 논리적 완벽성에도 불구하고 실천의 역사에서 중도불이의 정신을 상실하는 경우가 없지 않다고 비판받게 된다. 여기에 불성론이 제기되어 무상·고·무아·공 대신 그 반대인 상락아정, 즉 영원성, 지복성, 존재성, 평등성을 말하게 된다. 이 반대되는 개념들은 어느 한 쪽이 다른 한 쪽을 폐기하는 것이 아니라 서로를 포함하는 체용불이적 공존으로 설명될 수 있다.

성철스님이 불성과 같은 뜻을 갖는 동의어들을 나열하는 것으로 불성을 설해 나간 것도 이 때문이다. 성철스님은 불성론이야말로 '불교의 생명이며, 모든 종교가 추수할 수 없는 가장 탁출한 특색'이라고 보았다. 같은 차원에서 기독교의 하나님은 '모든 것을 초월해 저 멀리 계시는 분'이지만, 불교의 불성은 '하나님의 지고지순한 가치를 바로 이 죄인이 전혀 부족함 없이 완전히 구비하고 있다'고 강조하면서 그것이 불교의 우수성이라 말한다.

성철스님은 중생이 부처라는 것을 바로 믿고 바로 보는 일이 깨달음으로 가는 바른 출발이라 보았다. 그것은 또한 평등하고 넓게 열려져 있는 길이기도 하다. 성철스님이 설한 바와 같이 누구나 불성을 가지고 있으므로 이것을 깨닫는 일은 결코 어려운 일이 아니기 때문이다. 이것이 불성론을 중요하게 시설한 이유의 하나가 된다.

성철스님은 견성즉불(見性卽佛)의 설법에서 깨달음에 대한 오해를 불식하기 위해 완전한 무심의 중요성을 설한다. 그런데 3세의 미세한 망상을 멸진한 것이 견성이라면 그것은 일반인에게는 까마득한 자리처럼 느껴질 수 있다. 사실 그것은 수행에 전념하는 수행자들로 하여금 백 척의 장대 끝에서 다시 한 걸음 더 나아가도록 경책의 의미가 강하다. 그것을 일반인의 입장에서 보면 용기가 꺾이는 일이 아닐 수 없다. 도대체 선방에서 치열하게 공부하는 스님들도 도달하지 못하는 자리라면 나는 가망이나 있는 것일까? 이렇게 생각하고 수행할 생각을 접는 일이 있을 수 있는 것이다. 그래서 중생불성(衆生佛性)의 설법에서는 모든 중생이 불성을 갖고 있으므로 모든 중생이 부처가 될 수 있으며 또 그래야 한다는 점을 강조한다. '바로 믿고 열심히 노력하기만 하면 누구나 성취할 수 있다'는 것이다. 자기가 깨달았다는 상을 내는 수행자를 위해서는 문을 좁혔지만, 어렵다는 생각을 내는 입문자를 위해서는 문을 넓게 열어준 것이다.

그것은 당시의 시대상황과도 무관하지 않다. 성철스님 당시의 한국불교는 기복불교가 주류를 이루고 있었다. 불보살은 완전한 존재로서 복을 내려주는 주체였고, 중생은 그 시혜를 받는 대상적 존재였다. 일반인에게 견성은 삶의 현장에서 멀리 떨어진 전설이고 신화였다. 불교의 진정한 가치가 땅에 떨어졌던 시대였던 것이다. 여기에서 중생불성의 설법을 통해 성철스님은 누구나 부처가 될 수 있으며 그렇게 노력하는 것이 불교의 전부임을 강조하고자 하였던 것이다. 성철스님의 도량에서 거사와 보살이 교화의 대상이 아니라 깨달음을 향한 수행의 주체였다는 점은 이에 대한 힘 있는 증거가 될 수 있다.

한편 성철스님은 불성론의 설법을 위한 문장을 거의 대부분 『대열반경』에서 가져온다. 무엇보다 불성론이 『대열반경』을 통해 널리 전파될 수 있었다는 점이 우선 고려되었기 때문이다. 원래 불성은 대승불

교의 핵심교설의 하나로서 『화엄경』, 『승만경』, 『법화경』 등에서도 법계, 여래장, 자성청정심 등 동일한 개념을 언급하고 있기는 하다. 그렇지만 불성이라는 말을 직접 언급한 경전으로는 아무래도 『대열반경』이 핵심이 된다. 『대열반경』은 애초부터 불성, 즉 부처의 변하지 않는 본성에 대한 모색에서 나왔다고 보아야 한다. 원래 이 경전은 소승과 대승의 두 가지가 있다. 소승의 『대열반경』은 석가세존의 열반이라는 역사석 사건에 대한 기록정리에 가깝다면, 대승에서는 여기에 불성론, 불신상주설 등을 더해 경전의 내용을 전혀 다른 차원으로 옮겨간다.

석존이 대열반에 든 뒤 불교교단은 종교적 중심의 부재라는 딜레마에 처하게 된다. 부처님은 열반에 임해 각자 스스로에 의지하고, 법에 의지하라 했지, 어떤 초월적 존재, 혹은 영원성에 대해 언급하지 않았다. 그것은 허전함을 넘어 공동체의 동요를 가져올 수 있는 일일 수 있었다. 부처님이 남긴 사리의 불변성에 대한 소박한 신앙이 일어났던 것도 이러한 상황과 무관하지 않다. 그 연장선상에서 불성론이 『대열반경』에 더해진다.

이를 통해 대열반이 무상한 몸[無常身]의 소멸을 의미하는 것이 아니라 영원한 본래성[佛性]의 발견을 뜻하는 말로 전환된다. 그런 의미에서 대승『대열반경』은 출현 그 자체부터 극적이라 할 수 있다. 이 경전은 성립된 이후 내용의 확충이 있었던 것으로 보이는데, 그것은 성철스님이 강조하는 일천제(一闡提) 성불설에 이르러 완결된다. 모든 중생이 불성을 갖고 있다면 원칙적으로 거기에 예외가 있어서는 안 된다. 이와 관련하여 『대열반경』에는 전반부와 후반부에 흥미로운 맥락적 단층이 발견된다. 전반부에서는 선근을 모두 끊어버린 일천제는 불성이 없어 성불할 수 없다는 내용으로 전개되다가 후반부에는 문맥이 일변하여 일천제의 성불가능성을 분명하게 밝히고 있기 때문이다. 그 사이에 내용적 확충과 보완이 있었음이 분명한 것이다.

이 불성론은 돈오론의 핵심이 된다. 그래서『육조단경』에도 불성에 대한 논의가 두드러지며 성철스님 또한 이것을 중요하게 인용하게 된다. 특히 성철스님은『육조단경』의 문장을 인용하여 불성이 따로 있는 것이 아니라 '보고, 듣고, 느끼고 아는 이것이 불성'임을 밝히고자 하였다. '이 일상사에 3신과 4지의 모든 공덕이 다 구비되어 있으니' 이것만 바로 알면 된다는 것이다.

혜능스님의 전기에는 두 번의 흥미로운 불성에 대한 언급이 발견된다. 처음 오조스님을 찾아갔을 때 '사람에게는 남북의 구별이 있지만 불성에는 남북이 없다'고 한 것이 그 하나이고, 다른 하나는 신수스님의 게송과 비교되는 게송에 보인다. '본래 한 물건도 없는데, 어디에 먼지가 있겠는가' 하는 구절이 『돈황본』에는 '불성은 항상 청정하니[佛性 常淸淨], 어디에 먼지가 있겠는가'로 되어 있는 것이다. 원래 이 게송은 판본에 따라 글자의 출입이 다양한데, 그 중 '본래 한 물건도 없다'는 반야적 표현이 그 절묘함으로 인해 보편적으로 수용되었던 것이다. 그런데 『돈황본』이 선행한다는 점을 생각하면 '불성은 항상 청정하다'가 혜능스님의 원래 게송일 가능성이 높다고 생각되는 것이다.

이 열반사상과 반야사상은 중국 선종에 있어서 두 개의 큰 기둥에 해당한다. 보통 혜능스님 이후 선종의 소의경전이 불성의 『능가경』에서 반야의 『금강경』으로 대체되었다고 이해되는데, '불성은 항상 청정하다'가 '본래 한 물건도 없다'로 교체확정된 것도 이와 관련이 있어 보인다. 결과적으로 혜능스님은 '항상 청정한 불성'의 게송을 둘러싸고 불성적 긍정[表]과 반야적 부정[遮]을 함께 설하고 있다고 말할 수도 있다. 성철스님은 이러한 점을 고려하여 혜능스님의 문장을 마지막에 배치함으로써 묘유의 열반불성론과 진공의 반야성공설을 불이의 자리에서 만나게 하였던 것으로 이해되는 것이다.

그렇다면 성철스님의 중생불성의 설법에 보이는 가장 큰 특징은 무엇일까? 성철스님은 '바로 믿고 열심히 노력하기만 하면 누구나 성취할 수 있다'는 말로 불성에 대한 설법의 결론을 삼는다. 무엇을 믿는가? 나 자신이 완전한 불성을 가지고 있음을 믿으라는 것이다. 이에 대한 바른 믿음이 있어야 나의 밖에서 진리를 구하는 맹목을 면할 수 있기 때문이다. 바르고 확고한 믿음이 있을 때 열심히 노력하는 일이 가능해진다. 흔히 지금 이대로 완전한 불성을 갖추고 있다는 이 사실만 잘 확인하면 되지 따로 수행할 것이 없다는 견해를 내는 사람들이 있어왔다. 그런데 사람들은 분별적 이원사유의 뿌리 깊은 습관성을 과소평가

한다. 이원사유는 착하고 악함을 떠나 그 자체가 번뇌망상이다. 생각해 보면 혹은 불성을 보았다, 혹은 무심을 성취했다는 것조차 이원사유 차원의 개념적 이해일 경우가 십중팔구이다. 수행은 이원사유의 그림자를 걷어내는 것이지, 따로 불성을 찾는 것이 아니다.

성철스님은 무심을 성취하는 최선의 길로 화두의심법을 제시한다. 애초 언어도단, 어불성설의 공안에서 다시 앞부분의 얘기까지 잘라내 버린 한마디 말인 화두에는 생각이 붙을 곳이 없다. 끝없이 의심해 들어가므로 관념화가 일어날 수 없다. 이 일을 두고 열심히 화두를 든다고 하는 것이다. 성철스님은 화두를 들면 '두꺼운 번뇌망상의 구름장도 단번에 확 걷힌다'고 단언한다. 구름이 걷히고 나면 불성은 저절로 드러나게 되는 것이다. 그러므로 수행은 생각의 구름, 번뇌망상을 걷어내는 일에서 시작되고 완성되는 일이기도 하다.

2) 번뇌망상을 뿌리까지 뽑아내야 견성이다

그렇다면 불성을 보지 못하게 하는 번뇌망상이란 무엇인가? 불교수행은 번뇌망상을 다스리는 것에 집중되어 있고, 그 번뇌망상의 실체가 따로 있지 않음을 명백히 보는 것으로 결론이 난다. 흔히 번뇌망상의 설법은 탐진치를 기본으로 하여 다양한 번뇌의 종류와 그 대치법에 대해 설하는 방식으로 전개된다. 그런데 성철스님은 그것이 모두 마음의 한 점에서 파생되는 것임을 밝히는 것으로 설법을 집중한다. 사(事)적 측면으로 펼쳐가다 보면 결국 그 다양성의 늪에 빠지기 쉽기 때문이다. 더구나 탐진치의 방식으로 번뇌를 설명하다 보면 그것을 다스리는 일이 삶의 부정적 측면을 지양하고 긍정적 측면을 추구해야 한다는 도덕적 작업으로 오해될 위험이 있다. 그래서 『선문정로』는 번뇌망상을 이(理)적 차원으로 수렴하여 궁극적 한 점을 극복의 대상으로 제시하는 방식을 택한다.

그 궁극적 한 점은 무엇인가? 팔만사천번뇌를 요약하면 3세6추, 즉 세 가지 미세한 번뇌와 여섯 가지 거친 번뇌가 된다. 그렇다면 다시 3세6추는 무엇인가? 보통 근본무명에서 세 가지 감지하기 어려운 미세한 번뇌가 일어나고, 3세의 경계상에서 여섯 가지 뚜렷한 번뇌가 일어난다고 본다. 『대승기신론』에는 이에 대해 자세한 설명이 제시되어 있다.

그런데 성철스님은 이것을 일일이 설할 정도로 친절하지 않다. 오히려 다시 3세를 아뢰야식, 6추를 의식으로 묶어 들인다. 그리고는 마지막 한 점인 근본무명을 제시하는 것이다. 이제 뿌리가 되는 근본무명만 상대하면 되는 것이다. 그런데 이 과정에서 성철스님은 두 가지 특별한 논의를 전개한다. 3세와 근본무명을 동일시하는 것이 그 하나이고, 제7식의 논의가 불필요하다는 점을 거듭 강조하는 것이 다른 하나이다. 우선 3세와 근본무명을 동일시한 것은 3세의 시작이 무명업상이므로 이것을 최초의 불각(不覺)인 근본무명과 구분할 필요가 없다고 보았던 것으로 보인다. 어차피 목적은 3세가 아뢰야식의 차원임을 밝히고 아뢰야식을 넘는 것이 견성임을 밝히는 데 있기 때문이다. 제7식에 대한 논의가 불필요하다고 본 것 역시 문제의 핵심이 아뢰야식에 있음을 강조하기 위해서였던 것이라 이해된다.

결국 마지막 과제는 아뢰야식의 멸진이다. 성철스님은 항상 무심을 성취했다고 했을 때 그것이 표층의식만 사라진 것인지, 심층 아뢰야식을 넘어선 것인지에 따라 정사가 갈린다고 보았다. '추중망상 뿐 아니라 미세망상까지 완전히 끊어져야 견성'이라는 것이다. 문제는 아뢰야식이 깊고 미세하며 분별의식과 집착사량의 차원을 벗어나 있으므로 그 작용을 알기 어렵다는 데 있다. 그 작용이 시비분별의 차원을 떠나 있다는 점에서 여래의 경지와 같으므로 이를 진아로 착각하는 일까지 있게 된다. 이에 대해 성철스님은 제8마계(第八魔界)라는 용어를 사용한다. 아뢰야식의 차원에 들어가면 본래의 자리를 찾은 것 같고, 지극한 자재로움을 느끼게 되는데 이것이 8지 자재보살의 경계이다. 그렇지만 이 자재보살의 경계에는 3가지 미세한 번뇌가 남아 있어 아직 견성했다고 할 수 없다는 것이다. 심의식의 분별상을 넘어 무공용의 자재한 경지에 노닌다 해도 그것은 결국 마계에 불과하다는 뜻이다.

성철스님은 더 닦을 것이 없는 구경각만을 오직 견성으로 인정했다. 그 사이의 어떤 중간단계와 지위점차도 인정하지 않고 모두 중생경계로 규정하는 것이 성철스님의 일관된 관점인 것이다. 사실 이 논의와 관련하여 현장스님은 8지 보살에서 아뢰야식을 버린 뒤, 성불하기 전까지 아마라식의 성숙단계를 거쳐 불지에 들어가면 무구식이 된다고 보았다. 그러나 성철스님은 화엄의 지위점차를 받아들이지 않는 입장에서 똑같이 현장스님의 아뢰야식 단계론을 채용하지 않는다. 오직 그 번뇌성을 알아차리기 어려운 아뢰야식까지 뽑아내야 진정한 견성임을 강조하는 것이다.

> 줄기를 자르고 근본인 뿌리까지 완전히 뽑아낸 것을 견성이라 한다. 중생이 본래 부처라는 것을 알았다 해도 번뇌망상이 그대로 남아 있다면 그건 중생이지 부처가 아니다.

그렇다면 심층 아뢰야식을 어떻게 끊어야 한다는 것일까? 번뇌망상은 결국 표층 의식과 심층 아뢰야식의 활동에 다름 아니다. 이 표층과 심층 의식의 기동을 멈추는 것이 번뇌를 끊는 일인데 불교의 모든 수행법은 이것과 관련되어 있다고 할 수 있다. 그 중에서도 성철스님은 화두참구를 최고의 수행법으로 제시한다. 화두는 말이 일어나기 전의 자리로 끝없이 나아가게 하는 힘이다.

어떤 의식차원의 관념적 이해에도 머물지 못하게 하면서 끝없이 '왜? 어째서?'에 의해 모르는 자리로 밀고나가는 것이다. 그러니까 화두가 있으면 심의식이 움직이지 못하게 된다. 심의식이 기동하지 않으면 장애가 없고 분별이 없으며 밝은 알아차림만 있는 경계가 일어나는데, 이것이 불경계(佛境界)이다. 구도자는 수행을 통해서 거기에 도달하거나 선지식의 가르침으로 바로 계합할 수도 있다. 문제는 이것이 일시적 경계체험인가, 항구적으로 움직이지 않는 자리인가 하는 데 있다.

이와 관련하여 성철스님의 유명한 삼관(三關), 즉 동정일여, 몽중일여, 숙면일여의 기준이 제시된다. 많은 사람들이 성철스님의 이 기준제시를 두고 지위점차를 인정하는 모순에 빠졌다고 말하기도 한다. 그러나 성철스님은 오매일여, 그 중에서도 진여항일의 오매일여만을 인정한다. 나머지는 수행자들의 자기점검용 기준으로 제시된 것이다. 무심경계를 체험했다면 그것이 동정일여가 되는지, 다시 몽중에도 일여한지, 나아가 숙면시에도 여선한지 살펴보라는 것이다. 심지어 오매일여에도 보살과 여래의 차이가 있음을 알아 머물지 말라는 것이 성철스님의 삼관이 제시하는 바이다.

3. 바른 길 걷기 _ 어떻게 닦을 것인가?

구도의 바른 출발이 불성에 대한 확고한 믿음과 번뇌의 뿌리에 대한 눈뜸을 내용으로 한다면 바른 길 걷기는 어떤 자세라야 가능한 것인가? 무엇보다 무념의 성취가 그 핵심이 됨을 알아야 한다. 나아가 그 무념이 항일성을 갖는 것인지, 그리고 자신이 도달한 무념경계에 집착하는 일은 없는지 점검하여 끝없는 향상의 길을 걷도록 하라는 것이 성철스님 설법의 핵심이 된다.

1) 오직 무념법문을 종지로 한다

그래서 바른 길 걷기의 핵심은 무념의 닦음과 성취에 있는 바, 성철스님은 무념정종(無念正宗)의 설법을 통해 이를 안내한다. 무념법문은 육조선의 바른 종취[正宗]이다. 그래서 무념정종이 설법의 제목이 된 것이다. 원래 달마스님이 혜가스님에게 법을 전할 때 『능가경』을 소의 경전으로 할 것을 부촉하였다. 그런데 이 경은 개념들이 세분화되어 있어 마음을 바로 가리키는 역동성이 부족하였다. 그래서 도신스님을 분수령으로 그 소의경전에 변화가 일어나게 된다. 반야경전이 중시되기 시작한 것이다. 그리고는 홍인스님에 이르러 정식으로 『금강경』을 종문의 소의경전으로 내세우게 된다. 무상(無相), 무주(無住)의 이치가 간편하고 설득력 있게 펼쳐져 있기 때문이다. 나무꾼이었던 혜능스님이 장터에서 '머무는 바 없이 마음을 내라'는 경문을 듣고 바로 핵심을 깨달았다는 이야기는 전설이기는 하지만 『금강경』의 대중성과 간편성을 웅변하는 것이기도 하다.

그런데 혜능스님은 이 간편한 경전조차 내려놓아 버린다. 오직 무념법문만을 종지로 한다는 선언이 있었던 것이다. 이 무념법문에 대해서는 찬양과 비난이 교차되어 왔다. 찬양하는 쪽에서는 그 명확한 종지와 실천성에 주목하고, 비난하는 쪽에서는 그것이 마음의 절대성을 인정하는 외도[先尼外道]에 가깝다고 말하기도 한다. 그러나 『육조단경』을 착실히 읽어보면 이 무심법문은 반야진리에 철저하다. 사실 표현이 그래서 그렇지 무념은 유념과 상대되는 개념이 아니다. 혜능스님 스스로도 이에 대해 '만약 아무 생각도 하지 않고, 모든 생각을 다 제거하면 한 생각이 끊어져 죽은 뒤 다른 곳에 생을 받게 될 것이니 큰 잘못'이라고 했다. 이것이 우리가 잘못 알고 있는 무념으로 멍청한 무념이라 말할 수 있다.

진실한 무념의 핵심은 의식활동이 대상경계에 뒤섞이거나 오염되지 않는 데 있다. 견문각지(見聞覺知)의 인지작용에 있어서 모든 것에 두루 호응하고 자유롭게 통하는 것이 무념이다. 성철스님이 인용한 바와 같이 무념은 '자기의 진여본성을 사용하되 지혜로써 관조하여 취하지도 버리지도 않는 것'이다.

그렇다면 혜능스님은 반야관조 불이중도를 왜 무념으로 풀었던 것일까? 달마의 견성법이 세시된 후 깨달음을 선언하는 가짜 선지식이 넘쳐났고 그 폐해 또한 적지 않았다. 혜능스님은 '경계를 만나면 생각이 일어나고, 그에 따라 삿된 견해가 일어나며, 거기에서 무수한 망상들이 생겨나는' 이들의 현주소를 잘 알고 있었다. 그리하여 자성을 얻을 수 있는 대상물로 생각하고 이를 실체화하려는 사람들의 오해를 끊기 위해 무념을 핵심으로 제시하였던 것이다. 그러한 정신은 바로 성철스님이 이어 받았다. 성철스님 역시 견성인들이 넘쳐나는 수행풍토에서 오직 무념을 핵심으로 삼을 것을 강조한다. 그래서 '오직 견성법만을 전하며 세상에 출현하여 사종(邪宗)을 파쇄하노라'고 한 혜능스님의 선언을 격정적으로 인용하고 스스로의 관점을 자세히 피력한 것이다. 천수백년 전을 살았던 혜능스님의 깨달음과 수행풍토의 진단에 대해 완전한 공감이 있었던 것이다.

그런 점에서 성철스님의 무념법문은 혜능스님의 그것과 기본적으로 여출일구(如出一口), 즉 한 입에서 나온 것과 같다. 무념은 결국 일체망념이 다 떨어진 무심을 가리킨다. 그렇다고 그것이 아무런 지각작용도 없는 목석 같은 상태를 가리키는 것은 아니다. 그렇다면 진정한 무념이란 무엇인가? 여기에 성철스님이 자주 쓰는 망멸증진(妄滅證眞)이 그 답으로 제시될 수 있다. 즉 일체망념이 다 떨어진[妄滅] 자리는 곧 진여를 증득한[證眞] 자리이며, 이것이 진정한 무념이라는 것이다.

그런데 아주 사소한 차이일 수 있지만 이 말을 순차적으로 이해하는 입장과 동시적으로 이해하는 입장이 있을 수 있다. 망념이 떨어지고 나면 진여를 증득하게 된다는 것이 순차적인 입장이다. 이 경우 무념은 과정이 된다. 다음으로 무념의 성취와 진여의 증득이 함께 일어난다는 것이 동시적 입장이다. 돈오문의 조사스님들과 성철스님의 입장은 동시성을 강조한다는 점에 있어서 차이가 없다.

그럼에도 불구하고 성철스님은 무념을 먼저 말하고, 혜능스님은 견성을 먼저 말한다. 예컨대 혜능스님은 '이 법을 깨달은 자는 즉시 무념이다'고 한다면 성철스님은 이에 대해 '이 무념이 즉 무생이니 즉 돈오이며 견성이며 성불이다'라고 설명한다. 또 '진실하고 바른 반야관조가 일어나면 일찰나간에 망념이 모두 사라진다'는 혜능스님의 말에 호응하여 성철스님은 '망념이 구멸(俱滅)하면 자성을 명견(明見)하고'로 먼저 무념을 말한다.

이것은 흥미로운 차이일 수 있다. 혜능스님은 '머무는 바 없이 마음을 내는 일'을 깨달아, 먼지와 밝은 거울의 이름조차 붙일 수 없는 입장에 도달했다. 이것이 반야관조이다. 선악조차 가르지 않는 이러한 주시하기가 일어나면 먼지도 거울도 모두 진여일 뿐이다. 망념 자체가 진여의 드러남으로 관찰되기 때문에 망념을 일으키려야 일으킬 수가 없는 것이다.

한편 성철스님은 혜능스님의 반야관조와 통하는 화두참구를 스스로의 실천과제로, 그리고 수행자 교육의 핵심으로 삼았다. 화두참구는 무념이라는 육조선의 종지를 실현하는 데 있어서 과정과 목적이 통일된 수승한 길로 인정받아 왔다. 요컨대 화두참구는 닦음(과정) 자체가 곧 무념이며, 이를 통해 구경무심의 깨달음(목적)에 이를 수 있다는 것이다. 참구의 길 자체가 바로 목적지이므로 가장 빠른 길[徑截門]이라 한 것이다. 화두선 실천자로서 성철스님이 무념을 견성에 앞서 먼저 말한 이유가 여기에 있다고 생각되는 것이다.

그렇다면 무념법문은 수행에 어떻게 적용되는 것일까? 그 전에 먼저 혜능스님이 설한 바 무념, 무상, 무주의 상호관계를 짚어볼 필요가 있다. 원래 무념, 무상, 무주는 진여에 대한 다른 표현이다. 돈오문에서는 시간의 순차와 형상의 차별에 대해 불이적 입장을 취한다. 다양한 형상의 차별성을 분명히 인지하되 그것이 진여와 다르지 않음을 보는 자리에 있다는 말이다.

혜능스님의 삼무(三無) 법문이 바로 그렇다. 무념(無念)이란 생각 속에 있으면서 생각을 떠난 것이다. 틀림없이 지각하는 작용은 있지만 대상경계에 오염되어 흔들리는 일이 없다는 뜻이다. 여기에서 오염된다는 것은 시비호오의 차별상을 낸다는 말이 된다. 무상(無相)이란 형상에 있으면서 형상을 떠나는 것이다. 천차만별의 형상에 휘둘리지 않고 진여불성에 안주한다는 뜻이다. 무주(無住)란 세간의 선악호오에 대해 좋고 나쁨을 생각하지 않는다는 것이다. 따지거나 집착하는 마음이 없기 때문이다.

삼무의 어느 경우라 해도 진공묘유의 진여불성을 떠나지 않는다. 즉 생각하되 대상경계에 흔들리지 않는 무념이 된다는 것은 형상에 차별상을 내지 않는 무상과 한 생각에 집착하지 않는 무주를 실현하고 있다는 뜻이 되는 것이다. 요컨대 무념=무상=무주이다.

그렇다면 이 무념법문에 따라 수행한다는 것은 무엇인가? 혜능스님은 자신을 추격해온 혜명스님을 상대로 대유령 고개에서 최초의 설법을 한다. 바로 '선도 생각하지 않고 악도 생각하지 말라. 그때 무엇이 그대의 본래면목인가?' 하고 물었던 설법이다. 이 법문에 혜명스님이 바로 깨닫게 된다. 이렇게 바로 가리켜 보이고 바로 깨닫는 것이 조사선의 가풍이기도 하다. 그렇지만 우리들은 대부분 애석하게도 이렇게 되지 않으므로 수행을 하게 된다. 나아가 자질을 갖춘 드문 수행자라 해도 스스로 믿음과 현실 사이의 뼈아픈 단층을 절감하게 된다. 그래서 수행을 하지 않을 수 없는 것이다.

수행의 방편들은 다양하지만 한결같이 선악을 생각하지 않는 이 자리에 몰아넣는 것을 핵심으로 한다. 성철스님이 무념만을 택하여 돈오견성법을 설한 것도 이 때문이다. 이 과정에서 성철스님은 돈오점수의 문을 비판하는데 해오(解悟) 이후의 점수에 의도적인 무념의 연출이 있다고 보았기 때문이다. 의도적 무심의 조작이 있다는 그 자체가 바로 유심이다. 이에 비해 화두참구에는 의도가 끼어들 수 없다[無念]. 오로지 모를 뿐이라 정해놓고 지향하는 바가 없으므로 형상이 없다[無相]. 간절한 의심에 밀려나가므로 머물 수가 없다[無住]. 원래 수행을 열심히 한다는 말은 당장 깨닫는 돈오문에 어울리지 않는 말이다.

그런데 조사선의 정통을 잇는 화두참구법에서는 간절한 마음과 열심히 하는 태도가 큰 미덕이 된다. 그것은 화두참구라는 구체적 과제를 두고 그야말로 목숨을 떼어놓고 수행하는 길로 얘기된다. 머리가 터지는 일, 엉덩이가 짓무르는 일이 화두선 수행도량의 흔한 풍경이기도 한 이유가 여기에 있다. 그래서 성철스님은 '안 해서 그렇지 열심히 하기만 하면 된다'고 거듭 장담하는 것이다. 열심히 무심으로 나아간다는 말이 모순이지만 이와 같은 화두참구의 묘한 구조가 그것을 가능하게 하는 것이다.

2) 무심이 한결같은가?

이렇게 하여 무념을 성취하게 되었을 때 진짜 문제가 기다리고 있다. 그것이 잠시 구름이 걷힌 체험인지, 아니면 그것이 항일적으로 지속되는 것인지에 따라 진위, 정사가 갈리기 때문이다. 이를 위해 성철스님은 오매일여의 실법을 시설한다.

불교에서는 이원적 분별사유를 내려놓고 무심에 이르는 효과적인 길들을 제시해 왔다. 그런데 우리는 그 다양성에도 불구하고 생각의 소멸에 대한 중요한 경계들을 공통적으로 언급하고 있다는 사실을 보게 된다. 대표적인 것이 의식작용이 모두 사라진 멸진정(滅盡定)의 자리이다. 이 멸진정에 이르기 전에 관찰이 끊이지 않아 선정에 들거나 나오거나 한결같은 경계를 체험하게 된다. 그것은 의식이 깨어있는 상태에서 이원적 사유가 작동하지 않는 데서 비롯된다. 선정의 힘이 지배력을 발휘하는 것이다. 그런데 잠이 들면 이것이 사라지고 꿈속에서 이미 극복했다고 생각했던 희노애락이 일어남을 느끼게 된다. 대혜스님과 같은 분들은 여기에서 더욱 간절하게 수행에 임했다. 그 결과 꿈 꿀 때에도 깨어 있을 때와 같이 비어 있고, 분명히 알며, 움직이지 않는 무심의 상태가 지속되는 단계에 이르게 된다. 그리고는 스스로 감격하여 부처님이 설한 바, 깨어 있으나 잠을 자나 한결같은 상태[寤寐恒一]를 실경으로 믿게 되었다고 회고한다. 그런데 성철스님은 이를 몽중일여라 불렀다. 여기에서 더 깊어져 의식이 작동하지 않는 숙면시에도 그 경계가 변함이 없는 단계를 말하기 위해서이다. 성철스님은 이것을 숙면일여(熟眠一如)라 하였다. 몽중일여와 숙면일여는 깨어 있을 때와 잠잘 때가 같다는 공통점을 가지므로 오매일여, 혹은 오매항일(寤寐恒一)이라는 용어로 함께 얘기된다.

   그렇지만 성철스님은 거기에도 본질적인 차이가 있다고 본다. 대혜스님이 체험한 오매일여(몽중일여)는 아직 6식의 영역에 있는 것이고, 이를 넘어 제8아뢰야식의 영역에 들어가야 진정한 오매일여(숙면일여)라는 것이다. 심지어 숙면일여에도 아뢰야식에 머물러 있는 자재보살의 6추만 소멸한 가무심(假無心)과 아뢰야의 미세식을 멸진한 진정한 무심(眞無心) 간의 층차가 있다는 것이 성철스님의 견해이다. 이와 관련하여 옛 선사들 간에도 심도 있는 논의들이 있었고, 특히 성철스님이 이 오매일여의 투과를 깨달음 점검의 제1항목으로 제시한 뒤 한국에서 치열한 논쟁들이 계속되어 왔다.

   그 논의의 구체적 내용을 살펴보는 일은 뒤로 미루고 우선 오매일여에 대한 설법의 특징을 짚어볼 필요가 있다. 성철스님은 오매일여의 의미를 좁게 설정한다. 원래 성철스님은 선가에서 활용되어 온 단어에서 가장 순수한 의미만 남기고 나머지를 버리는 경우가 많다. 그래서 오매일여에서도 꿈의 상태는 빼버리고, 꿈조차 없는 숙면 상태에서의 한결같음만 남기는 것이다. 그러기 위해 몽중일여와 숙면일여라는 성철스님만의 단어를 만드는 일도 사양하지 않는다.

대체로 일여(一如)라는 말은 두 가지 상대되는 것이 사실은 둘이 아님을 뜻할 때 쓰는 말이다. 움직일 때[動]와 가만히 있을 때[靜]가 둘이 아니므로 동정일여(動靜一如)이다. 깨어 있을 때[寤]와 잠잘 때[寐]가 둘이 아니므로 오매일여(寤寐一如)이다.

그런데 몽중일여와 숙면일여에는 이러한 조어법이 적용되지 않는다. 그렇다면 성철스님은 왜 조어법에 맞지 않는 새로운 용어까지 창안하면서까지 오매일여의 순수한 단 한 가지 의미만 살리고자 하였을까?

우리는 선지식의 가르침이나 수행을 통해 부처와 중생이 다르지 않음, 혹은 미혹과 깨달음의 구분조차 없는 경계를 체험하게 된다. 돈오라 정의하든 경계 체험이라 표현하든 부처님과 조사들의 도달처와 전혀 다르지 않다고 확인되는 그런 자리가 분명히 있는 것이다. 문제는 이것의 항일성에 있다. 깨달음이란 본래 있었고 지금도 있는[本有今有] 이것을 찾아내는 일이다. 따라서 한번 얻어 영원히 상실하지 않아야 진짜 깨달음인 것이다.

그러나 우리의 삶을 지배하는 관성적 습기가 그 깨달음의 현장성을 어둡게 하는 일이 수시로 일어난다. 돈오점수의 입장에서는 분명한 자성의 자리를 한번 본 일을 돈오로 규정하고 수행을 통해 그 분명하게 확인되는 자리로 돌아가기를 반복하다 보면 마침내 궁극적 깨달음에 이르게 된다는 것이 점수의 논리이다.

이와 달리 성철스님은 그 깨달음의 체험이 영원히 지속되지 않는다면 그것은 유심의 영역에서 일어난 망상이라고 규정한다. 그때는 그것을 지키고 보호할 것 없이 다시 화두일념으로 돌아가 더 간절하게 수행에 임해야 한다는 것이다. 그리하여 동정 간에와 몽중 간에 일여함을 넘어 숙면시에도 일여할 때 비로소 이것을 넘어 깨달음에 도달할 수 있다는 것이다.

한편 유식의 관점에서 숙면시에 항일한 오매일여의 경계가 세워질 수 있다. 이와 관련하여 성철스님은 멸진정에 도달한 여래와 자재보살에게는 수면(睡眠)과 민절(悶絕)이 없다는 『성유식론』의 문장을 제시한다. 민절은 기절했다는 말이다. 수면 역시 기절과 같은 차원인 의식이 작동하지 않는 숙면상태를 가리킨다. 그런데 자재보살과 여래는 겉으로 보면 잠을 자는 것 같아도 실제로는 선정이 지속되고 있으므로 오직 멸진정의 선정만 있을 뿐, 수면과 민절이 없다는 것이다.

성철스님은 거듭하여 이 숙면시에 항일한 오매일여가 실경(實境)이라고 강조한다. 그것이 불이론의 비유적 표현이 아니라 실제로 체험하는 경계라는 뜻이다. 결국 오매일여의 설법은 스스로 무심을 성취하고 진여에 계합하는 체험을 했다 해도 그것이 일시적인 경계체험은 아닌지 솔직하게 물어보고 수행을 다그치는 계기로 삼으라는 메시지를 담고 있는 것이다.

이러한 성철스님의 오매일여 주장에 대한 비판적 논의들이 있어 왔다. 이와 관련하여 우선 오매일여의 문헌적 근거가 박약하다는 비판이 있다. 특히 오매일여에 대한 옛 선가서적의 논의들이 성철스님의 주장과 다르다는 논의가 제기되기도 한다. 성철스님이 해당 문장을 편의적으로 생략하여 논지를 바꾼 부분이 있다는 것이다. 나아가 간화선의 주창자인 원오스님이나 대혜스님이 말한 오매일여도 숙면시에 비춤이 항일한 상태를 가리키는 말이 아니었다는 주장이 제기되기도 한다. 결국 오매일여는 깨어 있을 때와 잠잘 때가 둘이 아니라는 불이론의 원리일 뿐 실경으로써 항일한 상태를 상정하는 것 자체가 분별이라는 것이다.

성철스님이 문장을 인용하는 방식을 보면 이러한 비판적 논의가 전혀 근거 없는 것은 아니다. 실제로 성철스님이 옛 문헌을 편의적으로 생략하거나 재구성하여 인용하는 경우가 많기 때문이다. 왜 그랬을까? 성철스님은 자신의 수행과 깨달음이 옛 불조들과 다르지 않음을 확신하는 입장에 있었다. 따라서 문장에 묶이지 않고 그것을 자유롭게 활용하는 입장을 취하였다. 현대 학문의 입장에서 보면 사실의 왜곡에 속하지만 옛 한자문화권에서는 흔히 일어났던 일이기도 하다. 예컨대 『시경』의 연애시에서 한두 구절 단장취의(斷章取義)하여 도덕률을 선

양하는 문장에 활용하는 경우를 들 수 있다. 그것은 옛 성현과 완전히 하나가 되었거나 그를 능가하는 정신적 성취를 거둔 증거로 이해되기까지 하였다.

성철스님은 자신의 수행과 깨달음 체험에 대한 확신이 있었으므로 옛 문장의 구절에 묶이지 않고 그것을 가져다 활용하였던 것이다. 흔히 술이부작(述而不作)의 핵심이 창작하지 않음에 있다고 생각하지만, 원래 술(述)은 옛 사람의 말을 그대로 베끼는 것이 아니었다. 거기에는 심화된 재해석과 새로운 관점의 제시가 필수적으로 요구되었다. 성철스님의 옛 문헌인용은 그런 점에서 술이부작의 전통에 맞닿아 있다고 볼 수 있다.

다음으로 원오스님이나 대혜스님이 오매일여의 항일한 상태를 설정하는 일을 분별망상으로 규정하였다는 주장이 있다. 그 주장의 근거는 이러하다. 대혜스님이 잠들었을 때 캄캄하여 주인이 되지 못함을 탄식하며 오매일여에 대해 질문한다. 이에 대해 원오스님이 '그만하고 그만하라, 망상을 쉬고 쉬어라', '망상이 단절될 때 오매항일처에 도달하리라'고 대답한다. 이를 통해 원오스님이 오매항일을 망상이라 보았다는 결론을 이끌어내는 것이다.

그런데 다시 생각해보자. 여기 스승이 있고 제자가 찾아와서 묻는다. '깨달음은 어떻게 얻습니까?' 그러면 스승은 십중팔구 그 깨달음과 미혹함을 가르는 망상을 쉬도록 수단을 쓸 것이다. 그 망상을 깨기 위해서라면 '깨달음이란 없다'는 극단적 대답도 가능하다. 실제로 임제스님은 무위진인을 한참 말해 놓고, 제자들이 그에 집착하는 조짐을 보이자 '무위진인은 무슨 똥막대기냐?'고 다시 그것을 빼앗아 버린다. 그렇다고 이 말에 근거하여 깨달음은 없다고 할 것인가? 임제스님이 무위진인을 부정했다고 말할 것인가? 오매일여를 묻는 대혜스님에게 망상을 쉬고 쉬라고 대답한 원오스님의 경우가 그렇다고 이해되는 것이다.

또 오매일여를 불이론이나 화두참구의 상태에 대한 일종의 상징적 표현, 철학적 원칙론으로 보는 경우도 있다. 실참수행을 통한 증오란 옛 불조들의 가르침이 진여실상과 그대로 하나임을 확인하는 것을 가리킨다. 언어적, 의식적 이해의 과정이 개입되어 있지 않다는 말이다. 불조의 말에 대한 궁극적 계합은 지금까지의 이해가 결국은 2% 부족한 오해였음을 깨닫는 일과 동시에 일어난다. 또 숙면시에 항일한 오매일여가 과연 실천적으로 가능한가에 대해 회의적 입장을 취하는 경우가 있다. 나아가 그것이 간화선에는 적용되지 않는 다른 수행법의 결과라는 주장도 있다.

오매일여에 대한 기록들을 살펴보면 그것이 선문에 있어서 드문 주제였던 것 같지는 않아 보인다. 『능엄경』에 오매항일에 대한 언급이 보이고, 『선문정로』에 인용된 대로 대혜스님과 원오스님의 대화에서 이를 언급하고 있다. 또 원나라 임제종의 선승인 몽산덕이 스님이 이에 대해 비교적 구체적으로 묘사하고 있는 것을 볼 수 있다. 설암조흠 선사가 자신의 화두참구와 깨달음의 과정을 흥미롭게 회고한 일이 있는데, 여기에서 그는 깨어 있을 때와 잠잘 때 경계가 달라 오매일여를 성취하지 못하여 애쓴 경과를 묘사하고 있기도 하다. 심지어 선문수행의 지침서인 『좌선의』에 오매일치와 생사일여에 대한 언급이 보인다. 『좌선의』가 선수행의 기본 매뉴얼로 제시된 것임을 감안할 때 오매일여가 천하의 총림에서 수행하던 이들의 핵심주제였던 것은 분명해 보인다.

그렇다면 이것이 단지 비유적 표현이거나 불이론의 철학적 논술의 반복인가? 아니면 실제 체험하는 경계인가? 이와 관련하여 다른 문화권의 체험담을 제시할 수도 있겠다.

깨어 있는, 꿈꾸는 그리고 잠자는 상태 모두를 관통하는 이 항상적 의식은 다년간의 명상 이후에 나타나는 경향이 있다.……그러고 나서는 깊은 꿈 없는 잠의 상태로 들어가면서도 여전히 의식이 있다. 이제는 어떤 내용도 없이 거대하고 순수한 공(空)만을 인식하게 되는 것이다. 하지만 '인식하게 된다'는 것이 완전히 옳지는 않다. 여기에는 이원성이 없기 때문이다. 그보다는 그저 순수한 의식 그 자체만이 있는 것과 같다. 아무런 속성이나 내용물 또는 주체나 목적이 없는, '아무것도 아닌' 것은 아니지만 한정할 수 없는 광대하고 순수한 공과 같은 것이다.

여러 가능한 논의에도 불구하고 이 체험이 대체로 불이의 체험에 속하는 것임에는 틀림없어 보인다. 결국 오매일여는 체험의 문제인 것이다. 따라서 그에 대한 언급은 조심스러울 수밖에 없다. 성철스님은 무엇보다도 오매일여를 수행자의 자기점검 기준으로 제시한다. 스스로 깨달음 비슷한 체험을 했을 때 그에 대한 점검 없이 소견을 마구 피력하는 위험성은 수행을 해본 입장이라면 십분 동감할 것이다. 우리는 안목을 갖춘 정안종사를 쉽게 만날 수 없는 환경에 있다. 이러한 상황에서 오매일여가 자기점검 기준으로 제시된 것이다. 그렇기 때문에 성철스님의 안목의 고저는 『선문정로』 자체의 논리적 정합성으로 증명되는 것이 아니라 그것이 실천적 수행현장에서 일으킨 역학작용에 의해 가려질 필요가 있다는 것이다.

3) 오매일여를 뚫고 다시 살아나는 길

그렇다면 불가능하다고까지 얘기되는 이 깊고 심오한 오매일여의 실경을 체험한다면 그것으로 된 것인가? 성철스님은 여기에서 다시 그 무심의 경계에 머물지 않고 한 걸음 더 나아가는 향상일로의 자세를 역설한다. 이것은 특히 사중득활(死中得活)의 설법에 잘 나타나 있다.

사중득활은 오매일여의 경계를 구경으로 여길까 하여 시설한 장이다. 원래 선적 깨달음의 진실성은 눈 밝은 스승의 점검을 거쳐 확증된다. 미진한 부분이 있거나 착각한 부분이 있을 때, 이 과정에서 말끔히 해소되거나 다시 공부를 짓는 일로 되돌아가게 된다.

그런데 말법시대의 수행자들은 눈 밝은 스승을 만나기 어렵다. 성철스님은 깨달음이 염가로 통용되는 현실을 우려하였다. 그래서 눈 밝은 스승이 없을 때 수행자가 자신의 모습을 돌아보고 그 기준에 미쳤는지를 확인해 보는 자기점검용 기준을 제시하고자 하였던 것이다. 『선문정로』에서 일념불생, 오매일여, 내외명철과 같은 뚜렷한 기준을 제시한 이유가 바로 그 때문이다. 그런 점에서 『선문정로』는 스스로 깨달음을 자처할 만한 본격 수행자의 자기점검용 기준이기도 하다. 이를 통해 성철스님은 스승과 제자의 탄력적 만남과 상호작용을 핵심으로 하는 간화선을 혼자서도 실천할 수 있는 수행법으로 체계화하고자 하였던 것으로 보인다. 원래 간화선 자체에 그러한 특징이 있기도 하지만 이러한 구체적 실경의 제시는 『선문정로』의 중요한 의의로 평가될 부분이기도 하다.

그렇다면 다시 질문하여 오매일여는 곧 견성인가? 성철스님은 이 또한 뚫고 지나가야 할 관문이라 강조한다. 무심 또한 한 겹의 관문에 가로막혀 있는 것[無心猶隔一重關]이기 때문이다. 그래서 무심을 뚫고 완전히 돌아와 걸림 없이 사는 사중득활이 시설된 것이다.

　사중득활 설법의 핵심은 무엇인가? 수행자가 화두에 전력을 집중하여 무심에 이르면 우주의 밖에 홀로 있는 듯하여 모든 경계와 절연되는 일이 일어난다. 6근, 6식, 6진이 소멸하여 보아도 보이지 않고, 들어도 들리지 않으며, 먹어도 맛을 모르는 상황이 되는 것이다. 숨이 끊어지지는 않았으나 죽은 사람과 같은 상태이므로 이것을 크게 한번 죽는다[大死一番]고 표현한다. 이때 선지식을 만나 활연대오하면 모든 것이 원래 있는 그대로 그러할 뿐임을 확인하게 되는데 이것이 견성의 본뜻이다. 그와 동시에 이전에 성취한 승묘한 경계가 모두 떨어져 나가 가볍고 자유롭게 세상을 살아가게 되는 바, 이것이 크게 되살아남[大活]의 풍경이다.

　원래 번뇌가 모두 떨어져 앞뒤가 끊어지고, 한생각도 일어나지 않는 크게 죽는 경계는 수행자들이 고대해 마지않는 승묘한 경계이다. 세간적 망상이 더 이상 그를 침탈하지 못하기 때문이다. 이러한 상황을 옛 어록에서는 불 꺼진 재, 식은 재, 말라버린 나무, 물이 끝나고 산이 다한 자리, 백 척 장대 끝 등으로 비유하였다. 많은 수행자들이 이 무심 경계를 깨달음으로 착각하고 거기에 머물렀던 것으로 얘기된다. 백 척 장대 끝, 즉 더 이상 갈 곳이 없는 높이에 이르렀으니 나갈 곳이 어디 있느냐는 것이다.

　그러나 이것을 가지고는 견성이라 할 수 없다. 그것은 진여와 완전히 하나 되지 못한 불완전하며 임시적인 차원이기 때문이다. 성철스님이 강조한 바와 같이 대혜스님, 설암스님, 고봉스님 등은 모두 이러한 일념불생의 자리에 이른 뒤에도 다시 숙면상태에 그것이 여전히 그러한

지를 점검한 뒤 그렇지 못하다는 사실을 확인하고 다시 애를 썼다. 이때 스승에게서 크게 죽은 자리는 수행의 승묘한 경계이기는 하지만 여기에서 다시 나아가야 한다는 가르침을 받는다. 그래야 실상의 진리와 하나가 된다는 것이다. 위에 든 비유를 가지고 말하자면 죽은 재 속에 숨은 불꽃이 다시 타오르는 격이고, 고목에 꽃이 피는 격이며, 물이 끝나고 산이 다한 자리에서 더 나아가면 신천지가 열리는 격이다. 백척간두에서 한 걸음 더 나아가야 대천세계가 온몸을 드러낸다고 표현되기도 한다. 또 그것은 그림 속의 떡을 보는 일이 아니라 직접 먹는 일이며, 남의 돈을 세는 일이 아니라 직접 향유하는 일이기도 하다.

이것이 사중득활이다. 설법자에 따라 크게 죽어 크게 살기[大死大活], 영원히 죽어 영원히 살기[常死常活], 완전히 죽어 완전히 살기[全死全活], 죽은 뒤 소생하기[死後更蘇] 등으로 표현되기도 한다. 그 핵심은 일념불생의 무심경계에조차 가치를 두지 않고 내려놓음에 있다. 어떤 경계를 귀하게 여겨 인위적으로 그것을 유지하려 한다면 그 자체가 집착이고 유심이기 때문이다.

그렇다면 어떻게 집착을 벗어날 것인가? 선문의 스승들은 원오스님이 그랬던 것처럼 이렇게 크게 죽은 자리에서 더욱 간절하게 언구를 의심하도록 독려한다. 그리하여 선가적 어투로 말하자면, 부처님도 일찍이 노날하지 못한 부사의한 경계를 직접 체득하게 되는 것이다. 이 자리는 말이 성립하지 않고 마음의 행적조차 끊어진 자리이다. 간화선의 역사를 빛나게 한 깨달음의 사건들은 모두 이렇게 일념불생을 바탕으로 하되 그것을 뚫고 통과하는 일에 다름 아니었다.

혜명 상좌가 선도 생각하지 않고 악도 생각하지 않는 무심의 자리에 도달하지 않았다면, 본래면목을 알아차려 그것이 물을 마실 때 차

갑고 따뜻함을 저절로 아는 일과 같다고 자신 있게 토로하지 못하였을 것이다. 성철스님이 예로 든 바와 같이 대혜스님이 일념불생이 아니었다면 그 스승이 깨달은 공안에서 확철대오할 수 없었을 것이다. 그러므로 일념불생의 자리에 도달하지 않고 깨달음의 현장을 이해하는 방식으로는 진정한 깨달음에 이를 수 없다는 것이다.

성철스님의 사중득활 설법은 특히 오매일여와 연결되어 있다. 원래 사중득활은 일념불생, 즉 앞과 뒤의 시간적 끊어짐을 전제조건으로 한다. 성철스님은 여기에 오매일여의 항목을 제시하고 이를 투과해야 진정한 견성이라고 강조점을 바꾼다. 사중득활 설법의 특징을 이해하려면 성철스님의 무심에 대한 규정이 제한적이며 협의적이라는 점을 기억해야 한다. 성철스님은 6식을 소멸하고 제8아뢰야식의 숙면일여에 이른 것을 무기무심(無記無心)이라 본다. 여기에서 다시 진정한 무심으로 나아가야 한다는 것이다. 그러니까 대혜스님이 도달했던 제7지 무상정의 몽중일여 경계는 물론이고, 제8지 이상 멸진정의 숙면일여 경계도 결국은 극복해야할 새로운 출발점이 되는 것이다.

성철스님은 오매일여와 사중득활의 경전적 근거를 대혜스님과 설암스님의 경우에서 찾는데 여기에 약간의 논리적 비약이 있다. 설암스님 등의 경우 몽중시에 주재할 수 있는 상태에 이르러 화두의심에 들어가 견성, 혹은 사중득활하였다고 기록되어 있다. 분명 출발은 숙면시에 주인공은 어디 있는가에서 출발하였는데, 숙면시에도 주재함이 있는 경계를 얻었다는 말 대신 크게 깨달았다는 말이 나온다.

설암스님이나 그 법을 이은 고봉스님이 모두 같은 얘기를 하고 있다. 이에 대해 성철스님은 비약의 가능성을 열어놓는다. 대혜스님 등이 도달한 경지는 분명 제7지 무상정의 사경(死境)이었지만 단번에 구경지까지 투과하는 상근기의 모습을 보여주었다는 것이다. 8지 이상 멸진정의 큰 죽음은 아니었지만 이 단계에서도 깊게 깨달으면 정각을 성취할 수 있다는 것이다. 원칙적으로 숙면시에 항일한 오매일여를 투과하지 않고는 견성이라 할 수 없고 진정한 사중득활이라 할 수 없지만, 대혜스님처럼 몽중일여에서 단번에 그 단계를 뛰어넘어 구경각을 성취하는 일도 있을 수 있다고 인정한 것이다.

그런데 성철스님 설법의 핵심은 멈추지 않는 수행의 필요성에 대한 역설에 있다는 점을 잊어서는 안 된다. 성철스님이 일념불생의 무심에 이른 뒤에도 계속하여 화두를 참구한 대혜스님의 일, 몽중에도 일여한 경계에 머물지 않고 화두의심을 강화한 고봉스님의 일 등을 말한 것은 철저한 언구의심의 길을 강조하기 위해서이다. 그런 점에서 성철스님에게 화두는 단순한 방편이 아니라 가장 빠르고 완전하게 깨달음에 이르는 최상의 길이었다.

한편 사중득활은 사(死)→활(活)의 순차적 사건이지만 그 결과는 대사(大死)=대활(大活)의 동시적 실현이기도 하다. 성철스님은 이 점을 밝히기 위해 그 동의어들을 나열한다. 대사대활(大死大活), 상적상조(常寂常照), 명암쌍쌍(明暗雙雙), 상차쌍조(雙遮雙照), 동생동사(同生同死), 전명전암(全明全暗), 전살전활(全殺全活)이 그것이다. 수사학적 표현이기는 하지만 그래서 이 사중득활은 천하 노화상과 고불도 이르지 못한 깊은 경계로 얘기되기도 한다. 전체 설법 중 특히 이 장에서 언어도단의 방식으로 결론을 내리고 있는 것도 다 이유가 있는 것이다.

4. 바른 도달 __ 어떻게 알고 어떻게 확인할 것인가?

선의 궁극적 지향은 깨달음이다. 그런데 무엇이 깨달음인가 하는 논의에 이르면 상당히 다양한 내용적 차이가 나타나게 된다. 성철스님은 선가의 깨달음이란 성불(成佛)에 다름 아님을 강조한다. 견성하면 바로 부처이며, 그것이 무상정각(無上正覺)이며 무생법인(無生法忍)이라는 것이다.

1) 견성하면 그대로 부처이다

이 설법을 시작하면서 성철스님은 무엇보다도 견성에 담긴 다양한 의미들을 걷어내고 본래의 한 뜻만 남기고자 한다. 이와 관련하여 우리는 우선 성철스님이 견성성불(見性成佛)이 아닌 견성즉불(見性卽佛)이라는 말로 『선문정로』의 설법을 시작한 것에 주목할 필요가 있다. 견성성불은 선종의 종지로서 달마스님 이후 선사들의 설법에 자주 나타난다. 반면 견성즉불이라는 용어는 아예 없는 말은 아니지만 불교문헌에 용례가 흔한 것은 아니다. 제1장의 전체 인용문에도 이 견성즉불이라는 용어가 발견되지 않는 것도 이 때문이다.

그런데도 성철스님은 견성성불 대신 굳이 견성즉불이라는 말로 설법을 시작하였다. 견성즉불이란 견성하면 그대로 부처라는 말이다. 성철스님은 완전한 무심, 최종적 깨달음인 묘각만을 견성으로 본다. 요컨대 성철스님의 견성론은 그 완전성의 강조에 핵심을 두고 있다. 그래서 먼저 견성한 뒤 부지런히 갈고닦아 부처가 된다는 견해는 철저한 비판의 대상이 된다. 그런데 공교롭게도 견성성불(見性成佛)은 '견성해서 닦아 부처가 된다'는 뜻으로 이해될 수 있는 말이다. 이 점을 고려하여 '견성하면 바로 부처'임을 명확히 할 수 있는 견성즉불(見性卽佛)을 제목으로 하여 설법을 시작한 것이다.

불교용어에 붙은 '관념의 때'를 벗기기 위한 이러한 노력의 흔적은 『선문정로』 번역문의 구성에서도 자주 발견된다. 첫 인용문[纔得見性, 當下無心] 번역문이 당장 그렇다. '견성을 하면 즉시 무심이 된다'는 문장을 무심 대신 구경무심이라는 말을 써서 '견성을 하면 즉시에 구경무심경이 현전한다'라고 옮겼다. 그것은 무심이라는 말이 관념화되어 본래의 의미를 제대로 전달하기 어렵다는 생각에서 비롯된 것이다. 깨달음에 대해서도 깨달음→구경각→최후의 구경각 등과 같이 그 완결성을 강조하는 수식어의 사용을 더해가며 그 본래 의미를 회복하고자 한다.

견성은 오직 묘각일 뿐이다. 성철스님은 이 점을 강조하고 작은 성취를 깨달음으로 착각하는 오류를 수정하기 위해서라면 극단적 발언도 사양하지 않는다. 예컨대 '종문의 정안종사치고 10지보살이 견성했다고 말한 사람은 한 분도 없다'는 식의 문장이 빈번하게 발견되는 것이다. 학문적 차원에서 그것은 허다한 논의를 생산하는 시비의 단서가 될 수 있다. 그러나 수행의 지침으로서 이 문장은 멈춤 없는 수행으로 궁극의 깨달음에 도달한 석가모니의 길을 따르자는 말에 다름 아니다.

선사의 말은 그것을 받아들이는 수행자 내면의 역학작용을 염두에 두고 발화된다. 그러므로 그것이 언어관념적 차원의 것이든 언어도단의 차원이든 그 말을 듣는 수행 당사자의 입장을 빼버리면 죽은 말만 남게 된다. 요컨대 『선문정로』의 문장들은 수행 당사자를 윽박질러 옳고 그름의 차원을 벗어나게 하기 위한 할이고 방이다. 그런 점에서 『선문정로』는 미완성의 책이기도 하다. 수행 당사자의 채워야 할 행간이 비어 있기 때문이다. 스승의 옆구리를 쥐어박는 기특한 대답들이 이 행간을 채울 때 『선문정로』는 완성되는 것이다.

그렇다면 어떤 것이 진정한 견성인가? 성철스님은 무심을 핵심으로 하여 견성을 설명한다. 견성즉불의 설법을 보면, 절반 이상의 인용문과 강설이 견성=무심임을 밝히는 내용으로 구성되어 있음을 알 수 있다. 무심은 어떻게 하면 견성할 수 있나, 무엇이 견성인가 하는 질문에 대한 답변이 되기에 충분하다. 진여의 밝은 해가 항상 빛나고 있으므로 그것을 가리는 구름을 제거하기만 하면 되는 것이기 때문이다. 모든 심념(心念)이 해를 가리는 구름이고, 눈을 가리는 티끌이므로 이것만 소멸하면 되는 것이다.

그런데 무심은 일반적으로 생각하는 것과는 차이가 있다. 그것은 제8아뢰야의 미세한 망상까지 완전히 멸진한 상태를 가리키는 말이기 때문이다. 이와 관련하여 보살심을 포함한 모든 심념을 뛰어넘는 자리가 진정한 무심[眞無心]으로 제시된다. 보살심 역시 '중생을 제도한다'는 마음이 작동하는 상태이므로 구경무심이 아니라는 것이다. 심지어 여기에서 한 걸음 더 나아가 제불여래승까지 초월하기를 요구한다. 부처라는 생각이나 방편이라는 생각조차 붙을 자리가 없는 진정한 무심이라야 견성이라 할 수 있다는 것이다. 그러니까 진정한 무심은 있음과 없음, 생성과 소멸을 떠난 자리를 가리키는 궁극의 자리인 것이다.

성철스님이 첫머리에 '중도가 깨달음의 내용'임을 강조한 이유가 여기에 있다. 요컨대 무심은 중도의 동의어가 되는 것이다. 결국 우리는 여기에서 다시 꽉 막혀 버린다. 무심이 결코 견성한다, 성불한다는 말보다 쉽게 이해되거나 도달할 수 있는 자리가 아니기 때문이다. 그럼에도 불구하고 진정한 무심을 내용으로 하는 견성에 대한 강조는 『선문정로』 가르침의 두드러진 특징 중 하나라 할 수 있다.

2) 닦을 것이 있다면 견성으로 인정할 수 없다

그러한 차원에서 닦음의 시작이나 중간지점의 어떤 경계체험을 견성이라 보는 견해들은 비판될 수밖에 없다. 그것은 궁극적으로 돈오점수론의 비판으로 집중된다. 깨달은 뒤 점점 닦는다는 생각 자체가 문제라는 것이다. 점점 닦아야 한다면 그것은 미세망상이 남아 있다는 증거인데 어떻게 깨달았다고 할 수 있느냐는 것이다. 그래서 견성즉불의 설법은 '더 이상 배우고 익힐 것이 없는 한가로운 도인, 즉 해탈한 사람이 되기 전에는 견성이 아님'에 대한 거듭된 강조로 채워지게 되는 것이다.

견성은 그대로 무상정각(無上正覺)이라야 하는 이유도 여기에 있다. 어쩌면 견성에 대한 다양한 층위의 규정들은 누구나 불성을 갖추고 있으며, 원래 깨달은 존재라는 불성론에서 비롯된 바 크다. 불성론은 돈오견성의 전제이다. 원래부터 완전하게 청정한 불성을 갖추고 있으므로 그것을 분명하게 보기만 하면 된다는 것이다.

그런데 그 보는 일에 각각의 차이가 있을 수 있다. 듣기는 했지만 아직 보지 못한 차원[不覺], 얼핏 본 차원[相似覺], 보고는 있으나 분명하지 않은 차원[隨分覺], 언제나 명료하게 보는 차원[究竟覺]이 그것이다. 성철스님은 이 중에서 언제나 명료하게 보는 구경각의 차원만을 진정한 견성으로 인정한다. 이를 위해 『열반경』의 문장을 대거 인용한다.

『열반경』에서는 성문연각이 불성을 보지 못한 존재이며, 10단계의 지위를 밟는 보살들조차 아직 분명하지 않은 차원에 머물러 있음을 밝히고 있기 때문이다. 이를 통해 견성이 곧 부처님이 이룬 무상정각이라는 근거가 세워진다. 이에 동의한다면 견성이라는 말을 쉽게 쓸 수 없게 된다.

수행이 익어가고 전에 없던 경계를 체험할 때 수행자는 자신에게 물어보아야 한다. 나는 과연 자성을 철견하였는가? 이때 견성이 곧 무상정각이라는 입장이라면 '그렇다!', 혹은 '아니다!'의 두 가지 대답 중 거의 대부분의 수행자는 '나는 아직 아니다!'는 대답을 하게 될 것이다.

분명 우리는 본래 깨달아 있음[本覺]과 아직 깨닫지 못함[始覺]의 모순 속에 놓여 있는 존재이다. 그래서 수행은 이 두 가지의 통일에 다름 아니다. 본래 깨달아 있음을 확고부동하게 믿되 아직 깨닫지 못한 현주소를 아프게 인정하고 간절한 마음으로 애쓰는 일이 수행이다. 둘은 또한 상보적인 관계에 있기도 하다. 본래 깨달아 있음을 믿기 때문에 수행이 깊어지고, 수행이 심화될수록 본래 깨달아 있음에 대한 믿음이 강화되기 때문이다.

이 양자 간의 모순이 해결되어 하나가 되는 일을 견성, 혹은 무상정각이라 부른다. 반면에 둘 중 하나가 부족하면 수행은 깨달음으로 연결되지 못한다. 본래 깨달음만 가지고는 '미친 소견'이 되고, 부지런한 노력만 가지고는 외도선이 될 수 있기 때문이다. 그래서 성철스님은 '스스로에게 갖춰져 있음[本覺]을 믿고, 부지런히 공부해 나가면[始覺] 누구나 성취할 수 있는 것이 불성[究竟覺]'이라고 거듭 강조하는 것이다.

3) 진정한 보살행은 완전한 깨달음에서 나온다

그렇다면 대승불교에서 거듭 말하는 보살이란 무엇인가? 그것은 의미 있는 중간단계가 아닌가? 이렇게 생각할 수 있다. 바로 이 점을 고려하여 무상정각의 설법에서 보살에 대한 논의가 거듭 설해진다.

성철스님이 입적하면서 남긴 가르침 중에 '중생을 이익되게 하라[利益衆生]'는 말이 있다. 그것은 보살정신을 표현한 말임에 분명하다. 영원히 번뇌를 타파한 제불여래만이 견성을 했고 보살은 아직 불성을 보지 못한 존재라면 보살행은 어떻게 가능한가? 실제로 성철스님은 『열반경』을 인용하여 보살의 견성이 미완성형임을 강조한다. 즉 9지까지의 보살은 직접 본 것이 아니라 전해 듣는 방식으로 보았다[聞見]는 것이고, 보살의 최고위에 오른 10지보살은 눈으로 직접 보기는 하지만 어두운 밤에 물건을 보는 것처럼 분명치 못하다는 것이다. 결론적으로 번뇌를 단진(斷盡)하지 못하였으므로 진정한 견성이 아니라는 것이다.

그렇다면 당장 보살의 하화중생은 어떻게 가능한가 하는 문제가 제기될 수 있다. 이와 관련하여 일찍이 목정배 교수는 '선의 실천은 인식적 논리나 동정심으로 구원하는 윤리적 봉사가 아니다'고 적절히 지적한 바가 있다. 보살의 하화중생은 사회적 실천의 방식으로 드러나기는 하지만 그것이 윤리적 봉사와는 차이가 있다는 말이다. 그렇다면 어떤 것이 진실로 중생을 이익되게 하는 길일까?

성철스님이 인용한 『열반경』의 문장 중에 '해탈을 얻은 고로 불성을 보며, 불성을 봄으로 대열반을 얻나니, 이는 보살의 청정지계(淸淨持戒)니라'는 구절이 있다. 해탈, 견성, 대열반을 이룬 보살이 있다는 것이다. 성철스님은 이것이 지위를 밟고 있는 중인 지상보살과 구별되는 과후

(果後)보살, 대력(大力)보살임을 강조한다. 문수보살과 같이 명칭은 보살이지만 성불한 여래의 다른 이름이라는 것이다. 그런데 이 문장은 성철스님이 부촉한 중생을 이익되게 하는 길을 제시하는 것이기도 하다.

보살의 청정지계를 설명하는 방식이 그대로 적용될 수 있기 때문이다. 원래 계율이란 출가수행상의 장애를 차단하기 위한 방편으로서 이해되는 경향이 있다. 그러므로 그것을 절대화하지 말고 지범개차(持犯開遮)에 탄력적일 필요가 있다고 얘기된다.

그런데 여기 절대적 지계가 있다. 해탈, 견성, 대열반에서 나오는 청정지계가 그것이다. 보살의 중생교화를 윤리적 봉사의 차원으로 떨어지지 않게 하려면 어떻게 해야 할까? 해탈, 견성, 대열반이 그 답이 되는 것이다. 이익중생과 청정지계에 화합애경(和合愛敬)을 더하면 바로 성철스님이 남긴 세 가지 가르침[諭示]이 된다. 그렇다면 사랑과 존경으로 화합하는 진정한 길 역시 오직 해탈, 견성, 대열반이라야 가능하다는 말이 성립되는 것이다.

이처럼 성철스님의 가르침은 어떤 경우라도 완전한 깨달음을 다그치는 일에서 한 걸음도 떠나지 않는다. 부분적 깨달음[分證]에 어떤 의미를 부여하기 시작하면 불교의 최고가치를 포기하는 일이 된다고 보았기 때문이다. 성철스님이 말했던 '영원한 진리를 위해 일체를 희생한다'는 가슴속의 쇠말뚝은 우리에게도 필요한 것이다.

출세간은 패러다임의 전환을 의미한다. 세간의 틀 속에서 불교의 가치를 논하는 것도 가치 있는 일에 속하지만 그 한계는 뚜렷하다. 적어도 불교도에게는 불교가 절대가 되어야 한다. 결국 진정한 출세간이라야 세간으로 돌아올 수 있다. 성철스님은 그것을 진정한 보살의 하화중생의 길이라 본 것이다.

4) 생멸없는 실상의 자리를 완전히 깨달았는가?

단계적 성취를 깨달음으로 인정하지 않는다는 원칙은 무생법인(無生法忍)의 설법에도 잘 나타나 있다. 원래 무생법인은 제법에 생멸함이 없다는 실상의 이치를 믿고 깨달아 물러나지 않는 지혜를 가리킨다. 무생법인의 참을 인(忍)자는 참고 수용한다는 뜻, 깨닫는다는 뜻, 물러나지 않는다는 뜻을 갖는다. 모든 현현된 것들은 생성과 소멸의 모습으로 나타나지만 그 본질인 불성은 생겨나거나 소멸하는 일이 없다. 이것이 무생무멸, 실상의 이치이다. 엄밀하게 말하자면 무생무멸은 생멸과 불이적 관계에 있다. 현현되어 생멸하는 현상들과 분리된 무생무멸의 본질이 따로 있지 않기 때문이다.

그런데 이러한 제법의 실상을 깨닫는다는 것은 무슨 뜻일까? 적어도 나라는 주체가 있고, 제법의 실상이라는 대상이 따로 있는 차원은 아니어야 한다. 이원적 입장으로는 현현된 것의 차별상만을 볼 수 있을 뿐이다. 무생법인의 차별 없는 평등상을 깨닫기 위해서는 관찰하고 의식하는 주체가 사라져 생멸 없는 진심(眞心)에 안착해야 한다. 무심이 되어야 하고, 마음 자체가 무생멸이 되어야 한다. 그래서 성철스님은 무생법인의 다양한 설법을 인용하는 대신 바로 무심을 강조하는 문상들을 인용한다. 그리고는 '망념이 멸진하면 이것이 무생이다'라는 말로 무생법인을 규정한다.

그런데 여기에서도 성철스님만의 특징이 분명하게 나타난다. 무생법인이 구경각이라는 말이 그것이다. 대체적으로 교가의 설에 의하면, 무생법인은 초지(初地)보살이나 7, 8, 9지보살이 증득하는 깨달음이다. 이것이 중요한 이유는 이를 통해 뒤로 물러나는 일이 없는 불퇴전(不

退轉)의 자리에 들어가기 때문이다. 그래서 무생법인을 증득한 보살을 아비발치(阿鞞跋致), 즉 불퇴전보살이라 칭하는 것이다. 특히 대승불교에서는 이처럼 번뇌가 일어나지 않아 오직 중생을 제도하리라는 발원만 남는 제8지 부동지(不動地) 보살의 자리를 중시한다. 중생제도를 위해 생멸을 거듭하되 그것에 휩쓸리지 않는 부동의 마음을 갖고 있기 때문이다.

그런데 성철스님은 이것을 단 한마디로 정리한다. '경전에서 여러 가지로 무생법인을 설하고 있지만 묘각만이 진무생(眞無生)'이라는 것이다. 성철스님은 그 근거를 '마음과 바깥 경계를 깨달아 망상이 생겨나지 않는 것을 무생법인이라 한다'는 마조스님의 설법에서 찾는다. 마조스님은 한 번 깨달으면 영원히 깨닫는다고 했다. 그렇다면 무생법인 또한 영원한 깨달음이 된다. 마조스님의 문장이 적극 인용된 이유이다.

어쩌면 무생법인을 보살지로 본 교가의 설명이 틀린 것은 아닐 것이다. 그런데 선문에서는 그 자세하고 체계적인 설명이 깨달음으로 가는 길을 더디게 한다고 보는 경향이 있다. 더구나 교가에서는 무생법인의 등급을 하품(7지), 중품(8지), 상품(9지)으로 나누어 구분하기까지 한다. 그렇다면 도대체 진짜 무생법인은 무엇인가? 여기에 성철스님의 진정한 무생이 바로 무생법인이라는 일도양단법이 제시되는 것이다. 이를 통해 상황은 단순해진다. 무심인가 망념인가, 깨달음인가 착각인가 둘 중에 하나가 되기 때문이다. 이것은 선가에 자주 보이는 어법이기도 하다. 우리가 수행이나 깨달음을 설명하려는 자세에서 벗어나 스스로의 존재를 바꾸고자 하는 입장에 설 때 이러한 자세가 나타나게 된다. 전부(全部) 아니면 전무(全無)인 자리에 자기의 전존재를 내거는 것, 이것이 수행자의 자세이기 때문이다.

그렇다면 이렇게 견성이 무상정각이고 대해탈이라면 그것은 어떻게 확인되는가? 또한 그것은 수행중의 경계체험과 어떻게 구별되는가? 『선문정로』의 대원경지(大圓鏡智)와 내외명철(內外明徹), 그리고 상적상조(常寂常照)의 설법은 특히 이것을 말하고 있다.

5) 크고 둥근 거울에 실상이 온전히 드러난다

대원경지는 유식수행의 결과로 궁극적 깨달음을 통해 청정자성을 여실하게 보는 지혜를 가리킨다. 거울에 모든 형상이 반영되는 것과 같이 만법이 있는 그대로 드러나는 경계를 크고 둥근 거울에 비유한 것이다. 이 지혜의 핵심은 이원적 분별과 집착의 사라짐에 있다. 나아가 그것은 제8식의 미세한 인식작용까지 소멸하는 철저함을 전제로 한다. 물론 소멸한다는 것은 불완전함에서 완전함으로 전환된다는 뜻이지 없어진다는 뜻은 아니다. 업력에 지배되어 자유롭지 못한 아뢰야식이 전환되어 자재한 대원경의 지혜가 되기 때문이다. 이처럼 밝게 아는 일은 일체의 경계나 형상에 무감각하거나 휘둘리지 않는 일이기도 하다. 무감각과 휘둘림의 양쪽에 기울지 않으므로 청정하다는 표현이 적절하다.

이 대원경지는 유식수행의 핵심수제이지만 선종의 수행과도 관련이 깊다. 보통 선종사상의 핵심으로 반야의 진공과 열반의 묘유 사상을 꼽는다. 그런데 유식학 또한 선수행과 불가분의 관계에 있다. 아예 유식학의 유가수행자를 인도의 선사들이었다고 보는 관점도 있다. 그러므로 달마스님이 유식학의 수행에 밝았던 것은 자연스럽다. 유식학의 핵심을 담고 있는 『능가경』을 혜가스님에게 전한 것도 이 때문이라 할 수 있다. 말하자면 유식학은 선종수행의 바탕을 이루고 있는 것이다. 홍인스님이 혜능스님에게 법을 전할 때 소의경전이 『금강경』으로 바뀌었지만 혜능스님의 대원경지에 대한 주목할 만한 법문이 있게 된 것도 선종이 유식학에 바탕하고 있었던 저간의 상황과 관련이 깊다.

성철스님의 대원경지 설법은 바로 앞 사중득활 설법과 논리적 선후관계로 설해진다. 크게 죽었다가 살아났을 때의 본래면목이 대원경지라는 것이다. 그렇다면 대원경지란 무엇인가? 이를 위해 성철스님은 맨 먼저 혜능스님이나 『능가경』의 말씀 대신 위산(潙山)스님의 가르침을 인용한다. 그것이 8식의 소멸에 대해 직접 언급하고 있다는 점을 중시하였기 때문이다.

성철스님은 경전에서 말하는 구경각과 참선수행을 통한 견성이 완전히 같은 것이라는 확신에서 모든 설법을 펼치고 있다. 결국 부처님처럼 살겠다는 성철스님의 서원은 부처님이 성취한 바로 그 깨달음을 성취하겠다는 서원이기도 한 것이다. 그렇기 때문에 선가의 유행어가 된 대원경지가 단순히 진여를 눈치 챈 차원을 가리키는 말이어서는 안 된다는 것이 성철스님의 기본적인 생각이었다. 이에 제8지 이상 대자재보살도 이 경계에 머물면 마계에 떨어진 마구니에 불과하고, 어린아이의 천진한 무심도 이에 만족해서는 안 되며, 결론적으로 제8아뢰야식을 투과하지 않은 사람은 생사의 언덕을 헤매는 사람임을 밝히는 것을 설법의 주제로 삼는다.

이처럼 성철스님은 근본무명을 단진한 것이 진정한 대원경지임을 밝히기 위해 제8식의 소멸에 대해 언급한 가르침만을 인용한 것이다. 대원경지를 드러내는 허다한 매력적인 진술들까지 포기할 정도로 성철스님의 제8식에 대한 원한(?)은 깊다. 그 미세하여 알기 어려운 가무심의 경계에 속아 무수한 수행자들이 궁극적 깨달음을 놓쳤다는 생각 때문이다.

성철스님은 이러한 설법을 통해 어떠한 효과를 거두고자 하는가? 우리는 『선문정로』의 여타 설법에서와 마찬가지로 대원경지에 대한 설법을 진지하게 읽을수록 무엇이 환하게 풀리지 않고 가슴이 꽉 막힘을 느낀다. 아무리 보아도 성철스님은 듣는 사람을 시원하게 해주기 위해 설법하지 않았다. 오히려 대원경지처럼 알 만한 이야기까지 결코 알 수 없는 차원으로 설정해 놓고 우리를 몰아붙인다. 정말 아는가? 모르는 거 아닌가? 그렇다면 화두해라! 아마 이것이 성철스님 법문의 목적이었다 해도 틀린 말은 아닐 듯하다.

요컨대 성철스님은 꽉 막혀 알 수 없는 답답한 자리로 우리를 끌고가 수행하도록 하기 위해 설법한 것이다. 그 사이에 화두참구법이 있다. 자신도 모르게 무심의 자리에 들어가 집중하도록 하는 화두의심법이 아니었다면 성철스님 역시 알아듣는 얘기로 설득하는 방식을 썼을지도 모른다. 그러나 그러기에는 스스로 체험한 바 당장 무심에서 시작하는 화두의심법의 직선도로에 비해 유심에 호소하는 그것은 너무 우회하는 흠이 있다고 보았던 것 같다. 오로지 모를 뿐인 자리에서 간절히 알고자 하는 마음으로 버티다 보면 저절로 분별심이 사라지고, 8식이 소멸하고, 무심에 이를 수 있다. 나아가 일시적 무심에 만족하지 않고 크게 죽어 다시 살아날 때 원명부동하고 담연상적한 대원경지가 나타나게 된다. 하기만 하면 된다. 이것이 설법을 통해 우리를 답답함으로 끌고 가는 성철스님의 의도라고 생각되는 것이다.

성철스님의 『선문정로』 전체가 하나의 화두로 제시되었다는 주장이 있는데, 이러한 점에서 크게 공감되는 바 있다. 이래저래 『선문정로』는 수행과 깨달음의 현장에서 갖는 역학작용에 의해 더 크게 평가되어야 할 책임에 분명한 것이다.

6) 내외명철은 견성의 실경체험이다

　대원경지는 스스로 확인가능한 깨달음의 실경으로 제시된 것임에 분명하다. 그런데 대원경지는 그 어휘의 상징성으로 인해 자신의 어떤 체험을 이것으로 보는 아전인수격 착각이 일어나기 쉬운 말이다. 그래서 다시 대원경지의 특징인 내외명철이 실제 경계로 제시된다. 성철스님은 내외명철의 설법을 혜능스님의 문장으로 시작하면서 '경지(鏡智)로 관조하여 내외가 명철하면 이것이 견성'이라는 번역문을 제시한다. 원래 혜능스님의 문장은 '지혜로써 관조하여 내외가 명철하면'으로 되어 있는데 이 지혜가 바로 대원경지를 가리킨다는 설명식 해석을 붙인 것이다. 말의 차이에 불과한 것이기는 하지만 그 의도는 분명하다. 원문의 맥락에서 혜능스님이 말하는 지혜는 반야지혜를 가리킨다. 바르고 진실한 반야[正眞般若]로 관조하면 일찰나간에 망녕된 생각이 모두 소멸한다는 가르침과 연결되는 문장이기 때문이다. 이것을 대원경지로 해석하여 옮김으로써 성철스님은 제8아뢰야식의 멸진으로 현현하는 대원경지를 내외명철의 설법과 바로 연결한다. 이를 통해 지혜관조=내외명철=견성=해탈=무념의 등식에 대원경지의 항목을 추가하게 되는 것이다.

　내외명철은 뚜렷한 실경체험이라는 점에서 성철스님에게 중요하다. 원래 반야지혜로 관조한다는 것은 이원사유를 벗어나 불이중도의 눈으로 본다는 뜻이다. 심신과 법계의 경계, 지옥과 극락의 구분, 중생과 부처의

차이가 없음을 아는 것이다. 그것은 불이론의 상식이라서 대부분의 깨달음법을 닦는 수행자들은 자신이 이것을 알고 있다고 생각한다. 그러나 실제로는 대원경지도 실경이고, 반야지혜도 실경이며, 불이중도도 실경이다. 따라서 알고 있고, 이해하고 있다는 생각은 대부분 착각일 가능성이 높다. 이처럼 비유적, 관념적 사유에 의해 이해하는 것과 실제의 체험 간에는 넘을 수 없는 단층이 존재하는 것이다. 그럼에도 불구하고 아뢰야식은 물론 관념조차 떨치지 못한 입장에서도 스스로 중도불이의 입장에서 반야로 관조하고 있다고 착각할 수 있다.

이에 비해 내외명철은 그 경계가 비교적 분명하다. 스스로 짚어보아 자신이 심신의 차별상에 묶여서 안과 밖을 별개로 인식하고 있는 것은 아닌지, 아니면 이것을 확실하게 벗어났는지 분명하게 판단할 수 있는 기준이 될 수 있다는 것이다.

성철스님이 굳이 내외명철을 깨달음의 기준으로 제시한 것은 바로 이러한 구체적 점검가능성 때문이라 할 수 있다. 아니나 다를까. 성철 스님은 강설을 통해 오매일여와 마찬가지로 '내외명철은 실제로 견성한 이가 아니면 알 수 없다'고 하여 그것이 실경체험임을 강조한다. 특히 오매일여에 머물지 않고 확연히 깨칠 때 나타나는 것이 내외명철의 경계이므로 이것은 최종점검에 해당하는 것이라는 점에서 더욱 중요하게 논의된다.

한편 성철스님은 오매일여에 몽중일여와 숙면일여의 두 차원이 있음을 밝혔듯이, 내외명철에도 제8식 경계인 통명영상(通明影像)이 있어 혼동될 수 있음을 지적한다. 내외명철은 오로지 식음이 멸진한 경계, 진정한 무심의 경계, 구경각의 차원에서 일어나는 체험이기 때문에 통명영상과 차원이 다르다는 것이다.

『선문정로』 전체가 오직 구경의 묘각만이 견성임을 주장하고 있는데 내외명철의 설법도 그 점에 있어서는 마찬가지이다. '구경각인 묘각을 성취해야만 내외가 명철하지, 구경각을 성취하지 못하면 내외명철하지 못하다'는 것이다. 성철스님이 문장을 인용하는 방식을 보면 이러한 고심의 흔적이 뚜렷하다. 예컨대 처음의 인용문으로 혜능스님의 문장을 가져오고 두 번째 인용문으로 『보살영락경(菩薩瓔珞經)』의 문장을 가져온다. 혜능스님은 견성=내외명철을 말하고, 『보살영락경』은 내외명철=묘각을 말한다. 내외명철을 중간항으로 하여 견성=묘각이라는 논리가 충족되고, 결과적으로 조사=불타의 관계가 성립되는 것이다.

7) 항상 고요하면서 항상 비추고 있는가?

이러한 실경으로서의 내외명철은 어떠한 내용성을 갖는가? 이 질문에 응하여 상적상조(常寂常照)의 법문이 설해진다. 비추되 변함없이 고요하고[照而常寂], 고요하되 변함없이 비춰야 한다[寂而常照]는 말이 있다. 성철스님은 이 둘이 통일적으로 성취되는 경계를 상적상조의 준말로 표현한 것이다. 이 어휘를 구성하는 핵심은 고요함[寂]과 비춤[照]에 있다. 고요함이란 여여부동하여 외부의 인연에 휘둘리지 않는 것이고, 비춤이란 자성을 보는 지혜가 분명함을 가리킨다. 말할 것도 없이 고요함과 비춤은 하나가 되어 서로를 온전하게 하는 관계에 있다. 성철스님은 상적상조가 부처의 지위, 여래의 대적광경계를 가리키는 말로 설명한다. 이때 고요함은 전6식과 제8아뢰야식이 소멸한 상태를 가리키고, 비춤은 내외의 경계를 접촉하되 이에 흔들림 없이 오직 분명하고 뚜렷한 것을 가리킨다. 요컨대 일체 망상의 구름이 다 걷힌 모습을 적(寂)이라 보고, 구름이 걷힌 뒤 저절로 해의 광명이 드러나는 일을 조(照)라 본 것이다. 물론 구름이 걷혔다는 것과 해가 비친다는 것이 다른 일인 것은 아니다. 그래서 성철스님은 이것을 상적상조로 묶어서 설법하면서 그 동시성을 거듭 강조한 것이다. 그러면서도 성철스님의 설법은 일체망념의 적멸, 미세무명의 멸진, 무심을 핵심으로 하여 전개된다. 말하자면 고요함[寂]에 무게 중심이 쏠려 있는 것이다. 그것은 조적(照寂)과 적조(寂照)의 차이를 언급한 대목에서 더 뚜렷해진다.

우리는 '등각보살은 조적이요 묘각세존은 적조라 한다'는 『보살영락경』의 인용문을 보게 된다. 여기에서 성철스님은 적과 조가 둘이 아니라는 기본입장을 취하면서도 그 간의 미세한 차이를 지적하고자 한다. 주석서들을 보면 위 『영락경』의 문장에 대해 조적과 적조는 결국 같은 것이라 설명하고 있는 경우가 많다. 그런데 성철스님은 결국 조적에는 비추는 작용이 남아 있으니 여래의 적조와 구분된다는 원효스님의 입장에 동의한다. 아직 미세식광이 남아 있는 경계이므로 구경의 불지가 아니라는 것이다. 요컨대 등각은 아뢰야식이 멸진하지 않았으므로 충분히 적(寂)하지 않다는 것이다.

한편, 많은 경우 상적상조를 수행론으로 설한 것에 비해 성철스님은 적조, 혹은 적광(寂光)이 구경각을 성취한 부처님의 경계라는 점을 강조한다. 그러니까 상적상조 역시 실경으로서 깨달음을 점검하는 기준이 되는 것이다. 항상 고요하면서 항상 비추고 있는가를 지금 당장 점검해 보라는 것이다. 그런 점에서 조이상적, 적이상조와 그 줄임말인 상적상조는 어감에 있어서 미묘한 차이가 있다. 원래의 말에는 실천적 역동성이 느껴지지만, 상적상조는 변함없는 경계를 강조하는 경향이 있기 때문이다. 용례가 흔하지 않은 상적상조를 표제어로 쓴 것은 이 변함없는 경계를 깨달음의 점검기준으로 삼으라는 의도가 담겨 있는 것이다.

거듭 강조하게 되지만 우리는 『선문정로』를 대하면서 그것이 깨달음 법을 공부하는 나에게 무엇인가를 물어야 한다. 그렇지 않고 나를 뺀 객관적 입장에서 그 의미를 파악하고 설명하려는 시도는 오히려 실상의 깨달음에 장애가 될 뿐이다. 깨달음의 점검기준으로 제시된 대원경지, 내외명철, 상적상조의 법문을 대하는 입장은 특히 그러해야 한다.

5. 길 걷기를 마친 뒤 _ 어떻게 실천할 것인가?

깨달음을 얻어 대자유인이 되었다는 것은 마음대로 살아도 된다는 말일까? 물론 원리적으로는 그러하다. 밥이 있으면 밥을 먹고, 차를 주면 차를 마시는 걸림 없는 삶이기 때문이다. 그러나 견성한 이의 대자재한 삶은 아무렇게나 막 사는 삶과는 차이가 있다. 그것은 개인적 차원과 사회적 차원에서 끝없는 진리의 실천으로 나타난다.

1) 깨달은 사람은 어떻게 사는가?

성철스님은 개인적 차원의 실천을 보임무심(保任無心)으로 설명한다. 원래 보임(保任)은 보호하여 기르고[保護], 가는 대로 맡겨둔다[任運]는 뜻이다. 두 가지의 반대되는 지향이 담긴 묘한 말이다. 실제로 역대의 보임에 대한 설법을 보면 보호하는 일을 강조하는 경우와 맡겨두는 일을 강조하는 경우로 나뉜다. 보호하는 일을 강조하는 입장에서는 견성 이후에도 습기가 남아 미혹으로 끌고 갈 수 있다고 본다. 그래서 간절히 조심하되 마치 독 이슬이 내린 풀밭을 지나듯 하라고 가르친다. 한 방울의 독만 묻어도 생명이 위험한 상황에서 조심하지 않을 수 없는 것이다. 맡겨두는 일을 강조하는 입장에서는 유위적 수행방편의 장애성을 지적한다. 수행방편은 애초 병을 고치기 위한 약으로 처방된 것이다. 그런데 몸이 좋아지면 약을 끊어야 한다. 그렇지 않으면 그것이 새로운 병을 만들어 내게 될 것이기 때문이다. 이때 자성의 생멸 없는 안락한 자리에 관여하는 일 없이 맡기는 일이 필요하다는 것이다.

성철스님은 이 보임의 두 의미에서 맡겨두는 일만 취하고 보호하는 일을 비판한다. 보호할 것이 있다면 진정한 깨달음이 아니라는 것이다. 성철스님은 견성론에서 돈오점수를 이단사설로 단정하였다. 따라서 깨달은 뒤 아직 남아 있는 습기와 미세번뇌를 차근차근 제거해 가는 것이 보임이라는 설을 수용할 수 없다. 그러면서도 성철스님은 보임 자체를 부정하지는 않았던 것이다.

원래 성철스님의 모든 설법은 견성이 바로 무상정각이라는 것에서 출발한다. 일념불생의 진정한 무심, 제8아뢰야식의 근본무명까지 완전히 끊어버린 대무심경계를 철저히 증득한 것이 견성이라는 것이다. 그러니까 견성 이후 아직 닦아내야 할 습기나 번뇌망상이 남아 있다고 한다면 그것은 잘못일 뿐더러 그것을 보임이라 한다면 더더구나 인정할 수 없는 것이다.

그런데도 성철스님에게 보임은 중요하다. 보임무심은 설법의 분량면에서도 압도적이며 해석과 강설에 보이는 주제의식의 표현 또한 공들인 흔적이 뚜렷해 보인다. 이와 관련하여 우선 보임무심의 장을 시작하는 처음의 두 인용문이 보임이 아니라 견성에 대한 설법이라는 점을 주목할 필요가 있다. 그 핵심은 본래면목을 철증하면 '미래겁이 다하도록 자재무애한 대휴헐지(大休歇地)에 도달'하며, 그 '열반묘심은 천만년이 다하여도 변이가 없다'는 것이다. 이것이 견성이므로 이후의 수행을 통해 깨달음을 더 견고히 하는 것이 보임이라는 말이 성립되지 않는다. 더 견고해지거나 다시 미약해질 것이 없는 것이 견성이기 때문이다. '모든 것을 성취했으니 다시 무슨 일이 있겠는가?' 이 말이다. 그러므로 참다운 보임이란 '이런 편안하고 자유자재한 생활을 이어나가는 것'이다. 대무심지를 보임한다는 것이다.

그 핵심은 자재무애한 대휴헐지가 아니라면 견성이 아니므로 오후보임으로 들어갈 것이 아니라 언구의심으로 되돌아가야 한다는 것에 있다. 성철스님은 여기에서 두 가지 점을 지적한다. 첫째는 유심에서 무심으로 건너가는 데 넘기 힘든 단층이 있다는 것이다. 해오는 유심이므로 여기에 의미를 두면 무심으로 가는 길에 장애가 된다는 것이다. 다른 하나는 시간의 문제이다. 원래 경전에서의 보임은 제8지 무공용지(無功用地) 이상에서의 수행을 가리킨다고 얘기된다. 무공용지란 애쓰지 않아도 저절로 공부가 되는 단계이다. 그런데 화두선에서는 여기에 다그치는 공부를 제시하여 찰나간에 구경각에 이르도록 한다는 것이다. 성철스님은 이렇게 말한다.

> 교가에서는 제8지 이상이면 무공용이므로 더 이상 애쓸 것 없이 자유자재로 생활하는 가운데 저절로 성불의 길로 나아간다 하였지만 선문에서는 아직 길 위에 있다 하여 부정하였다. 왜냐하면 교가의 방법대로라면 성불하기까지 헤아릴 수 없는 시간이 필요하기 때문이다. 그래서 선종에서는 단박에 원만한 불과를 성취케 하기 위해 무공용지에 들었더라도 다시 화두를 주어 대답을 다그치고 용맹정진을 시키는 것이다.

바로 이렇기 때문에 보임은 구경각 이후의 자재한 삶이자, 무위무작의 실천이자, 부처의 행위[佛行]라야 하는 것이다. 다만 성철스님도 완전한 깨달음 이후 구체적인 실천의 측면에서 노력하는 일을 보임이라 힐 수 있다는 유언함을 보여준다. 즉 이 점에 한정하여 점수를 인정하고 있다는 것이다. 그것은 원오스님의 점수에 대한 해석에서 비롯된다. 원래 '이치로는 돈오라야 하지만 일에 있어서는 점수가 필요하다'는 말은 돈오점수의 대강령이다.

그런데 이것을 원오스님이 말하고 있는 것이다. 성철스님은 이에 대해 같은 말이지만 그것이 규봉스님의 돈오점수와 전혀 다른 뜻을 내포하고 있다고 해석한다. 규봉스님은 마음속의 망념을 제거한다는 의미에서 점수이지만, 원오스님은 구체적인 선행을 쌓아나가는 일[事上修善]을 점수라 했다는 것이다. 이렇게 성철스님은 전통적인 보임의 설법 중 보살행의 측면을 적극 수용한다. 이를 통해 깨달음 이후 자유로운 삶이 막행막식이 되는 길을 차단하였던 것이다.

2) 깨달은 사람은 무엇을 하는가?

그렇다면 깨달은 사람의 사회적 실천이란 어떤 것이 되어야 될까? 중생교화가 그 유일한 길이 된다는 것은 말할 것도 없다. 이것이 정안종사(正眼宗師)의 길이다. 그것은 진정한 정안종사를 알아보는 일과 스스로 정안종사가 되는 일을 포함한다.

불교에서 바른 눈을 갖춘 스승은 수행과 견성의 전 과정에서 결정적인 역할을 한다. 수행자 스스로 집착을 내려놓고 견성을 한다는 것은 거의 불가능에 가깝다. 이원적 사유로 살아가고 있는 입장에서 스승 없이는 진정한 무심을 체험할 길이 없기 때문이다. 오로지 스승의 적절한 담금질[鉗錘]이 있을 때 그것이 가능하며 안전하다. 따라서 바른 눈을 갖춘 정안종사를 바로 찾는 일이야말로 깨달음의 등불을 켜는 데 있어서 가장 긴요한 일이 된다. 그럼에도 불구하고 정안종사를 찾는 일은 쉽지 않다. 그래서 안내가 필요한 것인데, 점검을 필요로 하는 구도자는 무엇보다도 역대의 선지식들이 중시해 온 가르침에 착안할 필요가 있다.

예컨대 한국불교는 임제법맥을 계승하여 왔다. 이와 관련하여 대혜스님의 가르침이 특히 중시되었고, 거슬러 올라가면서 임제종의 전성기를 장식하는 황룡, 양기파 두 흐름의 가르침을 적극 수용하였다. 무엇보다도 그 종조가 되는 임제스님의 말과 행동을 통한 가르침은 역대 수행자의 금과옥조로 존중받아 왔다. 오죽하면 스님들에게는 다음 생에 꼭 임제문중에 다시 태어나 도를 성취하고자 한다는 발원의 전통까지 있었겠는가? 그리고 여기에서 다시 임제스님의 스승의 계보, 즉 황벽희운─백장회해─마조도일─남악회양으로 거슬러 올라가는 정안종사의 가르침이 존중되었고, 그 정점에 혜능스님의 『육조단경』이 위치하고 있다. 이것이 임제정맥으로서 성철스님은 이 흐름 위에 한국불교를 세우고자 하였다. 그래서 이 장의 설법을 통해 가장 안심하고 의탁할 수 있는 정안종사로서 임제정맥에 속하는 스승들을 제시한 것이다.

그런데 성철스님은 정안종사가 항상 천하를 통틀어 몇이 되지 않음을 지적한다. 원래 깨달으면 가장 먼저 외도와 정통을 가리는 안목이 생기고, 또 그 진정한 살림살이를 간파하는 눈이 생긴다. 이것이 정안종사의 본뜻이다. 그런데 이러한 눈으로 볼 때 선지식으로 불리는 경우라 해도 그 차원이 각기 다르고, 그 순도가 떨어지는 경우가 많다는 점을 발견하게 된다. 그래서 많은 사람들의 존경과 귀의를 받고 있는 경우라 해도 정안종사로 불릴 수 있는 사람은 좀처럼 찾기 어렵다는 말이 나오게 된다.

선사의 어록들을 살펴보면 그러한 관점은 상당히 보편적인 흐름을 형성하고 있었던 것 같다. 예를 들어 성철스님도 인용하고 있는 석상초원((石霜楚圓) 스님의 경우가 그러하다. 『선문정로』에는 자명(慈明)이라는 호로 불리는 스님이다. 이 스님에게서 임제종의 두 줄기 큰 흐름인 황룡, 양기의 두 파가 일어났으므로 임제종의 전성기는 석상스님에게서 시작되었다고 해도 틀리지 않다. 이 스님이 분양선소(汾陽善昭) 스님에게 법을 받았는데, 처음부터 법을 물으면 스승은 그의 코를 가리키며 악지식(惡知識)이라 욕을 하고, 제방의 선지식들을 부정하는 얘기들을 쏟아놓았다. 스님이 이에 기가 막혀 했는데 나중에 스스로 깨닫고 보니 정말 그러했다. 그래서 자신도 평생 욕을 하며 지내게 된다. 사량분별로 법을 이해하려는 구도자들은 물론 제방의 선지식 중에 그 욕을 피해가는 사람이 거의 없었다.

성철스님의 설법을 접해 본 구도자에게 이것은 낯선 풍경이 아니다. 성철스님이 보조스님을 비롯하여 역대의 선지식들은 물론 당대 제방의 방장·조실 스님들을 여간해서 인정하지 않았다는 것은 잘 알려진 사실이다. 그것은 어쩌면 선문의 보편적 풍경일 수 있다. 당장 황벽스님만 해도 마조스님의 직계제자들을 거침없이 부정한다. 그들은 모두 자기 스승의 법형제들이었다. 그렇게 황벽스님은 조카뻘되는 입장이었음에도 불구하고 사백과 사숙들을 비판하는 데 거침이 없었다는 말이다. 또 석상스님은 황룡스님을 만나 그가 스승으로 삼고 있는 늑담스님의 법을 가차없이 부정해 버린다. 거의 선전포고에 가까운 일이었다. 황룡스님이 이것을 따지러 갔다가 말끝에 깨닫고는 '늑담은 정말로 죽은 말로 사람을 가르쳤구나' 하며 고함을 친다. 그때까지 황룡스님은 공식적으로 늑담스님의 계승자로 인정받고 있었다. 그 회상에서 법좌를 반분하여 함께 대중들을 교화하고 있던 중이었기 때문이다. 그런데 깨달음을 얻고 나서 스스로 석상스님의 법을 받았다고 공표해 버린다. 이로 인해 늑담스님의 문중과는 아예 관계가 끊어져 버렸음은 물론이다. 이러한 과격함은 선문에서 보자면 영원한 미담이자 선의 위대함에 대한 찬가가 된다. 가장 존경하는 스승, 선배, 동시대의 도반 등 어떤 가까운 사람이라 해도 그 법에 틈이 있다면 가차없이 부정하고 돌아보지 않는 것이 선문의 전통인 것이다.

그런데 그 부정은 강한 긍정의 배경이 되기도 한다. 요컨대 정안종사들은 깨달음을 판별하고 진정한 선지식을 찾아내는 바른 감식안을 갖추었다는 점에서 선문의 생명줄이 된다. 황벽스님이 직접 법을 가리킨 일을 단번에 알아채고 그것을 짚어준 대우스님이 없었다면 임제스님이 있었겠는가? 오조법연 스님의 마음과 완전히 계합한 영원유청 스님이 없었다면 법연회상의 세 부처로 불린 불안, 불감, 불과 스님이 어떻게 나올 수 있었겠는가? 이 중 불과스님이 바로 대혜스님의 스승인 원오스님이었다는 점을 생각하면 정안종사가 바로 법맥을 유지하는 힘이 되는 이유를 알 수 있다.

한편 성철스님은 이 정안종사들이 후학들로 하여금 백척간두에 머물지 않고 과감히 한 걸음 더 나아가도록 격려하는 역할을 하였다는 점을 특히 강조한다. 오매일여의 수승한 경계에 머물지 않고 이를 뚫고 지나가 진정한 무념무심, 즉 견성의 자리로 나아가게 하였다는 것이다. 이러한 점에서 정안종사의 설법은 전체 『선문정로』의 결론을 준비하는 즈음에 중요한 의미를 갖는 것이다.

3) 정안종사들은 어떻게 학인을 깨우고자 하였는가?

그렇다면 정안종사는 어떤 수단을 통해 수행자를 향상일로의 한 길로 이끄는가? 그리고 그 수단에 어떤 우열이 있을 수 있는가? 『선문정로』의 「현요정편(玄要正偏)」은 그것을 설하고 있다.

불교에는 진리로 안내하는 다양한 방편들이 개발되어 왔다. 중국 선종의 경우 초기에는 『능가경』, 『금강경』 등에 의지하여 닦는 방법을 제시하였다. 그런데 혜능스님에 이르러 이러한 전통이 일변한다. 자신이 체험한 오도인연에 바탕하여 극히 단순한 방식으로 바로 가리켜 보이는 길을 택한 것이다. 그 단순한 방법은 그것을 구현한 스승이 현존하는 동안 막강한 힘을 발휘하게 된다. 그런데 그것은 일정기간이 지나면 관념의 때가 묻어버린다는 문제점을 안고 있었다. 거기에 사연과 의미가 담기고 그에 따라 생각이 끼어들게 되기 때문이었다. 그러면 더 이상 말의 길을 끊고, 마음이 갈 곳이 없게 하여 오직 이것일 뿐인 자리에 계합하지 못하게 된다. 그래서 새로운 방법이 다시 강구된다. 고함을 친다든가, 다짜고짜 때린다든가, 먼지떨이를 들어 보인다든가, 침묵한다든가, 한마디로 말하던가, 혹은 간곡하게 거듭 설하는 등의 수법이 그것이다. 그 목적은 바로 지금 이 자리에서 자성을 보게 하는 데 있었다. 이러한 수단을 잘 쓴 스님들은 정안종사로서 많은 대중들의 귀의대상이 되었다.

 자연히 그 법을 이은 제자들은 스승의 뛰어난 수단을 함께 계승하는 경우가 많았다. 스승 역시 자신이 효과를 본 방법을 정리하여 제자에게 전수하는 것이 관례였다. 예를 들어 혜능스님은 36가지 대법(對法)을 깨달음으로 이끄는 방법으로 쓰라고 가르쳤다. 삶에 집착하면 죽음이 보이고, 본질에 빠져 있으면 현상을 제시하는 방식으로 항상 어느 한쪽에 머물지 못하도록 하라는 것이다. 그 핵심은 학인이 빠져 있는 맥락 자체를 끊는 데 있다.

 이후 선문에서는 혜능스님의 이 대법을 기본으로 하여 보다 구체적인 방법들이 개발되고 활용되었다. 이 과정에서 그 스승의 방법을 정형화하여 활용하는 그룹들이 형성되었는데 그 대표적인 것이 오가칠종(五家七宗)이다. 그 형성된 순서에 따라 개관하자면 위앙종, 임제종, 조동종, 운문종, 법안종이 있었고, 임제종의 지맥으로 황룡파와 양기파가 있었다. 이 중 위앙종은 가장 먼저 사라지고 운문, 임제, 법안종이 송나라 때 큰 영향력을 발휘한다. 조동종은 세력은 미약하지만 끝까지 유지되다가 일본에 건너가 크게 발전한다. 당연히 가장 큰 영향력을 발휘한 것은 임제종이다. 그래서 명·청 시기가 되면 임제종이 천하를 뒤덮고 조동종이 한 구석을 차지하고 있다는 말이 나오게 된다. 그렇지만 종파의 흥성은 법의 우열에 있는 것이 아니라 사람의 유무에 있었다는 점을 분명히 할 필요가 있다. 지금 당장 실상을 확인하도록 함을 종취로 한다는 점에 있어서는 다름이 없었기 때문이다.

위에 언급한 오가칠종의 종파에는 깨달음으로 이끄는 정형화된 방법이 있었다. 성철스님은 그 대표적인 것으로 임제의 삼현삼요(三玄三要)와 조동의 정편오위설(正偏五位說)을 들어 그 핵심을 짚었다. 임제종은 원래 철추로 돌을 때려 번쩍이는 불꽃을 내듯 단번에 학인으로 하여금 생각을 끊고 실상을 깨닫게 하는 장군의 기풍이 있다고 얘기된다. 실제로 어록을 보면 임제스님의 회상에는 거의 전투와 같은 분위기가 있었다. 법연스님은 이것을 '오역 죄인이 우레 소리를 듣는 격[五逆聞雷]'이라 표현했다. 우레와 벼락에 간담이 내려앉고 뇌가 찢어지는 듯 그 선풍이 높고 극렬했다는 것이다. 그래서 깨달음으로 인도하는 과정에 있어서나 깨달음 이후에 있어서나 임제문중은 단도직입적이며 통쾌하고 활발함을 특징으로 한다. 임제스님의 무위진인(無位眞人) 공안을 그 통쾌함과 활발함의 예로 들 수 있다.

임제스님은 그대들의 붉은 살덩이 위의 무위진인이 하나 있어 바로 앞에 출입하고 있으니 이것에 의지하여 보라고 설법한다. 그러자 제자가 묻는다. "어떠한 것이 무위진인입니까?" 스님이 법상에서 내려가 그를 잡고 다그친다. "말해라, 말해!" 제자가 말하려고 하자 그를 밀치며 말한다. "무위진인은 무슨 똥막대기냐?" 그리고는 방장실로 돌아가는 것이다. 벼락 같은 순간에 사건이 일어나고 마감된 것이다. 이 가르침에는 유위적 수행의 부정→ 무위진인의 제시→ 무위진인의 부정→ 실상의 제시를 통해 학인의 생각을 단번에 끊는 통쾌함이 있다. 그것은 수행자의 입장에서 보면 한순간도 머물 수 없는 전투의 현장인 것이다.

위의 공안에도 잘 구현되어 있는 삼현삼요(三玄三要)는 원래 임제스님의 원칙론적인 한마디 말에서 비롯된 것이다. '선종의 요체를 설하고 제창하려면 한마디 말에 삼현문(三玄門)을 갖추어야 하고, 일현문(一玄門)에 삼요(三要)를 갖추어야 한다'는 말이 그것이다. 이것은 깨달음으로 이끄는 말이 되려면 방편과 실체, 비춤과 활용을 동시에 갖추어야 한다는 정도의 뜻으로 이해할 수 있다. 임제스님은 이 이상의 말을 하지 않았다.

그런데 후대의 학자들은 이 삼현삼요가 무엇을 가리키는 것인지 구체적으로 설명하고자 하였다. 그래서 이에 대한 다양한 논의들이 나오게 된다. 그 중 삼현은 체중현(體中玄), 구중현(句中玄), 현중현(玄中玄)을 가리키는 것이고, 삼요의 제1요는 언어에 분별조작이 없음, 제2요는 모든 성인이 깊은 도리에 바로 들어감, 제3요는 말의 길이 끊어짐[言語道斷]이라고 보는 설이 많은 공감을 얻었던 것으로 보인다.

그러나 이러한 해석을 내놓은 분양스님조차 그 뜻풀이에 매달리는 풍토를 개탄한다. 그것은 원래 전체로 한몸인 것을 하나씩 억지로 떼어내어 개념화하는 일이기 때문이다. 더구나 삼현을 지위점차로 보거나, 일현문마다 3요를 포함한다는 문맥에 묶여 삼현구요(三玄九要)를 발명해 내는 일은 많은 비판을 받아왔다. 그것은 피가 튀는 전투에서 물러난 문자선의 개념놀이일 뿐 임제스님이 뜻한 바가 아니었기 때문이다. 분명한 것은 깨달음의 언어에는 존재성과 의미성, 그리고 그것조차 넘어선 실상에 대한 동시적 각성을 담고 있어야 한다는 것일 뿐이다. 그러기 위해서는 주체와 대상에 대한 집착이 없어야 한다. 그래야 언어를 통해 말의 길이 끊어진 자리로 이끌 수 있기 때문이다.

임제스님의 삼현삼요는 단지 임제스님의 가르침에만 한정되는 것이 아니다. 모든 정안종사의 가르침이 다 그렇다. 사실 깨달은 입장에서는 모든 것이 진여인 동시에 방편이 된다. 따라서 깨달으면 8만4천 법문이 오로지 하나의 방과 할에 수렴되고, 깨닫지 못하면 가만히 침묵하는 일조차 8만4천의 번뇌가 되는 것이다. 이렇게 알 때 임제종의 다양한 수단들을 자유롭게 쓸 수 있는 것이다.

한편 조동종의 정편오위의 설은 치밀한 체계성을 갖고 있는 것으로 유명하다. 본체와 이치를 정(正)으로 삼고, 활용과 개별적 일을 편(偏)으로 삼아 그 상호관계를 5가지 차원으로 구분한다. 그리고는 본체의 원리에 대해 눈뜨는 차원을 정중편(正中偏), 개별적 일과 형상이 그대로 자성의 이치를 갖추고 있음을 인지하는 차원을 편중정(偏中正), 제법이 공과 다르지 않으며 인연에 따라 일어난 것임을 아는 차원을 정중래(正中來), 개별적 일의 활용이 전적으로 본체에 계합하여 무위에 돌아가는 차원을 편중지(偏中至), 체와 용, 일과 이치가 서로 분리할 수 없게 병행하는 차원을 겸중도(兼中到)라 한다. 이 중 궁극은 겸중도로서 여러 인연에 차별없이 응하되 모든 있음에 떨어지지 않아 오염도 청정도 아니고, 바름도 치우침도 아닌 불이의 차원에서 영원히 벗어나지 않아야 한다.

이것을 상호관계로 보면 군신오위(君臣五位)가 되고, 수행상의 지위점차로 보면 공훈오위(功勳五位)가 된다고 한다. 그런데 실제로는 이 다섯 측면이 동시에 포함되어 있는 하나의 지위만 있을 뿐이라는 점이 거듭 강조되었다. 조동종의 오위설은 그 자체로 학자들의 관심을 끌 만한 자기체계를 갖추고 있긴 하지만 핵심은 오직 하나, 수행자에게 한쪽으로 치우친 견해가 있음을 발견하고 이를 타파하는 계기를 마련해 주는 데 있는 것이다.

원래 이 현요정편의 설법은 바로 앞의 정안종사 설법과 짝을 이루는 것이다. 정안종사에서는 임제종의 종사들을 예로 들어 정안종사의 역할을 밝혔다. 말하자면 임제종의 법맥과 할 일을 뚜렷이 한 것이다. 현요정편에서는 임제종은 물론 전체 오가칠종이 같은 깨달음에 기초하여 다양한 수단을 쓰고 있음을 강조한다. 종파가 형성되고 나면 필연적으로 배타적 논쟁이 일어나게 마련이다.

선종에는 모든 것을 두루 고려하는 일이 오히려 드문 일에 속한다. 그 단순한 방편의 힘을 잃지 않기 위해서이다. 임제종의 스님들이 묵조선을 삿된 선이라고 극력 비판한 것도 화두의심의 활발발한 자리에 집중시키기 위해서였다. 또 조동종의 스님들이 간화선을 깨달음에 집착하는 선[待悟禪]이라 비판한 것도 분별없는 이 자리와 하나가 되는 일에 집중시키기 위해서였다. 그러나 그것들은 크게 보면 깨달음으로 이끌기 위한 효과적인 수단이고 방편이라는 점에서 차이가 없다. 그래서 성철스님은 이 현요정편의 설법에서 선문의 다섯 종파에 우열과 심천이 없음을 거듭 강조하였던 것이다. 실로 그 우열장단을 논하는 것은 깨달음을 실천하는 교화의 길에 들어선 정안종사의 할 일이 아니라는 것이 성철스님의 결론이었다고 이해된다.

6. 도중의 곁길들 _경계해야 할 일들

『선문정로』의 각 설법은 선문의 바른 길을 제시하는 동시에 지해와 지위점차의 설에 대해 경계할 것을 거듭 강조하는 내용으로 구성되어 있다. 그런데 성철스님은 한 걸음 더 나아가 별도의 장을 마련하여 깨달음의 도중에 만나게 될 곁길들의 구체적 내용과 문제점을 설한다.

1) 돈오점수는 왜 비판받는가?

여기에서 해오점수(解悟漸修)가 가장 먼저 비판적 논의의 대상이 되는 것은 당연한 일에 속한다. 『선문정로』 전체가 돈오점수설에 대한 비판이기도 하기 때문이다. 그런데 성철스님은 돈오점수를 비판하는 장을 마련하면서 장의 제목을 왜 해오점수로 한 것일까? 생각해 보면 해오점수는 해오와 점수라는 두 가지의 연계적 개념을 포함한다. 일반적으로 해오는 부처님의 언어적 가르침에 의지하여 눈을 뜨는 일을 가리킨다. 해오가 이렇게 눈을 뜨는 일이므로 진리에 완전히 계합하는 궁극의 깨달음에 이르기까지 점차적 단계가 설정될 수밖에 없다. 그것이 점수론이다. 깨달음을 설명하는 교가에는 다양한 지위점차를 거쳐 구경각에 이르는 점수론이 제시되어 있다.

예컨대 초기경전에는 궁극의 깨달음에 이르는 두 단계에 대한 정형화된 표현이 보인다. 부처님의 사성제나 인연법에 대한 설법을 듣고 이원적 사유에서 벗어나 청정법안을 획득한 뒤(1단계) 수행이나 지속적 청법을 통해 제루(諸漏)에서 벗어나 궁극적 해탈을 성취했다(2단계)는 표현이 그것이다. 다섯 비구나 사리불(舍利弗), 야사(耶舍) 비구 등의 깨닫는 과정에 대한 표현이 거의 동일하다. 이것을 최초의 눈뜸과 최종적 깨달음이라 말할 수도 있겠다. 이 경우 청정법안의 획득을 해오라 할 수 있다.

그런데 불교적 수행과 깨달음에 대한 논의가 체계화되는 과정에서 이 최초의 눈뜸과 최종적 깨달음 사이에 다양한 지위가 제시되기 시작한다. 예컨대 성문사과(聲聞四果)의 지위가 있다. 깨달음의 흐름에 들어가는 수다원의 단계에서 시작하여 사다함, 아나함을 거쳐 아라한의 최종단계에 도달하게 된다는 것이다. 간단하기는 하나 최초의 눈뜸과 최종적 깨달음을 설했던 초기의 경우에 비해 상당한 체계를 갖추고 있음을 알 수 있다. 이후 각각의 교학체계에 따라 10단계론, 42지위론, 52지위론 등 다양한 지위점차가 설해진다.

그런데 이렇게 단계론이 정밀해질수록 깨달음이 객체화, 추상화되는 부작용이 나타나게 된다. 그것이 객관적 논의의 대상이 되면서 더 이상 자신의 문제로 다가오지 않게 된 것이다. 이에 대해 다른 사람의 보물을 세는 것처럼 아무리 세어도 자신에게 아무런 이익이 없는 경우와 같다는 비판이 자주 제기되었다.

이러한 지위나 점차에 대한 논의를 싹 쓸어내고 단번에 여래의 자리에 들어가는[一超直入如來地] 길을 제시한 것이 선종이다. 특히 혜능 스님에 이르면 지금 당장 이 자리에서 진여실상에 계합하는 돈오문을 제창하게 된다. 여기에서는 더 이상 닦음과 깨달음은 둘이 될 수 없다. 즉 닦음이 그대로 깨달음이고, 깨달음이 바로 닦음이라야 하는 것이다. 역사상 다양한 선종의 유파가 출현하였지만 돈오하여 곧바로 여래의 지위에 들어가는 길을 제창하였다는 점에서는 차이가 없다. 선종의 우수성은 그것이 이후 불교적 실천의 핵심이 되어왔다는 사실만으로도 충분히 증명된다.

그런데 각자가 체험한 바 돈오의 내용이 그 원리로는 처음, 중간, 끝에 있어서 추호의 차이도 없지만, 실천적 차원에 있어서는 다양한 차이가 있을 수 있다. 이를 설명하기 위해 작은 깨달음[小悟]과 큰 깨달음[大悟]이 얘기되고, 삼현삼요, 정편오위설과 같은 각 조사들의 방편설을 일정한 단계로 이해하는 관점이 나타나게 된다. 십우도와 같은 분명한 지위단계설이 출현하는 것도 이러한 맥락과 연결되어 있다. 심지어 1700공안을 수증의 점차로 설명하는 경우도 나타났다.

특히 명대 이후에는 깨달음의 과정에 세 관문이 있다는 정형화된 삼관설(三關說)이 제방에 널리 수용되었던 것으로 보인다. 이에 의하면 본참공안을 타파하는 것이 첫 번째 관문[初關]이다. 앞과 뒤가 끊어진 무심의 자리에서 자기 마음을 보는 단계이다. 다음으로 크게 죽은 자리에

서 다시 살아나 마음과 경계가 둘이 아닌 상태에 들어가는 것을 두 번째 관문[重關]을 지난다고 말한다. 잘 알려진 바 '무심조차 아직 이중의 관문에 막혀 있다[無心猶隔一重關]'는 게송이 가리키는 단계이다.

마지막으로 깨달았다는 자기인식조차 사라져 오직 있는 그대로 자유로울 뿐인 차원을 마지막 감옥문[末後牢關]을 통과했다고 말한다. 말하자면 무심→중관(重關)→말후뇌관(抹後牢關)의 정형화된 단계론이 널리 수용되었다는 것이다. 물론 어떤 것이 견성인가에 대해서는 관점에 따라 다양하다. 최초 관문의 통과를 견성이라 인정하는 경우, 대사대활의 두 번째 관문을 통과한 것을 견성으로 보는 경우, 세 번째 관문을 통과하여 깨달음의 흔적조차 사라진 단계를 견성으로 보는 경우가 모두 나타나는 것이다.

그런데 선문의 지위점차론은 일종의 방편설에 해당한다. 깨달음의 체험과 그 흔적에 집착하는 수행자를 위해 그것을 부정하여 머무는 곳 없도록 새로운 단계를 거듭 제시하는 과정에서 수립된 것이기 때문이다. 그래서 원칙적 입장에서 보자면 위의 삼단계는 얼마든지 등호(=)로 연결될 수 있는 관계에 있다.

이 선수증의 단계론에서 가장 큰 영향력을 발휘한 것이 돈오점수설이다. 이것은 단번에 여래의 자리에 들어간다는 선문의 대원칙을 훼손하지 않으면서도 깨달음의 고저심천을 설명할 수 있는 효과적인 논리체계로 주장되었다. 이에 대한 언급은 『능엄경』에도 보인다. '이치로 보자면 단번에 깨닫는 것이지만, 구체적 번뇌는 단번에 제거되는 것이 아니라 점차적으로 소멸되어야 한다'는 것이다. 규봉스님은 이 돈오점수를 선의 정통으로 규정하였고, 보조스님은 이를 적극 수용하였다.

규봉스님은 선과 교를 통섭함으로써 이원사유에서 불이사유로 넘어갈 수 있는 순차적 단계의 길을 제시할 수 있다고 믿었다. 이에 대해 성철스님은 돈오점수의 길로는 어떻게 해도 이원사유의 영역, 유심의 경계를 넘어 설 수 없다고 거듭 말한다. 요컨대 이원사유적 차원인 해오로 시작해서는 무심으로 건너갈 수 없다는 것이다. 그래서 해오가 부정되는 것이다.

해오는 원래 증오(證悟)와 상대되는 말인 바, 해오는 이해의 차원이고 증오는 체험의 차원이다. 해오를 중요하게 보는 입장에서는 이러한 지성적 이해를 얻은 뒤 그것을 자기화하는 과정을 거쳐 이론과 실천의 완전한 일치에 이를 수 있다고 본다. 말하자면 해오를 시작으로 하여 구경의 증오에 이를 수 있다는 것이다. 위에서 살펴본 바 교가의 점수론은 대부분 여기에 포함될 수 있다.

이에 비해 해오를 부정하는 입장에서는 그로 인해 지견에 떨어지는 경우가 많고, 경계를 만났을 때 힘을 발휘하지 못한다고 본다. 이해란 마음으로 대상을 보는 것인데, 이렇게 마음과 대상이 상대를 이루면 하나로 융합될 수 없다는 것이다. 요컨대 해오는 아무리 높이 평가해도 이원적 사유에 의한 이해의 차원이다. 그래서 해오를 상사반야(相似般若), 즉 유사 반야로 불렀던 것이다.

이처럼 선문에서는 해오를 무의미한 정도가 아니라 큰 장애가 된다고 보는 관점이 지배적이다. 해오는 인연의 그림자, 허망한 마음의 영역에 일어나는 일이다. 결국 의근에 의지하여 있으므로 분별망상을 떠날 수 없는 것이다. 그런 점에서 착실한 참선과 진실한 깨달음에 장애가 될 수밖에 없는 것이다. 그럼에도 불구하고 예나 지금이나 도를 이해하려 하지 스스로 그 자체가 되려 하는 이 드물고, 이치를 말하려 하지 이치와 한몸이 되는 이 드물다. 지견을 구하고 해오를 구하는 이는 소의 털처럼 많지만, 도를 깨닫는 이는 토끼의 뿔과 같아 찾을 수 없다는 탄식이 나올 만한 것이다.

그런데도 규봉스님은 해오에 새로운 개념을 주입하면서까지 이를 적극 긍정하고자 하였다. 규봉스님은 깨달음에 기초하여 닦는 것을 해오라 한다. 해오에 대한 새로운 규정이 되는 것이다. 규봉스님은 이렇게 돈오와 점수를 합한 전체의 과정을 해오로 규정한 뒤, 이 해오야말로 남종선의 생명이요, 달마선의 적통이라 주장한다. 거기에는 선수증론과 화엄학을 통섭하고자 했던 규봉스님의 정체성이 반영되어 있다. 규봉스님은 그것을 교의 원리와 선의 실천이 모순없이 통일된 궁극적 도달점이라 믿어 의심치 않았던 것으로 보인다. 그 확신이 지나쳤던지 규봉스님은 몇 가지 무리수를 두게 된다. 그 대표적인 것이 성철스님도 적극 비판한 바, 마조도일 스님에 대한 부정과 하택신회 스님에 대한 긍정이다. 마조스님이 돈오문의 원칙을 제시한 것은 분명하지만 점수의 방법론을 갖추지 못하여 그 오류가 심각하다는 것이다. 이에 비해 신회스님과 우두법융 스님은 공을 깨달아 돈오문을 충족하였고, 이후 망념을 쉬는 길을 보여 주었으므로 점수의 방법론을 갖추어 돈오점수의 종지에 가장 부합되는 길을 제시하였다는 것이다.

그런데 이후 선종사의 전개를 보면 그것은 거의 마조스님에 대한 대긍정의 역사라 해도 과언이 아니다. 심지어 호적(胡適) 같은 이는 마조스님을 중국 제일의 선사로 꼽기까지 한다. 반면 신회스님은 혜능스님의 직계제자로서 남종선을 띄우는 데 막대한 공헌을 하였음에도 불구하고 많은 사람들에게 지해종사로 비판받게 된다. 법융스님 또한 혜능스님의 법과 괴리되는 점이 많아 외도로 지목되기까지 한다. 이런 점을 감안해 볼 때 규봉스님의 마조 부정과 신회 긍정은 무리수임에 분명하다. 그리고 그것은 자신이 수립한 바 돈오점수의 이론체계에 대한 지나친 확신과 관련된 것임에 분명하다.

문제는 해오에 새로운 의미를 부여하면서까지 그것을 핵심으로 인정하고자 하였던 근본입장에서 비롯된다. 그래서 이후 돈오점수설을 수용하는 선사들조차 해오에 대한 규봉스님의 새로운 의미규정을 수용하지 않는 경우가 많았다. 감산스님이 그 대표적인 경우이다. 감산스님은 깨달은 뒤의 본격수행, 즉 돈오점수의 주장을 넓게 수용하였지만 해오에 대해서만은 여지없이 비판한다. 그로 인해 지견에 떨어지는 경우가 많아 궁극적 깨달음인 증오를 가로막는 장애가 된다는 것이다.

성철스님은 여기에서 한 걸음 더 나아가 불법을 배워 눈을 뜨는 최초의 깨달음을 체험한 뒤 이에 바탕하여 닦아나간다는 의미에서의 해오, 즉 돈오점수까지 단연 배격한다. 당연히 그 주된 비판의 대상은 규봉스님과 보조스님이 된다. 원래 선문에는 보편적으로 해오를 부정하는 분위기가 있었다. 그것은 직접적이고 실제적인 증오의 깨달음과 천양지차가 있다고 보았기 때문이다.

성철스님은 규봉스님의 정밀하게 조직된 이론이 결국은 이원론적 차원의 이해와 눈뜸에 대한 과도한 의미부여일 뿐이라고 판단하였다. 이렇게 보면 규봉스님은 증오보다 해오를 중요하게 보았다는 말이 성립되고, 그것은 선문의 정통과 정맥으로 위배되는 일에 해당한다. 사실 그것은 규봉스님이 자처한 감이 있다. 돈오점수를 해오라 규정하고 그것을 선문의 정통이라 내세운 것이 규봉스님 자신이었기 때문이다.

성철스님은 이 문제점을 강조하여 드러내기 위해 돈오점수라는 익숙한 용어 대신 해오점수의 새로운 단어조합으로 장의 제목을 설정한 것이다. 규봉스님과 그 수증론을 적극 수용한 보조스님의 돈오점수론은 그래서 교가의 설로 비판된다. 해오이기 때문이다. 성철스님이 거듭 강조하는 바와 같이 선종은 일초직입여래지, 당하무심, 돈오견성의 길을 제시하는 것으로 성립된 종파이다. 여기에 다시 해오를 인정하고 단계를 설정하는 것은 그 뿌리를 뒤흔드는 일에 해당한다고 본 것이다. 그래서 불지에 직입하는 선문의 입장에서 그것은 비상짐독(砒霜鴆毒)이라고 극언을 불사한 것이다.

성철스님은 이 해오점수의 장에서도 오직 구경의 무심이 아니면 돈오, 견성이 아니라는 점을 분명히 한다. 그럼에도 불구하고 여러 측면에서 새로운 관점들이 제시된다. 그 대표적인 것이 보조스님의 후기 선사상에 일대 전환이 있었다는 점에 대한 지적이다. 보조스님이 하택스님을 지해종사이므로 조계적자가 아니라 한 점, 돈오점수는 교가를 위한 설로 규정하고 간화선 경절문을 이와 별도의 수승한 길로 인정한 점 등을 들어 보조스님의 사상에 전환이 있었다고 본 것이다.

이에 대해 보조스님은 끝까지 돈오점수의 주장에 변함이 없었으므로 이를 사상의 변천으로 볼 수 없다는 반론들이 제기된 바 있기도 하다. 그럼에도 불구하고 우리는 이를 통해 성철스님의 규봉비판, 보조비판이 자신의 '장한 점'을 부각시키기 위한 것이 아니었음을 알게 된다. 모든 것이 스스로 체험하고 불조의 말씀을 통해 확인한 바 선문의 정통을 지키기 위한 노력의 일환이었으며, 한국의 선문에 정안종사들이 나타나기를 바라는 희망의 표백이었음을 확인할 수 있는 것이다.

2) 부분적 깨달음은 왜 부정되는가?

그것은 점차적 깨달음을 통해 한 단계씩 올라가 구경의 자리에 오른다는 분파분증(分破分證)에 대한 비판을 통해서도 분명하게 확인된다. 거듭 살펴본 바와 같이 모든 중생은 불성을 갖추고 있으며 더 근원적으로 보자면 이미 성불해 있다. 이러한 이치에 충분히 설득되어 믿음이 확고한 바탕에서 일심의 수행을 통해 궁극적으로 의심 없는 자리에 이르는 것이 불교적 깨달음의 길이다.

그런데 원리적으로 보자면 이미 성불해 있다는 이치 이대로 부처이며, 설법 이대로 부처이며, 가르침을 실천하는 이대로 부처이다. 나아가 삶의 각 부분, 각 대목에서 그 이치를 확인하는 현장 이대로 부처이며, 궁극으로 도달한 의심 없는 자리 이대로 부처이다. 요컨대 수행을 시작하기 전에 이미 부처로서 그것은 구경각을 이룬 자리와 조금도 다름이 없다. 그래서 초발심에 이미 성불했다는 말이 나오는 것이다.

그런데 다시 솔직하게 반문해 보자는 것이다. 나의 현실은 과연 그러한가? 나는 이대로 부처인가? 그렇지 못한 것이다. 그래서 성철스님은 자신의 무지와 불완전함에 솔직하게 열려 있는 수행의 필요성을 역설한다. 문제는 그 과정에 나타나는 개안과 부분적 깨달음을 인정하는가 여부에 있다. 분파분증은 무명을 하나씩 타파하여 한 조각씩 진여를 증득해나간다는 뜻이다. 천태, 화엄의 원교에서는 체계화된 분파분증론을 수립한다. 그것이 바로 42지위설이다. 이에 의하면 초주에서 등각에 이르는 42개의 무명을 타파해야 한다. 도대체 그 끝이 있기나 한 것일까? 그래서 3아승지겁을 거쳐야 궁극의 깨달음에 이를 수 있다는 얘기가 나오게 된 것이다.

그런데 이 분파분증에는 하나의 큰 전제가 있다. 10주의 제1지위, 즉 초주에서 견성을 한다는 것이 그것이다. 이미 깨달아 견성하는 이 사건이 없이는 부분적으로 증오해 나가는 일은 있을 수 없다는 것이다. 그래서 분증은 천태, 화엄에서 볼 때 하찮은 단계가 아니다. 오죽하면 석가의 화신으로 불렸던 천태스님이 입적하면서 '자신은 아직 분증의 지위에 들어가지 못한' 범부의 자리에 있었다고까지 밝혔겠는가? 그러니까 분파분증은 견성 이후의 일인 것이다.

그러나 성철스님에게 견성은 그것이 아니다. 『기신론』에 밝힌 바와 같이 미세무명을 영원히 끊고 구경의 묘각을 성취하는 것이 견성이라 보기 때문이다. 타파하고 증득해야 할 조각들이 남아 있지 않은 전파원증(全破圓證)의 차원이라야 견성이라 할 수 있다는 것이다.

무엇보다 성철스님은 견성을 출발점으로 하여 본격수행이 시작된다는 기본관점을 인정하지 않는다. 성철스님에게 견성은 완전함의 다른 말이다. 그래서 미세무명이 영원히 끊어진 것이 아닌 한 어떤 경계도 견성으로 인정할 수 없는 것이다. 그런 점에서 성철스님의 자비방편은 오직 유심의 놀이를 부정하는 데 집중된다. 성철스님의 입장에서 유심의 망상에서 벗어나려면 처음도 무심이고, 중간도 무심이고, 끝도 무심이라야 한다. 만약 어떤 중간단계나 기특한 경계에 의미를 둔다면 이미 그 자체로 유심에 떨어지는 일이다. 성철스님이 알 만한 이야기, 흥미로운 이야기를 가능하면 배제했던 것은 이 때문이다. 하물며 42지위의 정밀한 논의에 파묻혀 그것을 끝도 없이 풀어놓는 유심의 전문가가 되는 일이겠는가?

3) 많은 지식과 정밀한 이해가 깨달음의 장애이다

유심의 한계성을 전혀 문제 삼지 않는 다문지해(多聞知解)는 그래서 비상짐독일 수밖에 없다. 다문지해는 불조의 언설을 많이 배워 그것에 기초하여 깨달음을 이해하는 것이다. 비유하자면 그것은 산해진미를 눈앞에 두고 구경만 하다가 정작 한 입도 먹지 못하고 굶어죽는 일에 해당한다. 그것은 자성에 눈떠 자기의 보배창고를 활짝 열어젖히는 일에 도움이 되지 못한다. 나아가 성철스님이 강조한 바와 같이 다문지해는 깨달음을 가로막는 제일장애로까지 지목된다.

그런데도 이 다문지해의 길을 걷는 사람은 소털처럼 많다. 당장의 답답함을 해소해 주는 것처럼 보이기 때문이다. 그래서 불조의 언설에 자꾸 기대게 되고, 그것에 습이 들어 더 많이 듣고 더 많이 기억하고자 하는 것이다. 그러나 대부분의 경전에서조차 궁극의 지혜는 오직 직접적인 깨달음이 아니면 알 수 없음을 밝히고 있다. 언어와 분별사유의 길을 끊는 것을 특징으로 하는 선종에서는 더 말할 나위가 없는 것이다.

성철스님은 이 다문지해를 바로 해오와 동일시한다. 실제로는 둘 사이에 질적인 차이가 있다고 할 수 있다. 다문지해는 불조의 언설에 대한 학습과 기억, 사량분별 차원의 이해를 뜻한다. 그래서 모든 선지식들은 다문지해를 경계했던 것이다. 이에 비해 해오는 다문지해를 통해서건 수행을 통해서건 전에 없던 차원의 깨달음이 있었다는 뜻을 갖는다. 그래서 깨달을 오(悟)자를 쓴 것이다. 규봉스님 계열의 선지식들이 해오를 높이 세우고자 했던 이유가 그것이다. 그렇지만 성철스님의 입장에서는 그 말이 그 말이다. 결국은 유심의 영역에서 일어난 일이기 때문이다. 해오인 돈오를 견성이라 생각하는 것은 유심의 향연인 다문지해로 깨달음에 이를 수 있다는 생각과 다를 바 없다는 것이다.

이러한 견해와 애착을 내려놓지 않는 일을 성철스님은 대망어(大妄語)로 해석한다. 망어에는 두 가지가 있다. 하나는 자기 마음에 어긋나는 거짓말을 하는 일이다. 본 것을 보지 못했다 하는 것도 거짓이고, 보지 않은 것을 보았다 해도 거짓이다. 그런데 이것은 세속의 작은 거짓말에 속한다. 여기에 살생, 투도, 사음보다 더 큰 죄, 심지어 부모를 죽이는 것보다 더 큰 죄가 있다. 그것이 바로 깨닫지 못했는데 깨달았다고 하는 대망어의 죄인 것이다. 대망어의 특징은 스스로 반성하기 어렵다는 데 있다. 자신의 견해를 깨달음으로 보고 소중하게 생각하기 때문이다. 그래서 대망어는 소멸불종(銷滅佛種), 즉 부처의 씨앗을 녹여 없애는 최대의 해악으로 지목된다. 수행자가 대망어를 저지르는 것은 명예와 이익을 위해서이다. 깨달았다고 선언함으로써 자신에게 존경과 공양이 집중될 것을 기대하는 것이다.

불교의 방편법문은 그 수를 헤아릴 수 없이 많다. 그것은 자비방편이었지만 사람들은 그 말에 걸려 영원이나 단멸의 이원론에 떨어져 버린다. 그래서 제시된 것이 바로 가리켜 보이는 돈오문(頓悟門)이었다. 그런데 돈오문이라 해서 닦음이 필요 없는 것은 아니다. 오히려 집착을 단번에 내려놓는 간절함이 더 강하게 요구되는 현장이기도 하다.

그런데 돈오문을 잘못 이해하여 닦지 않으면서 닦음을 비방하는 경우가 있어 왔다. 깨닫지 못하였으면서 깨달음을 비방하고, 스스로 헤매면서 선지식을 비방하는 일도 있어 왔다. 이들은 깨달음이라는 것 자체가 이미 원류에서 벗어난 일이라고 말한다. 그것이 지엽에 불과하여 뿌리를 상실한 일이라 보는 것이다. 그리고는 스스로의 이러한 태도를 깨달음으로 자처하는 것이다. 성철스님도 인용한 바 법안스님은 '깨달음의 길에서 10가지 경계할 일'을 제시하면서 가장 먼저 스스로 불성을 밝히지 못한 이가 남의 스승이 되는 일을 꼽았다. 깨닫지 못하고서 깨달았다고 하는 일의 해악이 가장 크다는 말이 된다.

그렇다면 어떻게 이 오류를 자각할 것인가? 원오스님을 깨달았다는 미망에서 건져준 오조법연 스님과 같은 선지식을 만나는 일이 가장 빠르고 확실한 길이다. 그런데 큰 스승의 담금질을 받을 수 있는 입장이 아니라면 어떻게 할까?『선문정로』에서는 이와 관련하여 오매일여하고, 내외명철하며, 무념무심하고, 상적상조한 실제 경계에 도달했는지를 살펴보라고 강조한다. 나아가 스스로 그렇지 못하다는 자각이 일면 그간의 사지악해(邪知惡解)를 단연 포기하고 마음을 돌려 용맹정진의 한 길로 돌아가 매진하고 매진하라는 것이 거듭되는 결론이 되는 것이다.

『본지풍광』의 화두와 현재적 의미

김영욱

가산불교문화연구원 책임연구원

『본지풍광』은 성철스님이 여러 공안을 추출하여 그것을 당신의 안목으로 새롭게 재정비한 작품으로서 전통 공안집의 형식과 정신적 골수를 그대로 담고 있다. 이는 근현대 한국불교사에서 빛나는 유산 중 하나이면서 전통 공안집 형식으로서는 마지막 유산이기도 하다.

1. 들어가면서

　필자는 『본지풍광』과 공안(公案)을 처음으로 접하는 이들이 성철스님의 사상을 쉽게 이해할 수 있도록 돕고자 한다. 하지만 아무리 초심자를 고려한다고 할지라도 『본지풍광』의 본래 얼굴을 뜯어고칠 권한이 필자에게는 없다. 『본지풍광』은 이런저런 사정을 보아가며 세심하게 자비를 베푸는 유의 책이 아니다. 이 책은 선수행자들을 백척간두에 올려놓고 밀어뜨림으로써 진실을 펼치도록 하는 매정하고 각박하고 엄격한 수단으로 가득 차 있다. 태생적으로 온통 난해한 말투성이다.

　이러한 원천적 난관에도 불구하고 필자는 모자라는 재주로 읽기 쉽게 풀도록 노력하였다. 애는 썼으나 한 올마다 지극정성으로 짜인 자수처럼 원본에 담긴 아름답고 섬세한 생각이 잘못 읽혀지지 않을까 걱정이 앞선다.

　『본지풍광』의 중심에 들어서기 위해서는 무엇보다 뱀이 낡은 허물을 벗듯이 해묵은 갖가지 생각을 떨어내어야 한다. 『본지풍광』 각 공안에서 그 길을 보여주지만 무엇보다 그럴 준비가 된 사람에게만 가려있던 멋진 풍광이 열릴 것이다. 그러지 않고서 제각각의 입맛에 맞기만 기대한다면 『본지풍광』의 판문은 언제까지고 굳게 닫힌 그대로 속을 드러내지 않을 것이다. 고상한 음률을 아무리 알아듣기 쉽게 풀어도 속된 노래에 물든 귀에는 결코 들리지 않는 법이기 때문이다.

2. 본지풍광이란 무엇인가?

지금 드러나 있는 가장 가까운 눈앞의 저들 풍경 하나하나가 본지풍광이다. 누구나의 지금 그 자리!

성철스님이 "그 자리에서 머리부터 발끝까지 꿰뚫고 뼈와 골수에 이르도록 속속들이 밝게 알면 궁극적인 해탈이다."라고 한 57칙 〈법어〉에도 그 취지가 보인다. 궁구할 공부거리를 특별히 찾아다닐 필요가 없다. 누구나 당면하고 있는 '그 자리'의 진실을 남김없이 터득한다면 그것이 해탈이다. 바로 '그 자리' 여기에서 보고 들리도록 모든 감각을 향해 활짝 열린 눈앞의 세계가 본지풍광이다.

'본지'는 태어나 살던 누구나의 고향과 같다. 여기서 확장하여 본래 타고난 심성을 비유하기도 한다. '본지'가 안을 묘사한다면 '풍광'은 풍경이나 경치 따위와 같이 자신의 심성이 편안히 안착하는 자리를 말한다. 본지와 풍광이 하나로 어울려 고스란히 드러난 세계가 '지금 그 자리'이다. 비록 눈앞에서 감각할 수 있는 세계이지만 생각으로 이해하려 들면 빗나가고 어떤 말에 담아서 표현하려 하면 이미 그것이 아니다. 보통 본래면목(本來面目)이라 부르는 그 의미와 다르지 않다. 본래면목이 그 무엇에도 물들기 이전의 본심을 가리킨다면 본지풍광은 주로 깨달은 눈에만 펼쳐지는 그때마다의 현장을 나타낸다.

본지풍광 또는 본래면목은 교학에서 제시하는 불성(佛性)이 포괄하는 세계와 통한다고 볼 수도 있지만 전적으로 일치하지는 않는다. 내면의 진실로 귀착하는 불성과는 달리 본지풍광은 보고 들리는 모든 현상을 중시한다는 점에 특징이 있다.

성철스님이 본지풍광이라는 말로 가리키려 했던 세계도 이것이다. 그 무엇에도 좌우되지 않고 조금도 오염되지 않은 경계라고만 해도 틀린 설명은 아니다. 그러나 이것만으로 성철 선법의 핵심을 드러낼 수는 없다. 그것은 간화선(看話禪)의 세계이기도 하고 그것을 실현한 조사(祖師)의 경지에 대한 서술이기도 하기 때문이다.

본지풍광이라는 말은 눈앞의 물상을 곧바로 가리켜 인도하는 직지(直指)의 방법과 밀접한 관계를 지닌다. 그것은 조사선(祖師禪)의 일반적 경향이기도 하다. 언제 어디서나 곧바로 가리킬 수 있는 고향의 산천초목 전체가 본지풍광을 전하는 매개체이다. 고향을 향한 본능적인 그리움이 그것을 무수한 소재로 만들었을지 모른다. 이와 같이 간화선의 궁극적 경지를 고향에 도달하여 마주하는 풍광에 담아 전하였다는 사실은 틀림없다.

반복되는 평상의 그 자리는 무미건조하고 늘 나타나 있는 저들 풍광도 특별히 눈을 휘둥그렇게 하고 볼 만한 무엇은 아니다. 그러한 곳곳에 공안의 진실이 실현되어 있다. 91칙에 보이는 대혜종고(大慧宗杲)의 말에 그 소식이 들린다.

> 곳곳이 참되고 곳곳이 참되도다. 티끌 하나마다 모두 본래의 그 사람일세. 하지만 진실을 말할 때 소리는 나타나지 않고 정체가 뚜렷이 드러나 있지만 몸은 전혀 보이지 않는다.

진실이 아닌 곳이 없다. 마치 관세음보살이 곳곳에다 한 몸을 나누어 나타나듯이 어디서나 본래 그 사람과 마주하고 있다. 곳곳에 진실이 나타나 있기에 '지금 그 자리'를 굳이 바꾸어 다른 무엇인가를 추구할 까닭이 없다. 그러나 말하려 해도 이 드러난 진실을 표현할 적절한 언어가 없고 어디에나 그 사람의 정체가 뚜렷함에도 확정된 모습이 없다. 왜 그럴까?

분명 '이것'이라고 지시하고[直指] 느낄 수 있는 눈앞의 소식이지만 정해진 이름과 차별상에 묶이지 않기 때문이다. 이름이란 언어로 규정하는 모든 관념을 가리키며, 차별상은 때마다 갈아입는 옷처럼 시시로 언제나 외양을 바꾸는 그러한 온갖 현상이다. '이것'은 그러한 이름과 차별상에 묶이지 않기 때문에 말로 표현하거나 형상으로 그려내지 못한다. 49칙 〈법어〉에서 성철스님이 그 본질을 가리킨다.

곳곳의 존재에서 이름을 벗어나고 차별상을 끊으며, 낱낱의 존재에서 단단한 대못처럼 박힌 견해를 잘라내고 무쇠처럼 굳은 망상을 절단한다. 불도(佛道)와 세속법을 모조리 없애버리고 함께 즐거운 마음으로 배 두드리며 태평가를 부르리라.

사물을 인식하는 우리의 고질적인 악습이 하나 있다. 마주치는 대상을 미리 준비한 이름과 차별상에 몰아넣고 이해하려는 시도가 그것이다. 준비된 그 수단으로 반복하여 제련하면서 온갖 견해와 망상이 우리 의식에 단단히 박힌다. 이렇게 뿌리 내린 언어와 관념들이 끊어져야 그것도 함께 사라진다. 최후로 불도조차 끊어 장애물이 전혀 없으면 주변 곳곳의 존재마다 모두 본지풍광을 전하는 부호가 된다. 불도와 세속법의 긴장까지 모두 해소되어 태평성대가 구현되는 것이다. 이와 같이 스스로 가리는 장막을 벗기기만 하면 본지풍광은 저절로 드러난다. 그러면 '이것'을 그 자리에서 가리키거나 볼 수 있다. 54칙 〈착어〉

에 암시된다.

> 부처님 세계에도 숨기지 못하더니, 연꽃 그림자 속에 온몸을 드러내는구나.

어디에도 감출 수 없는 진실이 눈앞의 연꽃에 고스란히 나타난다. 그것을 보지 못하도록 우리의 각막을 덮고 있던 꺼풀이 벗겨지면서 나타나기 시작하는 세계를 말한다.

이처럼 어떤 경계나 대상을 마주치기 이전에 우리는 온갖 교양으로 우리 의식을 무장하고 있다. 단단한 지식의 틀이기도 한 그것이 바로 장애물이다. 이것이 가로막고 있는 한은 조사의 마음을 포착할 수 없다. 1칙 〈법어〉에서 성철스님은 이 취지를 통렬하게 전한다.

> 쓸모없는 학식을 가지고 조사의 마음을 파묻어버리지 마라. 사량분별하는 유심(有心)의 경계는 참으로 그만두고 텅 빈 듯이 통하고 고요한 무심(無心)의 깊은 경계가 되더라도 그 진실한 뜻을 이해할 수 없다. 오로지 단단히 잠긴 마지막 관문을 때려 부수고 막힘없이 뚫려서 온전히 깨달아야 비로소 옛사람의 입각처를 알 수 있다.

학식 따위로 가득 찬 유심의 경계를 먼저 비판한다. 무엇인가를 미리 마음먹고 있는 상태가 유심이다. 학식이 들어차 있으면 있을수록 도리어 장애가 될 뿐이다. 반대로 마음을 텅 비운 무심에 진실이 드러나는 것도 아니다. 어느 편도 독약에 불과하다. 유심의 학식에 중독되어도 죽은 목숨이고 무심에 침몰하여 중독되어도 허수아비나 다름이 없다. 영양과다로 병에 걸린 사람이나 영양실조로 죽을 지경에 이른 사람이나 모두 본보기가 될 수 없다. 이들 양단의 장애에서 모두 벗어나야 공안이라는 관문에 걸린 빗장을 풀 수 있다. 여기서 열리는 경계가 본지풍광이다. 다만, 이 양단에서 벗어난 중도가 있다고 단정한다면 이 역시 본지풍광의 안목은 아니다. 양단을 철저하게 부수고 다른 어떤 길로 통하는 실마리마저도 빼앗기 때문이다.

성철스님은 7칙 〈착어〉에서 이렇게 드러난 본지풍광의 세계를 다음과 같이 묘사한다.

달빛은 구름과 어울려 더욱 밝고, 소나무에 울리는 소리는 이슬에 젖어 으스스하다.

어느 달밤 산사의 풍경으로 스케치할 만한 예사로운 그림이다. 구름을 타고 떠다니는 달이 밝은 빛을 쏟아내고, 그것을 바라보는 사람 곁을 스치는 바람에 새벽이슬 맞은 소나무가 운다. 바로 '지금 그 자리'를 묘사한 한 폭의 수묵화, 스님이 말하는 본지풍광은 바로 이러한 그림이다. 이 풍경을 황룡혜남(黃龍慧南) 선사는 "아주 딱 들어맞는 진실한 소식이니, 뛰어난 자의 안목을 빌려 자세히 살펴보라."고 권하였다.

어떤 그림이라서 이토록 본분과 부합할까? 그것은 덧붙일 수도 없고 뺄 수도 없는 완성된 그림이다. 붓질을 조금도 더할 필요 없고 한마디도 덧붙이지 못한다. 이 때문에 "완성된 글자에는 한 점도 덧붙일 필요가 없다."라고 한다. 탁월한 화쟁이는 완결된 그림에 더 이상 붓을 대지 않고, 명필은 자신이 쓴 붓글씨에 덧칠하여 손보지 않는다.

그것은 책이나 지적 축적을 통해 걸치고 있는 색안경을 모두 벗어야 보이는 소식이다. 문자라는 공장에서 찍어내기 이전의 본래 그대로, 익숙하게 길들여진 갖가지 말의 습관에서 훌쩍 해방되었을 때 드러나는 전령이다. 여기서 전해지는 빛깔과 소리와 향기는 깊은 이해력과 뛰어난 분별을 앞세우는 우리의 인식 틀과는 질적으로 다르다.

본지풍광은 그러한 그림이다. 이미 드러난 그 진실에 대해서는 어떤 분별로 꾸미고 미화하려 시도해도 쓸데없는 일이 된다. 그러면 그럴수록 더욱 추한 모습으로 변질되기 때문이다.

이처럼 조사가 구현한 완성된 경지 또는 온전히 실현된 화두에 대하여 가하는 어떤 사유분별이나 말도 오히려 그 진실을 가리는 장애가 될 뿐이다. 그런 이유로 막막하기도 하지만 바로 그 순간이 본지풍광이라는 진실과 마주치는 절호의 기회이기도 하다.

막막한 고지(高地)와 진실, 이 두 가지는 같은 지점에 있다. 40칙 〈착어〉에 보인다.

> 모든 존재 가운데 언제나 홀로 드러나고 아득한 봉우리에서 온몸을 드러낸다.

이 〈착어〉에서도 성철스님은 본지풍광을 전한다. 마치 밤하늘의 달이 그 밝기를 내석할 어떤 별도 없어서 홀로만 있는 듯이 우뚝하게 자기 존재를 드러냄을 묘사했다. 그것은 문자와 분별이라는 옷을 벗고 노출된 알몸이다. 어째서 '아득한 봉우리에서' 드러날까? 이는 더 이상 의존할 대상이 없이 독립하고 자유로운 자리를 나타낸다. 벗었다 입고 다시 벗고 갈아입는 방식으로 반복할 필요가 없이 드러난 벌거숭이 몸뚱이가 본지풍광이자 본래면목을 상징한다.

알아야 할 대상은 아주 가까운 바로 '그 자리'에 모조리 드러나 있고 그것이 본지풍광이다. 하지만 그것을 인지하는 방식이 잘못되면 눈앞에 있다는 그 이유 때문에 도리어 알아차리지 못할 수도 있다. 마치 늘 우리의 호흡과 함께 따라다니는 공기와 다르지 않다. 그 공기는 산소가 부족한 고산이나 오염이 심한 환경에서 오히려 강렬하게 느껴지기 때문이다.

마찬가지로 모든 존재에 수반하는 빛과도 같다. 어둠이 내려앉으면 존재하는 만물도 무차별로 암흑에 묻혔다가 빛이 들어오는 순간 한꺼번에 드러난다. 만상은 빛을 머금고 빛은 오로지 만물 하나하나를 통해서만 자신의 존재를 표현한다. 어둠 속을 제외하고는 누구도 빛을 찾지 않는다. 빛은 드러난 눈앞의 만물 그 어디에나 있지만 그것이 도리어 빛의 존재를 망각하게 만든다. 물속에서 헤엄치는 물고기가 물을 굳이 찾지 않는 것과 같다.

본지풍광은 빛과 같이 어디에나 드러나 있는 풍경이다. 이것저것, 이 나무 저 나무, 이 사람 저 사람, 그 모든 존재를 비추지만 자신은 없는 듯 있다. 이렇게 어디에나 있지만 가장 완벽하게 드러난 상태에서는 도리어 만물에 숨어버리고 마는 빛과 같이 본지풍광이 전하고자 하는 소식도 그와 다르지 않다.

여기에 입을 대고 이러니저러니 해보아도 군소리에 불과하다. 24칙 〈수시〉에서 성철스님은 "삼세의 모든 부처님께서도 입을 벽에 걸어 두고 아무 말씀 안 하신다."라고 한다. 말에 의존하지 않고 눈앞에 드러난 그대로를 받아들이면 그 자리에서 감수하는 느낌 자체로 완벽한 모습이 된다. 이것을 어렵다 여기면 본지풍광으로 가는 길은 차단된다.

3. 『본지풍광』의 형식과 지위 그리고 공안

1) 구성 형식

『본지풍광』이 어떻게 구성되어 있는지 그 체제를 간단히 설명하고자 한다. 『본지풍광』은 모두 100칙의 공안을 모아 놓은 공안집이다. 그 형식면에서는 100칙으로 엮어져 있는 『벽암록(碧巖錄)』·『종용록(從容錄)』 등을 닮은 측면이 있지만, 고려 때 진각국사(眞覺國師) 혜심(慧諶)이 편집한 『선문염송집(禪門拈頌集)』의 자료를 가장 많이 활용하고 있기도 하다. 특히 본칙에 대한 여러 선사들의 해설을 모아서 엮는 방법은 『선문염송집』 유의 공안집과 같다.

각 칙에서 제기한 공안을 〈본칙(本則)〉이라 한다. 대부분의 공안집은 모두 하나의 〈본칙〉에 대하여 그 해설에 해당하는 여러 선사들의 〈송(頌)〉·〈평창(評唱)〉·〈착어(著語)〉·〈염(拈)〉·〈상당(上堂)〉 등을 수록한다. 그런데 『본지풍광』은 하나 이상의 〈본칙〉을 제기하는 특징을 보이기도 한다. 예를 들면 3칙·24칙의 경우 세 칙의 〈본칙〉을 수록하고 있으며, 두 칙의 〈본칙〉을 수록한 경우도 15칙 가량 된다. 형식상 가장 구별되는 측면으로 이 점을 들 수도 있지만 첫 번째 〈본칙〉 이외의 나머지 〈본칙〉은 본래의 칙을 보조하기 위한 인용으로 보아도 무방하다.

각 칙에는 성철스님이 이끄는 서론 형식의 앞글이 붙어 있다. 『벽암록』의 〈수시(垂示)〉 또는 『종용록』의 〈시중(示衆)〉에 해당한다. 필자는 『본지풍광』의 이 앞글을 편의상 〈수시〉라 지칭하겠다. 100칙의 공안을 모아 놓은 또 다른 공안집 『불과격절록(佛果擊節錄)』과 99칙을 집록한

『청익록(請益錄)』과 같이 〈수시〉에 해당하는 앞글이 없는 예도 있다.

　이 〈수시〉에는 공안집 주체의 안목이 잘 드러난다. 성철스님도 여기서 당신의 선기(禪機)를 자유롭게 펼친다. 또 〈수시〉의 취지와는 다른 측면에서 〈본칙〉을 이해하는 데 필요한 해설을 붙이기도 하였는데, 이는 『벽암록』의 〈평창〉과 흡사하며 일반적으로 쓰는 〈법어(法語)〉라는 제명과도 상통한다. 이 〈법어〉에서도 선에 대한 성철스님의 안목을 확인할 수 있다. 〈본칙〉에 대한 여러 선사들의 〈염〉·〈송〉 등에도 〈법어〉가 필요에 따라 붙는다.

　〈착어〉는 무엇인가? 〈법어〉가 비교적 상세한 설명 형식이라면 〈착어〉는 각 구절이나 〈평창〉 전체에 대하여 붙이는 간결한 평석이다. 그것은 단 한 발의 화살로 과녁의 중심을 맞히는 것과 같으며 압축된 시어(詩語)와 유사하다. 〈착어〉는 약간의 오차나 너저분한 언설을 허용치 않는 결정적인 촌철살인의 무기인 것이다. 선어(禪語)의 차별된 속성이 가장 잘 드러나는 형식이라 할 수 있다. 『벽암록』·『종용록』·『불과격절록』·『청익록』 등에서는 〈본칙〉의 구절마다 낱낱이 〈착어〉를 붙이는 방식이지만 『본지풍광』은 〈본칙〉 전체에 대하여 하나만 붙이며, 여러 선사들이 남긴 〈송〉·〈염〉·〈상당〉 등에 대해서도 〈착어〉와 〈법어〉 등의 형식으로 해설을 단다는 특징을 띤다.

　〈본칙〉 100칙을 선별하고 그에 대한 선사들의 해설도 가려내어 뽑은 성철스님은 편자(엮은이)이면서 동시에 요소마다 풀이를 하고 있으므로 저자이기도 하다.

2) 『본지풍광』의 지위

『본지풍광』은 성철선의 정수일진대 그간 외면 받아온 이유는 무엇 때문일까? 그것은 단 하나, 너무 난해하다는 바로 그 이유에 따른다. 또 다른 측면으로 보자면 사람들의 교양이 이것과는 너무나 이질적인 논리와 세계관으로 철벽처럼 구축되어 있다는 점이다. 어쩌면 후자가 『본지풍광』을 난해하다고 인지하도록 만드는 주범일지 모른다. 『본지풍광』은 시장에 잘 나오지 않는 희귀한 물품과 같지만 사용법을 알고 요령을 터득하기만 하면 재미있게 수용할 수 있다는 사실을 알게 될 것이다.

성철스님은 이 책에서 자신을 아낌없이 드러내고 있다. 스님의 저술 가운데 선사로서의 진면목을 이처럼 철저하게 담은 책은 없다. 동시에 그 진면목을 깊이 숨기고 있는 책이기도 하다. 그만큼 이 책은 해독하기 쉽지 않아 소수의 사람들에게만 접근이 허용되어 왔다. 더구나 『본지풍광』은 다른 저술들에 가려져 늘 뒷전에 밀려나 있었다. 하지만 이 책에 성철선의 핵심이 들어 있다는 사실을 명심해야 한다.

따라서 『본지풍광』을 제외하고는 스님에 대하여 아무리 비난하여도 허공에 삿대질하는 격이고, 반면에 어떤 찬사로써 추어올리더라도 『본지풍광』의 진면목에 뿌리내리지 않으면 이 또한 터무니없는 소리일 뿐이다. 이런 방식의 칭찬과 비난은 모두 일고의 가치도 없는 맹목적 견해에 불과하다.

『본지풍광』은 한 구절 한 구절마다 보옥을 쏟아낸다. 선(禪)의 정수를 꿰뚫어본 안목의 결과물로 이 책은 구성되어 있기 때문이다. 분명한 근거와 전통적 자산에 따라 전개된 책이기에 전문적 식견이 없는 입문자뿐만 아니라 교학적 깊이를 성취한 학자일지라도 착각하기 십상이며 어쩌면 한 줄도 풀어낼 수 없는 암호로 느껴질 수도 있다. 이 때문에 영특한 분별력이나 각자가 터득한 선 체험의 깊이만으로는 결코 이 책의 진실을 낚아챌 수 없다. 여기에 들어 있는 수많은 전거와 그것을 효과적으로 풀어내는 기법이 어우러지지 않고는 그 진실은 드러나지 않는다.

3) 무기창고로서의 『본지풍광』

몸에 쌓인 노폐물이 오래 남아 신진대사를 가로막으면 병으로 이어지기 마련이다. 우리 의식도 마찬가지다. 해묵은 온갖 관념의 찌꺼기들이 해소되지 않고 의식에 뿌리내리는 순간 병으로 이어진다. 반성이라곤 조금도 거치지 않고 자신을 점령하고 있는 갖가지 지적 자산들도 매한가지이다. 이러한 것들이 우리 안팎에 머물며 기생한다면 언젠가는 악성 바이러스로 변화할 것이다. 이처럼 참선하는 안목으로 보면 앎이 많이 쌓일수록 그만큼 돌파해야 할 병통의 장벽도 높고 두터워질 수밖에 없다고 판단한다. 지적인 앎은 소리 없이 찾아들어 지혜의 생명을 앗아가는 도둑과도 같다.

오래전에 이러한 도둑의 근거지를 때려 부수는 갖가지 쇠몽둥이가 전해졌다. 이것은 결코 만병통치약은 아니지만 저도 모르게 자신을 지배하며 확고하게 터를 잡고 있는 그 도둑의 소굴에 치명상을 가할 수 있도록 만들어졌다. 그것이 바로 조사들의 화두다. 그 사용법을 바르게 알고 휘두르면 티끌 한 점도 남기지 않고 쓸어 없애는 자기정화가 가능하다. 그러나 그렇지 못하면 화두는 도둑이 안주하는 또 하나의

소굴이 되거나 못된 권력의 나팔이 될 뿐이다. 또는 후미진 한 구석에 처박혀 주인을 기다리는 골동품 신세를 면하지 못할 것이다. 화두는 반드시 환부의 악성 세포를 도려내는 예리한 칼날처럼 작용해야 한다.

『본지풍광』은 칼날이나 쇠몽둥이와 같은 무기를 저장하고 있는 창고라 할 수 있다. 그 무기가 화두(話頭) 또는 공안(公案)이며 이러한 성격의 책을 공안집(公案集)이라 한다. 『본지풍광』은 성철스님이 여러 공안을 추출하여 그것을 당신의 안목으로 새롭게 재정비한 작품으로서 전통 공안집의 형식과 정신적 골수를 그대로 담고 있다. 이는 근현대 한국불교사에서 빛나는 유산 중 하나이면서 전통 공안집 형식으로서는 마지막 유산이기도 하다.

초심자나 불교 공부가 어느 정도 진척된 학자의 능력에도 공안집은 결코 쉽게 이해할 수 있는 자료가 아니다. 그동안 비축해왔던 온갖 지적인 정보가 그 이해를 가로막는 장애나 찌꺼기로 뒤바뀔 수도 있다. 아니, 대부분은 그렇게 변질된다. 이로써 보면 틀림없이 아는 것이 병이다. 이 측면을 예민하게 의식하고 있는 조사들은 총명과 지식에 대한 의존을 거듭 경계하며 화두라는 무기를 거머쥐고 그 거점을 쳐부수려 한다.

4) 공안 설정과 의심

공안이란 무엇인가? 조사들이 주고받은 문답을 비롯한 모든 언행이 공안의 원천이 된다. 그들 문답과 언행을 단순히 모아 놓은 기록만으로는 공안이라 할 수 없고 이것을 받아들이고 궁구하는 특수한 방법에 따라 공안으로 변신한다. 예를 들어 49칙 〈본칙〉을 보자.

운문에게 어떤 학인이 물었다. "부처도 넘어서고 조사도 넘어서는 말은 어떤 것입니까?" "호떡!"

부처와 조사를 모두 초월한 경지를 표현하는 말에 대하여 물은 장면이다. 이것을 불교의 궁극적인 이치에 대한 질문으로 수용하면 공안을 보는 안목이 아니다. 호떡이라는 말에서 불법이 세상의 모든 존재에 두루 퍼져 있는 편재성(遍在性)의 도리를 지니고 있다고 이해하기도 한다. 이 말의 본질에서 아득히 멀어졌다.

교종과 선종에서 제각각 이상적인 인격으로 간주하는 부처와 조사 그리고 그것을 넘어선 경지는 다양한 관념과 불교적 의미로 연결되는 듯하다. 반면에 호떡은 그러한 온갖 의미를 침몰시킨다. 이미 그 질문을 만족시킬 만한 응답이 아닌 것이다. 무엇보다 호떡은 애초의 질문을 정확히 풀이할 수 있는 해답으로 주어지지 않았다는 사실을 알아야 한다. 이 호떡은 맛나게 먹을 수 있는 음식이 아니라 아무 맛도 없어서 어떤 질문에 대한 응답으로도 배를 불리지 못한다.

이 문답 전체가 간화선사들의 의식에서 여과를 거치면 어떻게 나타날까? 이에 대한 성철스님의 〈착어〉를 보자.

허공의 뼈를 때려 부수니 곤륜산이 내달려 바다로 들어간다.

허공은 텅 비어 거칠 그 무엇도 없는데 그곳에서 뼈를 발견하여 때려 부순다. 이러한 솜씨를 보고는 세상에서 가장 묵직하고 거대한 곤륜산도 놀라 바닷속으로 달아난다. 비움과 채움이나 운동과 정지 그리고 생물과 무생물 등의 확고한 대립에 안주하는 사고의 격식과 논리가 무너졌다. 이러한 파격(破格)의 구성으로 운문의 호떡은 철두철미한 화두로 변신한다.

이것은 어린이를 위한 동화나 환상이 아니라 고집불통 어른들의 편견을 부수는 쇠몽둥이다. 때로는 그들이 지혜로 여기는 외통수 어리석음에 가하는 조롱으로 쓰일 수도 있다. 여기서 시험 삼아 전형적인 화두참구법에 따라 성철스님의 〈착어〉를 궁구하는 방법을 제기해 본다.

'참으로 허공의 뼈를 때려 부수었는가? 아니면 때려 부수지 않았는가? 때려 부수었나고 여기면 스님의 말에 빠져 미혹된 결과이며, 반대로 때려 부수지 않았다고 생각하면 스님은 거짓을 유포한 꼴이 된다. 스님의 그 말 그대로 받아들여도 안 되고, 그 말에서 벗어나서도 안 된다.'

이와 같이 궁구하면 공안으로 설정되었다고 할 수 있다. 위의 설정에는 어떤 해답도 없기에 이래도 안 되고 저래도 안 된다. 모든 요소 하나하나에 의문부호를 붙여 감식하듯이 의심하는 방법이다. 이러한 의심이 수반되지 않으면 스님의 말은 화두가 아니라 한낱 궤변에 불과하게 된다.

그렇다면 공안과 화두는 어떻게 다른가? 이들 공안에서 핵심이 되는 말을 화두라 한다. 간화선에서 참선한다는 말은 주로 이 화두를 의문으로 제기하고 궁구한다는 뜻이다.

가령 어떤 학인이 "개에게도 불성이 있습니까?"라고 묻자 조주가 "없다."라고 대답한 문답에서 그 전체를 공안이라 하고, 조주가 '없다'고 한 그 말을 특정하여 화두라 한다. 앞서 운문의 문답에서는 '호떡'이 화두인 셈이다. 이렇게 엄밀하게 구분하지 않고 공안의 의미로 화두라고 일컫는 경우도 있다.

5) 미완의 판결문

공안이란 '공적인 판결문' 또는 '공개적인 통지문'이라는 뜻으로 쓰이던 말이다. 공적이고 공개한 사안이기 때문에 누구나 열람할 수 있도록 열려 있다. 이것은 일차적으로 검증된 재판관의 판결을 거쳐서 나온 문구이고, 공신력 있는 관리에 의해 시행하도록 사방에 알리는 통지문이기도 하다. 그들 관리가 조사들이다.

이미 판결난 문구라면 궁구할 거리가 없는가? 그렇지 않다. 공안이 공적인 판결문이라고 할 경우, 판결이라는 말보다 공개되어 있다는 뜻에 특징이 있다. 공안상의 모든 판단은 결론적 해결책이 아니다. 아무리 위대한 인물이 제기한 견해일지라도 거듭 비판할 수 있도록 열려 있다. 또한 온갖 비판을 향해 열려 있는 만큼 공안의 본질에 가까이 다가서 있다.

어떤 공안이 일정하게 판결이 났다고 하지만 이것을 확정된 결판으로 받아들여서는 그것에 예속될 뿐이다. 모든 공안은 다시 궁구하여 제각각의 안목에서 가공함으로써 참신한 판결을 하도록 유도하는 화두이기 때문이다. 어디까지나 '미완의 판결문'이기에 거듭 판단하도록 공개되어 있는 것이다. 뒤집어엎지 않고서는 공안이라는 판결문은 활력을 잃어버린다. 15칙 〈본칙〉에서 그 취지를 살펴보자.

> 분양이 대중에게 말했다. "주장자를 알아차리면 일생 공부할 일을 마칠 것이다." 늑담이 말했다. "주장자를 알아차리면 쏜살과 같이 지옥에 떨어질 것이다."

분양이 앞에서 주장자의 본질을 알아차리면 본분사를 마친다고 하였지만, 늑담이 뒤따라가 그를 지옥에 밀어 넣었다. 그는 결코 분양의 말을 고분고분 받아들이지 않았다. 그 판결문은 아직 미완이기 때문이다. 그렇다면 늑담은 무사할까? 그의 판결문도 마찬가지이다. 창과 방패와 같이 맞서서 결코 물러나지 않는 이들 두 선사를 지켜보는 제3자가 늘 어느 구석에선가 이들의 죄상을 한꺼번에 적는다. 무엇보다 분양과 늑담 자신이 그러한 제3의 방관자가 들어오기를 기다리고 있다. 두 선사의 밑에 내하여 시해본일(智海本逸)이 방관자로서 자신의 견해를 보인다.

> 나는 그렇게 생각하지 않는다. 주장자를 알아차리면, 달을 구분하는 순간 은은한 빛이 자리에 남고, 구름을 가리키는 그때 흰 조각이 자리를 옮긴다.

주장자로 달과 구름을 구분하고 가리키며 그 용도를 보이고 있는 장면이다. '달을 구분한다'는 말은 주장자로 하늘에 뜬 달 테두리를 그 모양대로 그리는 동작이다. 달이 밝은 빛을 쏟아내는 그대로 또는 구름이 떠다니는 그대로 주장자는 구분하고 가리킨다. 이로써 지해본일은 전형적인 어부지리(漁父之利)의 이득을 취한다. 마치 도요새와 조개가 서로 물고 놓아주지 않을 때 모두 잡아서 이익을 취한 어부와 같다. 분양과 늑담이 한 말은 어느 편도 확고한 진실이 아니다. 이것을 지해본일이 어부가 되어 한꺼번에 잡아들인 셈이다.

성철스님도 이 공안에 참여한 방관자요 어부가 되어 이렇게 마무리한다.

> 주장자를 꼿꼿이 세우고 말했다. "분양과 운문의 주장자는 묻지 않겠다. 말해 보라! 바로 이 주장자는 결국 어디로 돌아가는가?" 주장자를 한 번 내리치고 말하였다. "천둥 울리는 한 소리에 천지가 무너지니 크고 작은 세상의 문이 모두 활짝 열린다."

주장자에 대하여 이전 모든 선사들의 말과 견해를 접어 두고 각자의 천둥과 같은 목소리를 요구한다. 주장자를 어떤 의미에도 가두지 않고 무한하게 열어 두고서 재구성하도록 유도한 것이다. 그런 이유에서 분양 등의 견해를 무화(無化)시키고 주장자가 어디로 돌아가는지 새롭게 물었다. 제각각 울리는 천둥과 같은 소리로 닫혔던 모든 관문의 빗장이 풀린다.

공안이라는 무대에서 대결하는 모든 이들은 각각 비판의 비판이 반복되는 자리에서 모조리 잡아들이는 어부의 역할을 맡는다. 어떤 논쟁 마당에서도 이만큼 개방된 전장은 예를 찾기 힘들다. 양자가 대립각을 세우고 갈라선 장면에서 그것을 지켜보던 사람이 비웃으며 그들과는 또 다른 견지를 드러내 보인다. 여기에는 어떤 권위도 들어설 틈이 없다. 오로지 본분사를 말끔하게 드러낼 방법만 궁구한다. 그러나 아무리 참신한 안목을 제시하더라도 언제나 덫으로 뒤바뀔 가능성이 있기에 또 다른 이가 다시 판을 갈아엎는다.

　이처럼 공안은 결정된 해답을 주는 속 시원한 지침이 아니다. 그것은 갖가지 해답을 내려 보도록 공개된 하나의 예시에 불과하다. 누구의 권위도 새로운 판결문을 작성해야 하는 순간에는 의지가 되지 않는다. 그것이 이 작업에 주어진 자유와 평등이다. 각자가 밑바닥까지 모두 휘저어도 방해할 사람이 없다. 다만 누구라도 그렇게 자유로운 판단을 한 다음에는 남의 비판을 평등하게 허용해야 한다. 대부분 그 다음 재판관에 의해 송두리째 자신의 판결문이 뒤집어진다. 이를 허용하지 않고 자신의 판결문에 임하여 지배하려는 마음은 화두공부의 가장 큰 장애물이다.

　이러한 이유로 공안상의 모든 문제에 대하여 선사들은 결판을 내지 않고 항상 후손들이 다른 견해를 가지고 참신한 말을 붙일 수 있도록 한다. 그것이 '마무리'를 짓지 않는 방식으로 나타난다. 이 취지는 "선조가 당대에 할 일을 마치지 못하면 후손에게 재앙이 미친다."라는 역설적 상용구에 실려서 전한다. 1칙 〈착어〉와 79칙 〈수시〉에 "선조가 신통치 못하여 재앙이 후손에게 미친다."라고 한 말과 통한다.

　재앙이 발생하면 할 일이 많아지듯이 선조 자신들이 마무리 짓지 않았기 때문에 한꺼번에 밀려든 일로 재앙이나 다름없는 과제가 무겁게 쌓인다. 이것은 선조가 어느 정도 수행하다가 중단한 그 지점부터 재개할 수 있는 과제가 아니고 다 뒤집어엎고 처음부터 시작해야 할 일이다. 재앙이라는 말은 이 맥락을 상징한다. 결론을 맺지 않고 완결하지 않은 그대로 통짜로 던져진 과제가 공안이다.

불법이나 종지 등 거대한 주제가 제시되지만 결국은 분명하고 결정적인 마무리를 짓지 않고 꼬리를 흐리는 방식을 용두사미(龍頭蛇尾, 6칙·84칙)라 한다. 이 선어(禪語)도 부정적인 의미가 아니라 모든 공안과 화두를 누구에게나 무한히 개방하는 이상의 방식과 연결된다.

따라서 여기서는 누구나 재판관이며 동시에 자신의 판결을 다른 심판관에게 점검받아야 하는 피고이기도 하다. 재판관의 자리에 서지 않고 이미 판결난 저들 문구로 처분을 받으려고 머리를 조아리고 기다린다면 공안의 진실은 통째로 사라진다. 그래서 뛰어난 선사들은 결코 '바로 이것'을 지시하며 결정짓는 방식을 취하지 않는다. 혹 그러한 외양을 보이더라도 그 판결을 듣는 청중들을 재판관의 지위로 끌어올리는 정초작업인 한에서만 의미를 둔다.

4. 무쇠소의 진실

1) 끈끈이 화두

우리는 대화하거나 침묵하거나 꿈을 꾸거나 깨어 있거나 늘 화두와 마주한다. 화두는 '말'이기 때문이다. 묵묵히 일하는 일상의 현장이나 깊은 삼매에 빠진 참선의 경계에도 말은 어느 구석엔가 숨어서 움직인다. 살아서 생각하는 이상 그것은 항상 우리에게 붙어 있다.

말은 생각과 감정을 끌고 다니기도 하고 고분고분 뒤따르기도 한다. 우리가 중심을 잃을 때 그것은 거칠게 횡포를 부리며 의식을 제압한다. 반면에 어떤 기묘한 상황에 이르러 그것이 무기력해지면 우리가 그놈을 지배하는 순간이 온다. 화두가 타파되는 찰나에 그런 기회가 찾아온다. 바로 그때 우리는 이런저런 말에 농락당하지 않고 중심을 잡고 마주치는 상황마다 최적의 말을 한껏 부릴 수 있다.

우리를 지배하는 세상의 온갖 말이 '죽은 말'이라면 우리가 자유롭게 부리는 말은 '산 말'이다. 화두는 '산 말'을 산출하는 모태다. 바른 방법에 따라 화두를 공부하면 화두 자체가 '산 말'이 되어 무수한 동족을 낳을 수 있다. 어떤 속성을 가졌기에 화두공부는 그편으로 유도할 수 있을까?

화두라는 말은 모든 유형의 망상분별과 헛된 언어를 잡아채어 활력을 빼앗는 역할을 맡는다. 그것은 파리 따위의 벌레를 잡는 끈끈이와 같다. 하나의 화두를 들고 궁구하면서 일어나는 모든 말과 분별은 모조리 그 끈끈한 화두에 붙어 힘을 쓰지 못하고 생기를 잃는다.

58칙 〈법어〉에서 "부처도 조사도 들어서지 못하고, 범부건 성인이건 자취가 끊어진다."고 한 성철스님의 밀도 이 뜻이다. 부처도 망상이고 조사도 쓸모없는 분별이며 범부와 성인을 맞세우는 구도도 헛된 생각에 불과하다. 이들은 모두 끈끈이에 붙일 성가신 벌레와 같다. 그러기 위해 화두는 한순간도 놓치는 일 없이 의식에 들려 있어야 한다. 끈끈이가 없는 그 빈틈을 노리고 무수한 분별과 언어가 파리 떼처럼 밀려들어 우리를 산란하게 만들기 때문이다. 그래도 놀랄 일은 아니다.

조금의 빈틈도 허용치 않고 끈끈한 화두를 다시 들기만 한다면 화두라는 철옹성은 회복된다. 이러한 속성에서 화두공부의 본령을 찾을 수 있다.

『본지풍광』은 화두 또는 공안에 대하여 집중적으로 싣고 있는 책이다. 불립문자(不立文字)의 의미가 잘못 전해지면서 화두는 문자의 저편에 있는 듯이 오인되기도 한다. 아주 틀린 생각은 아니다. 그러나 이러한 인식은 화두라는 제대로 된 경혈(經穴)은 알지 못한 채 엉뚱한 곳에 침을 놓고 뜸을 떠 생명을 위태롭게 할 수도 있다. 화두는 문자 저편이 아니라 낱낱의 문자 속에 살아 있는 세포와 같기 때문이다. 우리는 그것을 발견하고자 궁구한다.

온갖 문자와 뒤섞여 씨름하다가 그것들이 무기력하게 되는 지점에서 비로소 오직 그것뿐인 화두와 맞닥뜨리게 된다. 다시 말해서 문자나 그것에 묻어 있는 온갖 관념과 맞서서 그 외피가 모조리 벗겨지는 순간에 드러나는 '말'이 화두의 알몸이다.

화두는 이처럼 온갖 군살이 떨어져나가고 남은 최적의 근육과 살로만 이루어진 몸과 같다. 그것은 분별할 수 없는 말이 아니라 갖가지 분별의 끝자락에서 더 이상 분별하지 않아도 되는 말이다. 이미 분별을 마친 말이기에 더 이상 어떤 생각도 붙일 필요가 없으며 오히려 덧붙이는 순간 반드시 왜곡되고 만다. 이것이 화두를 들고 참선하여 얻는 무분별의 경계이면서 동시에 모든 장식을 떼어내고 자신의 맨얼굴을 드러내 보이는 순간이기도 하다.

어떤 화두가 주어지건 한편에서는 그 화두에 붙은 말과 분별을 떼어내고, 다른 한편에서는 그 화두를 놓치지 말고 그대로 들고 있어야 한다. 들고 있기도 하고 놓아버리기도 하는 상반된 작용이 화두공부에 공존하지만 모순되지 않는다. 끈끈이에 붙는 파리를 연상해 보라. 끈끈이는 그 자리에 그대로 터를 잡고 그것에 붙은 파리는 떼어 없앤다. 오로지 순수한 화두만 단단히 쥐고 그 이외에 덕지덕지 붙어 있는 군더더기는 버릴 일이다. 화두를 쥐고 있으면 쓸모없는 분별이 그것에 붙기 때문에 떼어버리는 일도 간명하다.

『본지풍광』에 대한 이 소박한 글을 읽는 사람들에게 안내할 소식은 이것 이외에는 없다. 곳곳에서 그것을 증명해 보기 바란다.

2) 무쇠소

필자가 이 공부 초입 때 『본지풍광』과 같은 종류의 대표적 공안집 『벽암록』을 만나고 느꼈던 절망감이 회상된다. 각 공안과 그 말들에 부딪히며 철벽을 마주한 듯한 느낌이 사람을 초라하게 만들었다. 아무 소리도 들리지 않았던 그 무소식 앞에 이 분야에 접근하려는 의욕 자체가 꺾였다. 한 단어와 한 문장 그리고 어떤 문단의 논리와 인과관계도 시원하게 다가오지 않았다. 짧은 호흡으로 후려치는 듯한 착어(著語)에서는 도무지 추리할 만한 근거를 찾을 수 없었다. 그만큼 공안과 화두에는 일반적 지식이나 교양으로는 끌어들일 수 없는 요소가 너무 많다. 그동안 축석해온 앎과 정보가 아무 소용도 없었고 철저하게 빼앗겼다는 생각에 『벽암록』을 맥없이 던지고 말았다.

하지만 이러한 단절의 감상이 바로 공안이 자기에게 전해지고 있다는 최초의 조짐과 흡사하다는 사실을 나중에 알게 되었다. 그 온전한 박탈감이 화두의 진실을 향해 이끄는 교두보로 연결되었다. 무슨 말인가? 공안을 공부하고 이런저런 맥락에 익숙하게 된 어느 시점에 이르면 그 이전에 맞닥뜨렸던 철벽의 무소식이 하나의 결정적인 소식이라는 사실을 알게 된다.

이것을 가리켜 선가에서는 모기가 무쇠소를 올라타고 어찌할 방도를 모르는 상태에 비유한다. 등에 꽂으려 해도 들어가지 않고 머리에 박으려 해도 뚫리지 않는다. 자신이 부리를 꽂고 피를 빨아먹던 소와 비슷한 모양을 갖추고 있지만 무쇠로 만들어졌다는 사실을 알고는 턱없이 속았다는 절망에 빠진다. 어떻게 해도 맛볼 수 없고 이전에 알던 그 어떤 맛도 아닌 그것이 화두다. 이를 몰자미(沒滋味)라 한다. 노련한 선사는 바로 이곳으로 학인들을 친절하게 이끌어주지만 학인들은 아무것도 일러주지 않는다고 오해한다.

처음부터 이 맛도 저 맛도 아닌 먹통의 화두를 고스란히 건네준다. 그것이 뺄 수도 없고 더할 수도 없는 완벽한 화두임을 나중에야 알게 된다. 처음도 그런 말이고 마지막도 그런 말이다. 이러한 인식을 반복하여 다진 결과로 공안집의 언어에 익숙하게 되면 무쇠소는 가장 기반이 되는 상징으로 남는다. 모든 화두는 무쇠소처럼 분별과 관념으로 파고들어갈 여지가 전혀 없는 '말'이다. 그리고 『본지풍광』의 말들은 하나하나 모두 이와 같은 무쇠소의 속성을 지닌다.

무쇠소와 같은 화두를 만나려면 모든 언어에 민감하여 그것이 주는 어떤 관념과 이미지에도 속아서는 안 된다. 이러한 선사들의 언어관이 14칙 동산수초(洞山守初)의 네 구절에 잘 드러난다.

> 말로는 실정을 모두 펼쳐 보일 수 없고, 언어로는 상황에 그대로 들어맞힐 수 없다. 그러므로 말 그대로 받아들이는 자는 본래의 뜻을 잃어버리고, 구절에 집착하여 이해하려는 자는 미혹된다.

이것은 성철스님이 29칙 〈법어〉에서 "말에서 찾는 사람은 본래의 뜻을 잃어버리고, 구절에서 추구하는 사람은 진실을 상실한다."라고 한 취지와 일치한다.

언어에 홀려서 실물을 보지 못하는 비유를 하나 들겠다. 투우사의 붉은 망토를 뿔로 들이받으며 체력을 소진하다가 끝내 투우사의 작살에 찔려 죽고 마는 황소의 어리석음을 보라. 그놈은 투우사의 붉은 망토에 취해 있다. 한 손에는 망토를 들고 다른 한 손에는 자신의 숨통을 끊을 작살과 칼을 쥔 투우사의 몸통을 들이받지 못하는 까닭은 무엇일까? 자신의 어리석음에 길들여진 황소는 결국 투우사가 자신의 대용물로 내세운 망토에 기만당하고 기력이 다한 나머지 죽음에 이른다.

조사들이 구사하는 말이나 행위도 투우사의 그것과 마찬가지이다. 겉으로 드러난 언행을 따라 이리저리 끌려 다니면 그 의중을 끝내 알아차릴 수 없다. 있다고 하거나 없다고 하여 두 갈래로 토막을 내주면 소처럼 그때마다 한쪽으로 따라다니기 십상이다. 성철스님은 84칙에서 〈수시〉부터 모든 〈착어〉와 〈법어〉에 이르기까지 "끌려 다니는구나."라는 말로 평가하였다. 마치 낚싯바늘의 지렁이를 덥석 물었다가 목숨을 낚이는 물고기처럼 선사들이 설정하는 언행에 끌려 다니는 성향에 대한 비판이다.

부처님께서 가섭에게 설법의 자리를 나누어주신 이야기, 영산회상(靈山會上)에서 꽃을 집어 대중에게 보이신 일화, 열반에 드셨을 때 뒤늦게 도착한 가섭에게 관 밖으로 두 발을 보이신 이야기 등에도 모두 "끌려 다닌다"는 착어를 붙였고, 뜰 앞의 잣나무 등의 화두에도 일관되게 같은 착어를 달았다.

부처님이나 조사의 모든 언행에 대하여 미혹하여 끌려 다녀서는 안 된다는 이러한 의식으로 민감하게 무장되어 있어야 공안과 대결할 수 있다. 그러기 전에는 어떤 지식과 정보를 들어도 모두 미혹당하고 만다.

3) 납자(衲子)라는 주인공

『본지풍광』의 진실은 어떤 부류의 사람들이 실현하고 있는가? 부처도 아니고 조사도 아닌 누더기만 걸친 납자, 그들이 『본지풍광』의 주인공이다. 납자의 속성은 무엇일까? 그들은 오로지 본분을 추구하며 그 목적 앞에서 모든 것을 내던지는 기개를 펼친다. 납승(衲僧)이라고도 불리는 이들은 누더기[衲衣]를 걸치고 두려움 없이 본분사를 완수하고자 한다. 저들은 명성이랄 것도 없고 지적인 자산 따위를 내세우는 허세도 부리지 않는다.

다만 누더기를 입었음에도 귀(貴)한 자리와 천(賤)한 자리를 자유롭게 오가면서 본분의 칼날을 휘두른다. 비단옷을 입고 권좌를 고수하려는 생각이 조금이라도 남아 있다면 납자로서의 건실한 파괴력은 사라질 것이다. 암욱(菴昱)선사는 납승의 기개를 이렇게 말한다.

> 납승들은 모든 언어와 관념의 보금자리를 걷어차 뒤집어엎고 자기만의 살림살이를 차려야 한다. 부처를 만나면 부처를 죽이고 조사를 만나면 조사를 죽이거늘 무슨 다른 말에 의존할 필요가 있겠는가!

부처와 조사가 본보기로 가꾸어 놓은 보금자리도 돌아보지 않는 임제풍(臨濟風)의 기개로 부처가 되었건 조사가 되었건 모두 물리친다.

그들은 다름 아닌 조사이자 부처이고 둘 모두 아니라고 해도 상관치 않는다. 무엇보다 자신만의 살림살이를 지닌 납자라는 점이 그들의 터전이다. 이러한 납자가 보는 불법(佛法)은 어떤 모습일까? 16칙 〈수시〉에서 성철스님은 이렇게 말한다.

> 불법이라는 두 글자에 대하여 말하자면 부처님도 3천 리 밖으로 나자빠질 수밖에 없으니 문수와 보현이 어떻게 숨이나 쉬겠는가! 그런 까닭에 삼세의 모든 부처님은 마른 똥막대기이고, 대대로 이어온 조사들은 지옥의 쓰레기일 뿐이며, 보배 창고로 여기는 팔만대장경은 고름 닦는 휴지조각에 불과하다.

불법이라는 진실을 기준으로 하면 불보살이건 조사이건 접근할 여지가 없으며 숨 쉴 틈도 없다. 납자는 바로 그러한 진실의 중심에 서서 부처님과 똥막대기, 조사와 쓰레기, 경전과 휴지조각 등 이들 둘 사이에 굳어진 상하와 귀천의 가치를 허물어뜨린다. 사람들이 정해 놓은 높은 자리에서 모든 성인을 끌어내리고 그 반대편의 하찮은 존재와 조금의 주저함도 없이 맞바꾼다. 여기에는 정해 놓은 예찬도 없고 당연시할 비난도 없다. 이것이 납자가 발휘하는 본분사이다.

9칙 〈법어〉에서 성철스님이 납자의 본문에 대하여 직설한다.

> 세상 어디나 마음껏 돌아다니는 자유로운 기개가 있는지는 따지지 않겠다. 납승 문하의 본분을 드러내는 수단은 무엇인가? 번득이는 보검의 빛이 두수(斗宿)와 우수(牛宿)까지 뻗치니 산처럼 시체가 쌓이고 피가 바다를 이루어 세상 전체를 가득 채운다.

납자가 자유로운 기개를 펼치는 수단은 그 누구의 지혜도 받아들이지 않고 세상 모든 사람을 베어 없앨 수 있는 보검이다. 납자들의 이 수단 앞에는 항상 시체가 즐비하다. 본분 실현이라는 유일한 목적을 가로막는 모든 장애를 잘라 없애고 어떤 사람도 본보기로 세우지 않는다. 보검을 쥔 그 기세는 오로지 납자들의 것이다.

4. 공부와 화두의 실현

1) 공부의 기초와 화두의 기능

화두는 어떤 철학적·종교적 관념으로 유혹해도 자신의 알몸을 보여주지 않는다. 화두는 특정한 교설의 빛으로는 결코 밝힐 수 없다. 『본지풍광』의 각 공안을 성철스님은 조계종의 종장으로서 제기하지도 않았고, 특정한 교설을 심어주고자 그 풀이를 대중에게 친절하게 베푼 것은 더욱 아니다.

오히려 널리 살포되어 있는 온갖 관념의 뿌리를 흔들어서 뽑는 철퇴로서 공안의 기능을 활용한 것이다. 따라서 무조건적인 순응은 공안을 궁구하는 태도로서는 가장 큰 장애가 된다. 무엇보다 『본지풍광』의 어떤 구절이 난해하다고 하여 우리들이 미리 가지고 있는 교리에 대한 지식에 의존해서는 안 된다. 일단 어떤 화두를 그 말 그대로 받아들이면 될 뿐이다.

예를 들면 '뜰 앞의 잣나무'(3칙)라는 화두는 '뜰 앞의 잣나무!'라고 가감 없이 품으면 된다. 이것에 대하여 잣나무가 모든 존재의 의미를 담고 있는 하나의 근원적 상징이라는 생각을 깔고 궁구해서는 안 된다. 이러면 '모든 존재' 내지 '근원' 따위의 군더더기가 덧붙여지게 된다. 반대로 이 잣나무라는 말에 아무 뜻도 내포되어 있지 않다고 간주해서도 안 된다. 그러면 이 말이 화두로서의 문젯거리가 되지 못한다. 이는 화두가 몰자미(沒滋味)하다는 이치와 모순되는 말일까? 그렇지 않다. 몰자미란 어떤 관념의 맛으로도 더듬을 수 없다는 취지이고 그러한 맛을 무력하게 만드는 무기가 화두이다. 화두에 특정한 의미가 붙어 있는 것도 아니지만 동시에 어떤 의미가 없는 것도 아니다.

> 조주에게 어떤 학인이 물었다. "달마가 서쪽에서 온 까닭은 무엇입니까?" "뜰 앞의 잣나무!" "화상이시여, 경계로 지시하지 마십시오." "나는 경계로 지시하지 않았다." "달마가 서쪽에서 온 까닭은 무엇입니까?" "뜰 앞의 잣나무!"

조주는 초지일관 '뜰 앞의 잣나무'라고 할 뿐이었다. 우리가 궁구하고 의심해야 할 대상도 바로 이것이다. 그것은 눈앞에 펼쳐진 저 잣나무라는 경계도 아니고 우리 마음의 어떤 요소를 상정해서 가리킨 말도 아니다. 이런 유의 생각이 이 화두에 붙는 순간 모두 떼어내야 한다. 앞에서 나온 '존재'나 '근원' 따위의 말들은 모두 쓸모없는 군더더기에 불과하기 때문이다. 이렇게 이 '뜰 앞의 잣나무'를 들고서 '무슨 의미일까?' 하고 의심하면서 달라붙는 온갖 말과 그것에 따라다니는 관념을 모조리 떼어내고 모든 앎의 도구를 이 화두를 불로 삼아 태워 없애야 한다. 화두공부는 이렇게 떼어내고 태워서 남김없이 버리는 과정을 말한다. 이 작업을 제대로 수행하면 마지막에는 '뜰 앞의 잣나무'만 덩그러니 남을 것이다. 이 단계를 가리켜 '공안이 실현되었다'고 한다.

'뜰 앞의 잣나무'는 오로지 '뜰 앞의 잣나무'로 궁구하고 의심해야 한다. 이 〈본칙〉에 대한 성철스님의 〈착어〉를 보자.

바다 밑에서 등불을 붙이니 세계가 밝게 빛나고, 돌에 꽃씨를 심으니 가지가 자라 생생하구나.

일반적 사고의 격식으로는 도저히 해법이 나오지 않는다. 단지 뜰 앞의 잣나무처럼 이 말 그대로 통짜로 받아들여서 의심해야 한다. 이 말을 내뱉은 순간 모든 유형의 격식은 이미 부서져버린 것이다. 이것이 격을 쳐부수는 파격(破格)이고 모든 격식을 넘어선 격외(格外)의 법이다. 따라서 이 화두의 진실을 보려는 사람도 파격과 격외의 눈을 미리 갖추고 있어야 한다.

그러할 때 어떤 언어나 인식 틀에도 물들지 않은 '뜰 앞의 잣나무'만 당사자 앞에 드러나게 된다. 그 해체가 이 칙에서는 어떻게 나타났을까? 말미에서 스님은 이렇게 제시하였다.

이는 결국 어떤 도리일까? 시리소로사바하(喹哩蘇嚧娑婆訶)!

'시리소로사바하'는 어떤 의미도 실려 있지 않은 '소리' 또는 단순한 울림일 뿐이다. 그렇기 때문에 거꾸로 어떤 의미라도 무한대로 실을 수 있는 소리이기도 하다. 이는 진언(眞言) 또는 다라니(陀羅尼)의 일부 취지를 빌려와 화두의 속성으로 활용한 예이다. 다라니는 불법의 진실을 모두 압축하여 담고 있는 구절이라 하여 범어 발음 그대로 쓰며 굳이 그 뜻을 풀이하지 않는다. 이것을 입으로 외우는 것만으로도 그 사람이 바라는 대로 진리를 제 몸에 간직하고 원하는 결과를 성취할 수 있는 신비한 힘이 있다고 한다.

 굳이 이러한 진언을 마무리하는 말로 쓴 까닭은 바로 그 무의미한 소리에 주목하였던 탓이다. 마지막에 결정적으로 확실한 의미를 담은 말을 해줄 법도 한데 기대와 완전히 어긋난다. 그것이 뜰 앞의 잣나무와 무슨 관계일까? 뜰 앞의 잣나무라는 화두를 돌파하고자 할 때 이것저것 어떤 관념도 소용이 없다는 맥락은 앞서 밝혔다. 이 화두에서 온전히 모든 의미가 떨어져 나간 찰나를 맞이하도록 유도하였던 것이다. 마지막에 확정해주면 그것에 예속되어 화두는 쇠몽둥이로서의 효용을 상실한다. 오히려 이렇게 어떤 의미도 잡히지 않는 막막한 진언을

줌으로써 화두의 활발한 생명력을 유지할 수 있다.

진언은 의미와 상관없는 발음 그 자체가 지니는 에너지를 중시한다. 이렇듯이 '뜰 앞의 잣나무'도 특별한 의미가 들어 있지 않은 '소리'일 뿐이다. 그것을 몰자미(沒滋味)라 한다. 그 이면에는 특별한 의미를 붙이려 하면 떼어버리는 화두의 기능이 작동하고 있다. 그때까지의 모든 의미체계를 무너뜨리고 한층 높은 본분을 지시하려는 수단이다. 일정한 공안이나 화두를 어떤 맥락에서건 의미로 규정하는 일은 물론 가능하다. 하지만 그것은 특정 의미보다는 헛된 관념을 때려 부수는 쇠망치로서의 기능을 본령으로 삼는다.

『본지풍광』을 읽는 대부분의 초심자들은 이 맥락을 염두에 두고 긴 호흡으로 숙독해야 한다. 모든 화두는 심오하거나 맛있는 의미를 향해 열리지 않는다. 반대로 그것은 모든 의미를 침몰시키고 막막하게 펼쳐진 무의미로 개방하는 기능을 발휘할 때라야 화두로서의 본질을 확보한다. 화두에서 확고한 그 무엇을 갈구하는 사람에게 어떤 의미라도 주어지면 화두의 풍미와 향은 달콤한 유혹이 되고 만다. 하지만 그 유혹에 넘어간다면 그것에 잡혀 살아야 한다. 화두는 이러한 일말의 함정을 예리하게 가려내어 무자비하게 때려 부수는 '말'일 뿐이다.

이즈음이면 성철스님의 착어가 뜰 앞의 잣나무라는 본칙과 무슨 관계인지 알 수 있다. 그 착어와 잣나무 화두를 억지로 관련시킬 필요는 없다. 오히려 본칙과 이 착어 사이의 인과관계를 애써 궁리하며 분별하면 어긋난다. 착어는 그것대로 또 하나의 독립된 화두이기 때문이다. 그렇다면 서로 전혀 상관이 없다는 의미인가? 그렇지 않다. 이들은 평등하게 개별적으로 접근해도 된다는 뜻이다. 하나를 타파하면 다른 하나도 저절로 타파할 수 있다.

핵심은 이들 화두를 궁구하면서 각자의 의식에 군림하고 있는 사고의 격식을 무너뜨려야 한다는 점이다. 본래 지향하는 목표는 이것이다. 화두를 궁구함으로써 단단히 굳어진 이 관념의 보루가 허물어지도록 이끄는 것이다.

그렇게 화두라는 무기로 정화된 몸과 마음은 세상 그 어디에 던져져 있어도 자유롭게 응할 수 있다. 이 공부에서 기대되는 최선의 성과는 여기서 주어진다.

2) 화두가 실현된 그 자리

화두공부가 완성되면서 주어지는 자유는 무심(無心)과 무사(無事)의 경계와 다르지 않다. 속으로 애써 생각하고 궁리하지 않아도 단번에 진실을 포착할 수 있기에 '무심'이고, 밖으로 힘들여 시도하지 않아도 본질과 모두 부합하여 척척 들어맞기에 '무사'라 한다. 여기서 무심과 무사는 모두 활발하고 시끌벅적한 작용의 일면이며 백척간두의 고요한 자리를 나타내지 않는다.

화두 실현이 인도하는 목적지는 그것이다. 바로 이 진실이 단순하고 분명하게 늘 눈앞에 열려 있다. 성철스님이 2칙 〈착어〉에서 "다름 아닌 너무나도 분명하다는 바로 그 이유 때문에 도리어 알아차리는 순간을 느리게 만든다."라는 조사선의 상용어로 드러내고자 했던 취지도 그것이다. 분명하다는 말은 눈으로 마주치건 피부에 와 닿건 그 존재가 뚜렷하게 드러나 있다는 의미이다. 그다지도 분명한데 어째서 알아차리는 순간이 느리다고 했을까? 7칙 〈수시〉에서 살펴보자.

금까마귀(해)는 날고 옥토끼(달)는 달린다. 3 곱하기 3은 9요, 9 곱하기 9는 81이다.

동쪽에서 뜬 해는 서쪽으로 지고, 보름을 주기로 찼다가 기우는 달의 운행은 모두 규칙적이고 일정한 패턴에 따라 변화한다. 마치 3 곱하기 3이라는 계산법처럼 뚜렷하고 단순하여 한 치의 오차도 없다. 일단 이 법칙과 길을 발견한 뒤로는 다른 샛길이 없고 별달리 궁구하여 추출할 해답도 없다는 사실을 알게 된다. 너무나 뚜렷하고 분명하게 눈앞에서 벌어지고 있지만 우리가 손댈 일은 없는[無事] 이 세계가 나른하기까지 하다.

3 곱하기 3의 계산법은 애써 분별할 여지가 없이 곧바로 알아차리는 전형을 그대로 집어 건네준 것이다. 무분별의 경계를 전한다는 점에서는 선사로서 그 이상 베풀 수 있는 친절이 없다.

『증도가』에는 "지금 그 자리를 떠나지 않고 늘 맑고 투명하지만, 그대 찾으려 드는 순간 틀림없이 볼 수 없으리라."고 전한다. 처음부터 바로 그곳에서 한 발도 떠난 적이 없이 투명하게 드러나 있었다. 어째서 알아채지 못할까? 찾으려고 애쓰는 순간 은폐되기 때문이다. 애쓰는 마음은 무심이 아니며 본래 할 일이 없는 무사의 그 경계와 마주치지도 못한다.

언제나 서 있는 그 자리에 드러난 진실에 대하여 그림을 보듯이 구상적으로 표현하여 생생하게 보여주는 수법이 조사들 특유의 방식이다. 10칙 〈수시〉에 나타난다.

복숭아꽃은 붉고 배꽃은 흰 그곳에 벌은 어지럽게 날고 나비는 너

울너울 춤춘다. 앞에도 가득하고(三三) 뒤에도 가득하구나(三三)!
문수가 오고 보현이 간다.

이는 영운(靈雲)선사가 복숭아꽃을 보고 도를 깨우쳤다는 공안에 붙인 성철스님의 〈수시〉이다. 그때마다 주어진 눈앞의 현상에서 문제가 일시에 해결된다. 온갖 꽃이 만개하고 벌과 나비가 날아드는 그 자리에서 영운선사는 깨달음에 대한 이해를 지시하고 있다.

이곳을 보아도 꽃이고 저곳을 보아도 꽃, 곳곳 어디에나 벌과 나비 천지인 풍경! 그것을 가리켜 '앞에도 뒤에도 가득하다'고 하였다. 지혜와 실천을 대표하는 보살로서 문수와 보현이 눈앞에서 오고간다. 저들 보살도 여기서는 지극히 드물게 특별한 기회에 세상에 출현하는 인물이 아니다. 거리 어디서나 늘 마주치는 그들이기에 '너무나 분명하게 드러나 있어서 도리어 알아차리는 순간을 느리게 만든다'라고 한다.

삼삼(三三)을 어째서 '가득하다'고 할까? 삼삼은 3 곱하기 3이며 9가 된다. 9는 더 이상이 없는 극단의 숫자를 표시한다. 그런 이유로 앞뒤로 가득 들어찼다는 뜻의 삼삼(森森)과 통한다. 가득하기에 눈에 밟히는 모습마다 그것이고 들리는 소리마다 그것 아님이 없다.

보고 들을 수 있는 눈앞의 장면으로 진실을 드러내는 이와 같은 방식은 조사들이 일반적으로 활용하는 수법이다. 그들은 추상적 개념에 의존하지 않는다. 무엇보다 그들은 가장 높은 자리에 그 어떤 진실을 배치하지도 않는다. 더구나 위나 아래에 확정된 계급을 만들어 갈라놓지도 않는다. 부처를 위에 두거나 중생을 아래에 배치하는 방식으로 경도되지 않는다. 중생이나 부처나 위아래를 걸림 없이 오가는 수법이 그들을 흡족하게 한다. 이것이 복숭아꽃을 보고 도를 깨우치는 세계를 이해하는 데 활용된다.

〈총재법어(總裁法語)〉에서 성철스님은 말한다.

> 불법(佛法)이라는 두 글자조차도 생살을 도려내어 상처를 내는 말에 불과하다.

뒤이어 인용한 조주(趙州)의 다음 말을 살펴보라.

> 부처 불(佛)이라는 한 글자를 나는 듣기조차 싫다.

이들 말에 최상·최고를 설정하지 않는 조사들의 기본적 성향이 나타난다. '열반을 성취한 궁극적인 마음'이 자리 잡고 있는 아득한 높이에서 '마른 똥막대기'가 나뒹구는 가장 밑바닥까지(2칙 〈착어〉) 두 영역을 자유자재로 넘나든다. 높은 자리는 끌어내리고 낮은 자리는 떠받쳐 올려준다. 33칙 〈수시〉에서는 "부처는 중생의 원수요, 조사는 보살의 원수다."라고 함으로써 본보기와 이상으로 굳어진 부처와 조사의 가치를 뒤집어엎었다.

단단히 확정된 가치와 단계 또는 뚜렷하게 주어진 추상적 개념 따위로는 이러한 활력을 보여주기 어렵다. 그것은 경직되기 쉬워서 유연한 몸놀림을 즐기는 조사들에게는 어울리지 않는다. 이러한 이유에서도 노련한 선사는 그때마다 눈앞에 보이는 장면을 통하여 단 한번의 일회적인 표현으로 드러내기를 좋아한다. 그것이 추상화된 언어보다는 주변의 물상을 담는 시어(詩語)에 기울어지는 이유이기도 하다. 78칙 〈수시〉에 묘사된 그림과 같은 다음 장면에서도 이러한 방식을 볼 수 있다.

> 봄볕이 온화하니 꾀꼬리는 북쪽으로 돌아가고, 가을바람이 쓸쓸하니 기러기는 남쪽으로 날아간다.

봄과 가을이 전하는 소식이 각각 다르다. 참으로 무엇을 가리키고 있을까? 조사들은 비축된 자신의 앎을 이것에 섞어 넣지 말고 일단 제시된 말 그대로 수용하라고 지시한다. 무엇보다 겉으로 보이는 이상으로 다른 것을 상상할 필요는 없다. 이러한 말을 스스로 신비화해서 이해하려 들면 당사자가 가장 먼저 속아서 헤쳐 나오기 어려운 골짜기에 떨어지고 만다. 눈앞에 분명히 드러난 그것에 시커먼 먹물을 뿌리는 꼴이 되기 때문이다. 여기에 무슨 깊은 뜻을 숨겨 놓았으리라고 미리 짐작하지 말고 말 그대로 받아들이는 연습을 해야 한다. 뒤에 서술하겠지만 이들 말은 처음부터 화두가 온전히 실현된 은산철벽 그 자체이다. 그것은 처음이자 마지막에 도달해야 할 목적지와도 같다. 그런 까닭에 주어진 말에 쓸모없는 분별과 말과 생각을 덕지덕지 붙여서 본 모습을 가려서는 안 된다.

누구라도 여기 들어 있는 형식과 인과관계에 조금만 숙달된다면 공인의 화두를 이해하려고 노력하는 단계까지 쉽게 들어서게 될 것이다.

3) 방(棒)·할(喝)의 소식

위에서 제기한 화두의 기능을 효과적으로 발휘하는 수단은 무엇일까? 일상에서 선사들이 빈번하게 활용하는데도 알아채지 못하고 지나치는 그러한 수단이 있다. 방과 할이 그것이다. 우리는 선사들의 기록에서 이것을 한 가닥 넘어가는 쉼표나 의례적인 마침표쯤으로 간주하고 주목하지 않는 경향이 있다. 하지만 본래 이것이야말로 화두의 기능을 쏙 빼어 닮았다.

단단하게 굳은 온갖 언어의 급소에 휘두르는 방(棒), 갖가지 분별의 정보를 받아들이는 귀에 내질러 멍하게 만드는 할(喝), 이 두 가지는 화두의 주요한 기능과 어김없이 부합한다. 여기 들어 있는 엄정한 수단은 화두처럼 누구의 사정도 봐주지 않으며 누구의 편의도 허용하지 않는다.

할을 내질러 이러한 소식을 직접 전한 유명한 일화가 전한다. 마조(馬祖)의 할에 백장(百丈)이 삼일 동안 귀를 먹었다는 이야기[22칙 상방일익(上方日益)의 염(拈)]가 그것이다. '귀를 먹었다'는 말은 그때까지 들었던 모든 앎과 온갖 소식이 먹먹해져 의지할 근거지를 상실했다는 상징이다. 이 경계가 도저히 오를 수 없는 산(은산) 또는 뚫고 나갈 수 없는 장벽(철벽)과 맞닥뜨린 상황이다. 막상 여기에 이르면 절망이 밀려들지만 화두공부에서는 도리어 그 이상이 없는 희소식의 극치를 맞이하는 지점이기도 하다. 막막함은 모든 소식이 단절되면서 결정적인 소식이 들려오기 직전의 별난 상황이기 때문이다. 성철스님은 27칙 〈수시〉에서 이 소식을 다음과 같이 강렬하게 들려준다.

> 하나를 보고는 귀가 먹고, 둘을 듣고는 눈이 먼다. 눈이 머니 비로자나불 정수리 위에 앉고, 귀가 먹으니 석가모니불의 눈동자 속이로다.

잘못 보면 눈이 머는 법인데 '귀가 먹었다'고 하며, 잘못 들으면 귀가 먹는 법인데 '눈이 멀었다'고 바꾸어 적용하는 격외의 자유로운 활용이 엿보인다. 또한 귀가 먹고 눈이 머는 상실을 겪은 다음에 부처님의 정수리를 차지하고 그 눈동자에 자리를 잡는다. 참으로 간명한 역설과 파격으로써 무소식에서 오는 소식의 절정을 보여주었다. 깨달음으로 열리는 세계에 대하여 눈이 멀고 귀가 먹는다고 하니 일반적 비유를 완전히 등지는 방식이다. 여기서는 그동안 보고 들었던 모든 것이 장애일 뿐이기 때문이다.

모든 것을 훌훌 털어내고 부처와 달마조차 내치고 드러나는 경계를 홀로 마주친다. 알찬 듯하여 짊어지고 다녔지만 사실은 쓸모없이 무겁기만 한 짐이라면 내려놓아야 한다. 조사들은 우리가 애지중지 아끼는 그것들이 빈껍데기의 허(虛)라는 사실을 절실하게 알려주고자 화두의 사유법을 활용한다. 성철스님이 말한다.

> 마구 내지르는 임제(臨濟)의 할(喝)은 관 속에서 뜬 눈동자요, 아무렇게나 휘두르는 덕산(德山)의 방(棒)은 상여 뒤에 매단 약봉지와 같다. 영취산(靈鷲山)에서 부처님이 꽃을 들어 보이셨으나 진실을 보는 눈을 소멸시켰고, 달마대사에게 혜가가 삼배를 올렸지만 교외별전(敎外別傳)의 명맥을 끊어버린 꼴이었다. 삼세의 부처님도 대대로 이어진 조사들도 쏜살과 같이 지옥에 떨어진다. 말해 보라! 결정적인 한 수는 어디에 귀착되겠는가? 가야산의 산색은 천고의 세월 그대로 빼어나고 홍류동의 하늘은 만세에 걸쳐 밝구나.
>
> -방함록서(芳啣錄序)

'관 속에서 뜬 눈동자'나 '상여 뒤에 매단 약봉지'나 모두 죽은 사람을 묘사한다. 송장은 눈을 뜨고 있어도 보는 기능이 없고, 상여 뒤의 약봉지는 망자에게 아무 효용도 없다. 부처님께서 연꽃을 들어 보여 주고 가섭이 그에 화답하여 미소 지은 일화도 눈을 멀게 하였다고 내치고, 달마와 혜가의 전수에 대한 일반적 이야기도 무가치한 찌꺼기로 파묻어버렸다. '결정적인 한 수'는 그 당시 서 있는 그 자리에 가감할 여지가 전혀 없는 가야산의 풍경으로 전개되어 있다. 그 한 수에 화두의 본질이 담겨 있으면서 어떤 의미와 전통적 격식에도 예속되지 않고 무한하게 열려 있다는 점이 미묘하다.

성철스님은 이로써 무슨 뜻을 암시했을까? 볼 수 있는 듯한 눈과 고칠 수 있어 보이는 약이지만 모조리 '헛것'이라는 뜻이다. 할과 방이 그렇다. 그 안에 무슨 깊은 의도가 숨어 있으리라 추측한다면 착각이다. 할을 내질러 잠재된 그 무엇을 불러내고 방을 휘둘러 무엇인가를 지시하며 일깨운다고 생각한다면 그것은 자신의 무덤을 파는 행위에 불과하다. 스님이 4칙 〈수시〉에서 말한다.

임제의 할은 땅을 파서 하늘을 찾는 격이고, 덕산의 방은 얼음을 깨뜨려 불을 지피려는 격이다.

조사들의 언행에 숨은 착각의 함정을 이렇게 포착해 내어야 진실한 납자이며 또 다른 조사가 될 자격이 있다. 바로 이렇게! 실(實)로 가장한 언행에서 허(虛)를 간파하는 안목이 그들의 목숨과도 같은 지혜이다. 방과 할에 캐내야 할 중요한 비밀이 있으리라는 지레짐작이 화두에 무지한 자들의 망상이다. 그 망상에 따라 '왜 할을 내질렀을까?', '저렇게 휘두른 방에는 깊은 뜻이 들어 있겠지'라고 생각하며 파고든다.

이런 착각을 천착(穿鑿)이라 한다. 아무리 파 뒤지고 뚫어도 나올 건더기가 없는 곳에서 머리를 박고 장고하는 어리석음을 저지르고 만다. 77칙 〈수시〉에서 방과 할에 대하여 "네모난 막대기를 둥근 구멍에 맞추려는 시도"라고 한 스님의 말은 천착의 어리석음에 대한 비유이다. 19칙 대혜종고(大慧宗杲)의 염(拈)에서 호란천착(胡亂穿鑿)이라 한 말은 "화두에 대하여 각각 제대로 준비를 갖추지도 못한 채 아무 분별이나 말을 되는대로 가져다가 제멋대로 파고들며 알아맞히려는 시도"를 가리킨다.

모든 실에서 허를 꿰뚫어보면 그것에서 무엇인가를 취하려는 헛된 기대를 벗어날 수 있다. 무엇보다 기억해야 할 사안은 확정된 하나의 의미로 제시되는 화두는 없다는 바로 그 점이다. 어떤 화두가 되었건 표면적인 말의 이면에 대립하는 짝이 적절한 시기에 튀어나오도록 늘 도사리고 있다. 화두의 그 말에 눌러앉는 순간 숨은 짝을 꺼내어 보이는 방식이 조사들이 쓰는 양날의 칼이다.

예를 들면 무(無)라고 한 말을 붙들 경우는 유(有)로써 물리치고 유라는 말에 안주하려 들면 무를 되살리는 방식이다. 유와 무는 서로를 문질러 없애는 지우개와 같이 쓰일 뿐 어떤 대상의 핵심과 맞닿아 있는 지시 내용은 없다.

화두인 한에서 모든 선어(禪語)는 허(虛)라는 사실을 명심해야 한다. 대화 상황의 모든 언어를 '잠꼬대'(9칙 〈수시〉, 14칙 〈법어〉)라든가 '쓸데없는 말' 따위로 내린 평가는 경전과 방·할에 이르기까지 그 모든 것을 화두로 주물하여 바꾸는 간화선사의 안목에 따른다. 그것은 허라는 그 이유 때문에 번뇌와 망상을 가루가 되도록 산산이 때려 부수는 효용을 발휘할 수 있다.

성철스님이 49칙 〈수시〉에서 "임제의 할과 덕산의 방, 이 무슨 쓸데없는 살림도구인가!"라고 내친 말도 같은 맥락이다. 방과 할 자체도 허한 속성의 수단이기 때문에 깊은 의미가 있는 것으로 알고 천착하며 궁구할 대상은 아니다.

"한 사람은 허로 전하였건만 수많은 사람들이 착각하여 실로 전한다."(85칙 〈착어〉)라는 선종의 상용어에 그 취지가 분명하게 보인다. 허를 전하는 한 사람이란 화두의 허를 꿰차고 마주치는 사람마다에게 활용하는 조사를 가리킨다. 그 허를 실로 착각하는 수많은 사람들에게 싱거운 화두는 목숨을 위협하는 덫으로 변질된다.

방과 할은 이와 같이 허라는 속성이 있어서 화두와 내밀하게 통한다. 이 때문에 원오(圜悟)는 "방에서 깨달음의 근거를 찾거나 할에서 본질을 알아차리려 하지 마라."라고 한다. 이렇게 다 벗어나면 의지하고 기댈 수단이 전혀 없는 경계와 마주하게 된다. 이 상황을 백척간두(百尺竿頭) 또는 은산철벽(銀山鐵壁)이라 한다.

이는 화두의 허와 실이 드러나는 순간이기도 하다. 이때부터는 더이상 그 허실 관계에 속지 않고 전대의 모든 화두를 그때마다 상황에 알맞게 스스로 활용할 수 있다. 조사들은 이곳까지 이끌고자 학인들을 의도적으로 내치고 부정하면서 단련시킨다. 번쩍번쩍 뒤바뀌는 화두의 전광석화와 같은 변화는 그 과정의 핵심적인 수단이다. 12칙 〈수시〉에 보인다.

"임제는 누구를 만나건 할을 내질렀고, 덕산은 누구라도 문에 들어서기만 하면 방을 휘둘렀다. 곤륜산(崑崙山)이 허공에 거꾸로 서고, 바다는 하나의 티끌 속에서 뒤집힌다." …… 할을 한 번 내지르고 말했다. "말해 보라! 이 하나의 할은 결국 어떤 의미일까?" 침묵하다가 말했다. "이삼천 곳곳에서 피리와 거문고 소리가 울리는 누각이요, 사오백 가지 꽃과 버들이 핀 마을이로다."

임제의 할과 덕산의 방은 모든 격식의 본말을 전도하는 수단이다. 이는 선사들이 부리는 대표적인 격외법(格外法)이다. 세상에서 가장 큰 곤륜산이 거꾸로 서고 바다가 티끌 하나 속에서 뒤집힌다. 크고 작은 공간의 격식과 위와 아래라는 본말의 순서가 여기서 모조리 허물어졌다. 이와 같이 성철스님은 가장 거대한 바다를 아주 작은 티끌 속으로 끌어들이는 파격의 관점에서 방과 할을 이해하였다. 이러지 않고서는 강건하게 구축된 온갖 편견과 앎이라는 철옹성을 무너뜨릴 수 없었기 때문이리라.

또한 스님은 스스로 할을 내지르고 그 의미를 묻는다. 이에 대하여 스스로 응답한 말은 본래 유곽에서 한껏 먹고 마시며 풍악을 울리면서 노니는 한량들과 화류계의 질펀한 놀음놀이판을 묘사한다. 이것으로 활발하고 역동적인 선(禪)의 작용을 나타내었다. 동시에 거칠 것이 없는 놀이판을 소재로 삼은 그 자체가 또 하나의 착각을 이용한 파격이다.

성철스님은 곳곳에서 방과 할을 그 파격의 선법으로 제시하지만 51칙 〈수시〉에서는 그 자체를 부수어버린다.

임제는 누구라도 문에 들어서는 순간 할을 내질렀으니 만 길 봉우리에서 햇빛이 어두침침한 격이었고, 덕산은 누구라도 문에 들어서기만 하면 방을 휘둘렀으니 천길 바다 밑에서 달빛이 밝게 빛나는 격이었다. 하지만 산승은 누구라도 문에 들어서면 공손히 인사 올리니 푸른 눈의 달마대사도 세 걸음 물러나리라.

먼저 임제의 할과 덕산의 방이 지니는 속성을 묘사하고, 그에 맞서는 스님 자신의 견지를 밝혔다. 햇빛이 가장 밝은 산꼭대기를 오히려 어두침침하게 만드는 위력을 임제의 할이라 하였다. 또한 본래 아무것도 보이지 않는 심연의 바다 밑에서 달이 밝게 빛난다고 평가했다. 모두 일반적 사고의 격식에 담을 수 없는 격외법(格外法)이다.

이 격외법을 찬양하기만 하면 납자로서의 기개는 그것을 따라 사그라지고 만다. 성철스님의 다음 행보는 너무나 평범한 격식 안에서 이루어진다. 방의 섬뜩한 놀림과 할의 격한 울림 그 반대편에 공손한 예의를 대칭하여 놓은 방식이 그것이다. 막상 이렇게 대칭해 놓고 보니 참으로 탁월한 선택이고 활발한 안목이다. 격식의 안팎을 오가는 그 놀라운 반전에 달마대사도 세 걸음 물러날 수밖에 없으리라고 한 자찬이 그럴 듯하다.

이처럼 임제와 덕산을 한 묶음으로 만든 다음 자신만의 활용을 드러내 보이는 수법은 뛰어난 선사들에게 적지 않게 나타난다. 조사의 혈맥을 제대로 이어받은 납자라면 이전의 언행을 공부거리로 제시한 뒤 지체하지 않고 "나는 그렇게 생각하지 않는다!"라는 말을 기꺼이 덧붙인다. 누구에게도 의존하지 않는 독립자존의 안목이 있음을 선언하는 장면이다. 이러한 기개는 선사들의 입을 통해 닳고 닳도록 접해 왔지만 들을 때마다 새로운 느낌으로 다가온다. 왜냐하면, 그 뒤에 항상 선대의 말에 눌려 빛을 잃고 멍하게 변한 눈동자를 적출하는 메스가 가해지기 때문이다.

성철스님은 우선 격외법으로 우리의 눈을 씻어낸다. 그 다음 다시 '공손히 인사 올린다'라는 말로써 씻어준 그 눈마저 척출하는 솜씨에는 당신만의 메스가 숨어 있다. 임제와 덕산뿐만 아니라 부처님과 달마대사까지도 여기서는 뒤따를 본보기가 아니다. 그분들조차도 범접하지 못하는 독립된 경계에 성철스님의 살림살이가 있는 탓이다.

성철스님이 임제와 덕산을 완전히 파묻어버리려는 의도에서 이상과 같은 말을 한 것이 결코 아니다. 그와는 달리 방과 할에 대한 오해와 편견을 뒤집고 이것들에 더욱 신선한 활력을 불어 넣으려는 기초공사와 같다. 임제의 할과 덕산의 방은 정해진 형식이 없다. 그 방·할은 언제나 참신한 안목에 따라 재생할 수 있도록 모든 비판에 대하여 열려 있기 때문이다. 이 뜻을 포착하지 못하면 부단히 비판으로 반전하는 공안의 기본적인 특징을 이해할 수 없다. 그 중심에 서는 사람이 되려면 사실인 듯 가장하며 숨기는 조사들의 허(虛)를 잘 간파해야 한다. 20칙 〈착어〉에서 이 뜻을 볼 수 있다.

> 개 한 마리가 허공에 대고 짖자 모든 개들이 그 무엇이 있는 것으로 착각하고 으르렁거린다.

별 뜻 없이 허공을 보고 멍하니 짖었는데 다른 모든 개들이 어디엔가 도둑이 숨어들었든가 아니면 먹을 것이 있다는 신호라고 착각하여 따라서 짖는다. 이렇게 무작정 뒤쫓아 흉내 내기는 속박의 근원일 뿐만 아니라 선사의 지혜까지 꺾어버린다. 납자라면 그 소리에서 무심하게 허를 간파하고 무엇인가 깊이 감추어져 있을 것이라는 근거 없는 추리를 애초에 차단해버린다. 방이나 할이 되었건 다른 어떤 선어(禪語)가 되었건 위대한 선지자의 말을 본보기로 삼아 추종할 뿐이라면 파닥이는 날개의 활기를 잃은 박제에 그칠 뿐이다.

6. 화두의 본령

1) 궁지(窮地)

'더 이상 나갈 수 없는 길', 이 말이 화두의 진실을 단적으로 나타낸다. 나갈 수 없는 길은 물러날 길도 차단된 경계이다. 이러지도 저러지도 못하고, 이편도 막히고 저편도 막힌 궁지를 말한다. 여기서 화두의 진실을 마주친다. 하지만 표현할 마땅한 언어는 없으며 궁리하고 고심하여 포착하고자 해도 적절한 이론적 도구가 없다. 그 때문에 은산철벽(銀山鐵壁)이라 한다.

은산은 하얀 은빛 눈으로만 얼어붙은 채 아득히 치솟아 있다. 이곳을 올라가야 하지만 장비는 주어지지 않고 맨발에 맨손으로 시도해야 한다. 이 은산과 마찬가지로 두께를 알 수 없는 철벽 앞에서도 도구 하나 없이 맨손으로 뚫고 나가야 한다.

이와 마찬가지로 모든 인식의 장비를 빼앗긴 상태에서 일정한 화두를 궁구하도록 한다. 13칙 〈수시〉에서 "밭 가는 농부의 소를 몰아내고, 굶주린 사람의 밥을 빼앗는다."라는 말이 그 뜻이다. 이미 이전의 서술에서 알 수 있듯이 화두가 지니는 쇠몽둥이의 효과와 같다. 마지막에는 철벽도 허물어지고 은산도 녹아내리는 소식을 전하고자 한다.

처음부터 화두에는 은산철벽이라는 속성이 들어 있고 마지막까지 화두의 본질은 이것에서 벗어나지 않는다. 머리부터 발끝까지 화두는 그 이외에 아무것도 아니다. 처음과 마지막이라는 순서와 단계가 전혀 없다. 이런 측면에서 돈오(頓悟)의 이념이 화두의 본질 속에 녹아들어 있다. 어디서건 높낮이 없는 평면 곳곳에 펼쳐진 그것을 포착하면 된다. 29칙 〈본칙〉을 통하여 살펴보자.

> 어떤 학인이 조주에게 물었다. "저는 총림에 들어온 지 얼마 되지 않으니 스님께서 지시해주시기 바랍니다." "죽은 먹었느냐?" "먹었습니다." "발우나 씻어라!" 그 학인이 확 트인 듯이 크게 깨달았다.

아침에 죽을 먹고 발우를 씻는 것은 반복되는 일상이다. 이 문답에서 평상시에 벌어지는 모든 행위양태가 불도와 통한다고 보기도 한다. "평상심(平常心)이 도(道)"라는 마조(馬祖)의 말을 해석 틀로 적용하는 방식이다. 도는 일상의 반경을 넘어선 곳에 있지 않고 언제나 그 자리에 있다는 의미이다. 이러한 풀이도 그것대로 허용된다. 하지만 화두참구의 관점에서는 이렇게 해설하지 않는다.

간화선의 안목으로 보면, 조주의 말은 처음부터 모든 의미와 도리가 침몰한 곳에서 시작한다. 죽은 먹었냐고 묻고, 그렇다고 응답하자 발우를 씻으라고 한 일련의 평상적인 문답에는 조금도 가감할 여지가 없다. 따라서 그것 그대로 은산철벽이어서 오르지 못하고 뚫지 못하며 그 자체로 정점이다. 여기에 평상심 따위의 말은 군더더기에 불과하다.

학인이 '깨달았다'는 마지막 말도 간화선사들은 "참으로 깨달았을까?"라고 되물음으로써 그 취지를 의문 속으로 몰아넣어 궁지에 몰리도록 한다. 미혹되었다고 하거나 깨달았다고 하거나 말 그대로 수용하지 않는다. 이와 같이 일반적인 개념의 맥락에서 풀어내서 무한하게 확장된 경계로 개방하는 방법을 구사한다.

이에 대한 성철스님의 〈법어〉에 이러한 취지가 들어 있다.

> 대중이여, 말에서 찾는 사람은 본래의 뜻을 잃어버리고, 구절에서 추구하는 사람은 진실을 상실한다. 나가면 은산철벽이고 물러서면 만 길의 깊은 구덩이이며 나가지도 않고 물러서지도 않으면 맹렬한 불길이 이글거린다. 이 곤경을 뚫고 벗어나는 한 구절은 어떻게 말할까? (침묵하다가 말했다.) 죽은 먹었느냐? 발우나 씻어라! (주장자를 한 번 내리치고 법좌에서 내려왔다.)

말과 구절에 표면적으로 드러난 의미를 '참'이라고 여기는 순간 진실에서 빗나간다. "죽은 먹었느냐?", "발우나 씻으라."고 한 조주의 말 그대로 인정하여 맞으러 나가면 은산철벽이고, 그것에서 벗어나 외면하면 깊은 구덩이에 떨어진다. 그렇다고 하여 두 길이 아닌 제3의 통로를 모색하려 하면 맹렬한 불길에 휩싸인다. 결국 조주의 말은 어떻게 해 볼 도리가 없고 어떤 시도도 궁지에 처할 수밖에 없다. 이 곤경을 모두 벗어난 경지를 표현하는 구절은 무엇일까?

마지막에 성철스님은 "죽은 먹었느냐?", "발우나 씻어라!" 하고 〈본칙〉의 화두를 반복하였다. 참으로 싱거운 결과 아닐까? 성철스님은 왜 그렇게 마무리했을까? 조주가 던졌던 이 말이 본래 은산과 철벽이요

만 길의 깊은 구덩이였기 때문이다. 간화선사 본연의 안목에 따르는 한 치의 오차도 없는 발언이다. 마치 조주 자신이 달마의 종지에 대하여 묻자 "뜰 앞의 잣나무."라 하고, 질문한 자가 재차 묻자 또 다시 "뜰 앞의 잣나무."라 반복한 대답과 같다. 그 말에서 조금도 벗어날 수 없는 완결된 화두를 초지일관 제시했던 탓이다. 성철스님이 간파한 진실도 이것과 다르지 않다.

2) 화두 공부하는 방법

화두를 궁구하는 간명한 방법은 무엇일까? 어쩌면 유일한 방법이기도 하고 정통의 길이기도 한 방법이 있다. 하나의 화두를 받아들인 다음 한 찰나도 놓치지 않고 쉴 틈 없이 의심하는 방법이다. 이것이 빈틈도 없고 끊어짐도 없이 화두를 의심하는 방법이다. 57칙 〈수시〉에 그 취지가 보인다.

> 한 생각도 일어나지 않고 앞뒤의 경계가 다 끊어졌으며 모든 행동거지에서 빈틈이 없고 자나 깨나 언제나 한결같이 한다. 깨끗이 벌거벗고 말끔하게 씻은 맨몸처럼 분명히 드러나 있지만 잡을 도리가 전혀 없다. 안타깝게도 숙은 뒤에 살아나지 못하는구나. 화두의 말을 의심하지 않는 그것이 근본적인 병통이다. 홀연히 절벽에서 잡은 손을 놓고 떨어졌다가 기절한 다음에 소생하면 영원히 어둡지 않은 한 줄기 광명이 하늘에서 빛나고 땅에서 우뚝 서며 옛날을 비추고 오늘에 뻗칠 것이다.

화두를 빈틈도 끊어짐도 없이 한결같이 들면 그 본질이 거침없이 분명하게 드러난다. 하지만 어떤 말에도 담지 못하고 어떤 생각의 틀에도 맞추지 못한다. 그래서 '잡을 도리가 전혀 없다'고 한다. 바로 이 경계가 위에서 거듭 언급한 은산철벽과 다르지 않다. 더 이상 오르지 못하고 조금도 뚫고 나가지 못하기 때문이다. 그것은 백척간두라는 정점과 다르지 않다. 그렇다면 여기서 어떻게 한 발 내디딜 수 있을까? 이 경계에 그대로 머물러 있기만 하다면 죽음일 뿐이다. 그래서 '죽은 뒤에 살아나지 못한다'라고 비유한 것이다.

한 발 내딛는 진일보(進一步)만이 되살아나는 길이다. 그것을 달리 비유하여 스님은 "절벽에서 잡은 손을 놓고 떨어진다."고 하였다. 더 이상 오를 곳이 없는 은산 그 꼭대기에서 버티고 있는 마지막 의지처를 놓는 찰나에 신세계가 열린다. 『주역』에서 "궁지에 몰리면 변화가 일어나고 변화하면 막힌 장애가 뚫린다[窮則變, 變則通]."라고 한 이치와 다

르지 않다. 향상(向上)의 절정에서 할 수 있는 진보는 처음 밟아 올라갔던 지반으로 향하(向下)하는 일이다. 은산 꼭대기를 붙들고 있는 찰나는 화두가 제 모습을 드러낸 경계이다. 한 걸음 나아가 손을 놓는 자리에서 화두가 타파되는 순간을 맞이한다. 무엇이 이 결정적인 한 수를 가능하게 할까? 바로 '의심'이다. 그러므로 이것이 없는 공부를 근본적인 병통이라 규정하였다.

왜 의심이라 하는가? 이전의 말에서 이미 그 대체적인 맥락이 드러났다. 오로지 화두만 남겨 두고 그 나머지 모든 앎과 정보는 모조리 버려야 한다. 잡은 손을 놓는 그 방식이다. 의심은 이렇게 버리고 놓는 작용을 효과적으로 이루도록 만들어준다. 이 말도 의심의 불로 태우고 저 말도 의심의 불로 태우는 전략이다. 의심은 이처럼 불필요한 지식의 도구를 태우는 불구덩이와 같다. 이 불길이 잠시라도 꺼지면 화두 타파의 길은 열리지 않는다.

있다고 해도 의심하고 없다고 해도 의심한다. 다른 그 무엇이라 해도 철두철미하게 의심한다. 의심은 이런 과정에서 모든 언어의 속박을 풀고 철저하게 가루가 되도록 분쇄하는 도구로 쓰인다. 의심이 무르익어 의지할 방편이 없게 되는 그 자리가 백척간두요 은산철벽이다. 잘못된 앎과 그릇된 이해는 물론이고 무엇이건 인지하고자 의존했던 격식과 틀을 무력화시킨 순간에 화두는 그 진실을 드러낸다.

3) 화두로 바꾸기

오로지 선사들의 특별한 언행만이 화두에 속하는 것이 아니라 모든 말과 이야기는 화두로 변신할 수 있다. 그 말을 조직하고 이해하는 방식에 따라 화두인지 아닌지 결정 난다. 확정된 의미와 주어진 이념이 있다면 이미 화두가 아니며, 설령 그렇게 점지된 언어일지라도 '쇠망치'를 맞고 확고한 의미가 모조리 벗겨지면서 화두로 변신할 준비를 마친다.

화두로 변신하려면 선·악과 유·무 등 모든 대립의 양편이 함께 무의미로 전락해야 한다. 선을 잡으려 하면 악으로 차단하고 악에 치우치려 하면 선으로 가로막는다. 선과 악 어느 편도 들지 않으며 일정하게 안주하는 터를 잡지 못하도록 하는 장치로서의 역할을 마치면 선도 악도 무의미로 사라진다. 선이 은산이면 악은 철벽이다. 여기서 속이 터지는 시원한 답변을 기대해서는 안 된다. 그러는 순간 화두는 '죽은 말'이 되기 때문이다. 해답은 화두를 궁구함으로써 모든 터무니없는 의미가 해체된 지경에서 바로 그 당사자가 찾을 일이다. 89칙 〈수시〉의 말이다.

자기를 몰라도 은산철벽이고, 자기를 알아도 은산철벽이다.

성철스님은 자기를 알거나 모르거나 모두 은산철벽이라 전한다. 화두의 전형이다. 우리는 흔히 '본래의 자아'나 '본래면목' 등으로 불리는 자기를 알라는 지시를 받으면 당연시한다. 그러나 자기 또는 자기를 안다는 말 또한 화두인 한에서 '산 말'로서 생명력을 지닌다. 그러자면 그 말을 듣는 그 자리에서 이것들이 가진 모든 개념의 맛이 떨어져 나가야 한다. 알아도 어찌 해 볼 방도가 없는 은산철벽이고 몰라도 마찬가지이다.

이번에는 32칙 〈본칙〉에서 살펴보자.

운문에게 어떤 학인이 "부처란 무엇입니까?"라고 묻자 운문이 대답했다. "마른 똥막대기!"

청정한 맛도 없는 부처와 더러운 냄새도 나지 않는 똥막대기라면 교환되지 못할 이유가 없다. 부처를 고좌에서 끌어내려 똥막대기 자리에 주저앉히고, 똥막대기를 부처와 맞바꾸어도 득실의 차별은 없다.

송원숭악(松源崇岳)에게 어떤 학인이 물었다. "마른 똥막대기라는 뜻은 무엇인가요?" "자고새 우는 곳마다 온갖 꽃이 향기롭구나."

이에 대하여 성철스님은 "제호(醍醐)라는 최상의 맛이 도리어 독약으로 변했구나."라는 착어를 달았다. 똥막대기를 물음에 송원은 자고새 울고 향기로운 꽃이 핀 풍경으로 응답했다. 참으로 알아채기 어려운 함정의 한 수를 두었다. 누구라도 피하고 싶고 더러운 냄새를 풍기는 그것에 대하여 듣기 즐겁고 향기로운 꽃으로 대체한 것이다. 그것이 함정이고 속임수이다. 전혀 다른 가치로 바꾼 듯이 위장하였을 뿐이다. 앞에서 마른 똥막대기가 추한 구석이라곤 조금도 없는 무의미한 말이었다면, 여기서 자고새와 꽃으로 대표하는 그 말도 아름다움을 가장한 무의미일 뿐이기 때문이다.

성철스님이 그 핵심을 집어내었다. '가장 맛있는 제호인 줄 알았더니 사실은 독약이었다.' 똥막대기를 집어치우고 대신 향기로운 꿀처럼 제시한 송원의 말에 숨은 함정을 곧바로 지시하였다. 부처란 무엇이냐는 물음에 달콤한 그 무엇으로 대답할 줄 알았는데 거꾸로 똥막대기라 한 운문의 말이 애초에 그러한 독약이었다. 그것을 송원이 자고새와 꽃으로 바꾸어 시행하였지만 이 또한 먹을 수 없는 독약이라고 스님은 간파한 것이다.

딱딱하게 굳은 사람들의 편견에 가하는 스님의 한 방이다. 부처를 부처 그대로 고결하고 높은 깨달음을 성취하신 분으로 감복하는 순간 지혜의 생명을 죽이는 독약으로 변질한다. 이해력이 떨어지는 사람을 만나면 그의 손에 의해 제호가 독약이 되기도 한다.

본래부터 귀·천과 고·하의 구분이 없는 말이 화두이기에 이러한 활용이 성립하고 무차별의 교환이 가능한 것이다. 그것은 물물교환과 같다.

4) 선문답의 물물교환

질문하고 그에 응답하는 형식이 선문답에서는 특별한 관계에서 이루어진다. 그것은 하나의 물건을 가지고 다른 물건을 맞바꾸는 물물교환과 다르지 않다. 26칙 〈착어〉를 보자.

소 한 마리를 꾸었다가 말 한 마리로 갚는다.

우리는 소나 말을 사기 위하여 돈을 꿀 수도 있고, 소를 꾸거나 말을 꾼 다음에 그에 맞먹는 돈을 지불하기도 한다. 이것은 모든 물건 값을 돈으로 치환하는 방식에 따른다. 이처럼 물건을 바꿀 수 있는 돈과 같이 모든 화두를 불성·진여·마음 따위의 해결 수단과 맞바꿀 수 있다고 생각하기 쉽다. 그러나 그것들은 화두의 난관을 해결하는 교환 가능한 수단이 될 수 없다. 오히려 해결을 방해하는 또 하나의 장애물

일 뿐이다. 갖가지 차별된 화두를 모조리 귀착시키는 최상의 근원이라는 관념에 예속될 가능성이 농후한 탓이다.

소를 말로 말을 소로 주고받는 물물교환은 어떻게 성립하는가? 우선 말과 소를 서로 차별이 없는 평등한 값으로 받아들여야 한다. '선종의 종지'를 물었는데 '뜰 앞의 잣나무'로 대답하는 문답이 이에 속한다. 오로지 그 당시의 구체적인 물건 이외에 그것을 대체할 다른 그 무엇도 없고 모든 물건을 차별 없이 치환할 돈도 이 교환에는 맞지 않는다. '뜰 앞의 잣나무'만이 유일하며 그 밖에 그것을 교환할 대체물은 없다.

소 한 마리와 말 한 마리라는 낱낱의 그 물건이 흠 없는 완성품이다. 그 때문에 다른 무엇과도 교환할 필요가 없다. 〈총재법어〉에서 성철스님이 말한다.

> 낱낱의 존재가 흠 없이 완성되어 있고 곳곳에 온전한 진실이 드러나 있으니 불법(佛法)이라는 두 글자조차도 생살을 도려내어 상처를 내는 말에 불과하다.

소 한 마리, 말 한 마리, 뜰 앞의 잣나무! 이들 각각의 말은 그것으로 온전한 진실이기에 불법 따위의 말로 환원할 필요는 전혀 없다. 불법이라는 빛으로 비추어야 분명히 드러나는 그 무엇은 아니라는 뜻이다.

73칙에 인용된 대혜종고의 평가에는 이 구절에 이어 "사람이 평등하게 마음먹으면 치우친 말을 하지 않고, 물이 평평하면 한 방향으로 기울어 흐르지 않는다."라고 하였다. 말을 꾸고 나서 소로 갚은 거래에서 어느 편이 손해이고 어느 편이 이익인지 이해득실을 따지는 생각에 기울지 않는다. 말 그대로 물물교환 그 이상이 아니다. 여기서는 재는 저울도 필요 없다. 무거우면 무거운 그대로 가벼우면 가벼운 그대로 좋고, 말은 말로서 소는 소로서 유일한 가치를 지니기 때문이다.

그대에게 주장자가 있다면 주장자를 줄 것이고, 그대에게 주장자가 없다면 주장자를 빼앗겠다.

이 말은 15칙 〈수시〉와 78칙 〈착어〉에 보인다. 이것은 본래 파초혜청(芭蕉慧淸)이 제기한 이후로 회자되기 시작하였다. 이는 얼핏 이상한 거래로 보인다. 부족한 자에게는 보태주고 넘치는 자에게는 덜어주어야 평등을 실현할 수 있다고 보는 것이 일반적 관점이기 때문이다. 하지만 이는 낱낱의 존재를 손대지 않고 그대로 두는 방식의 평등한 마음에 뿌리를 두고 있다. 있으면 있는 그대로 없으면 없는 그대로 차별이 없다는 발상에서 가능한 견지이다.

있는 자에게는 주는 행위를 하지 않아도[無爲] 준 결과가 되고, 없는 자에게도 굳이 빼앗는 행위를 가하지 않아도[無爲] 빼앗은 결과가 된다. 주거나 빼앗는 행위 모두 무위(無爲)·무사(無事)와 통하며 여기서 평등이 나온다. 이번에는 54칙 〈수시〉에 나타나는 교환을 보자.

보살이 돈을 가지고 호떡을 샀는데 손을 펼치자 원래 둥글둥글한 쇳덩이였다.

호떡과 쇳덩이의 교환이 자유로운 이 시장에서는 이익도 손해도 처음부터 끝까지 어느 구석에도 없다. 그래서 11칙 〈착어〉에 "이익이 있건 이익이 없건 (상인은) 시장을 떠나지 않는다."라고 한다. 이익과 손해

사이에서 거래가 벌어지는 그곳에 항상 있지만 재산이 늘지도 않고 줄지도 않는 그는 언제나 손익계산에서 벗어나 있다. 화두공부상의 모든 거래는 손해와 이익이라는 측면을 기준으로 삼지 않기 때문이다.

7. 승부의 저편

선문답에서 양자가 갈라져 벌이는 언쟁은 전투의 한 장면을 연상케 한다. 대부분의 전투는 승패를 가르기 위한 양자 사이의 적대적 충돌이다. 각 진영은 전쟁에서 승리를 거두는 데 목적을 두기 때문에 승패의 감정도 그만큼 강렬하다. 이 충돌은 승리한 편에까지 소모를 가져올 수밖에 없고 최악의 경우는 이겼다고 하더라도 패배한 적의 손실과 맞먹는 피해를 보는 경우가 허다하게 많다. 상처뿐인 승리란 그런 경우를 가리킨다.

본보기가 되는 선문답에서는 그러한 상처의 아픔이 애초에 없다. 두 진영 모두 갈라지기 이전의 소식에 단단히 뿌리를 두고 있기 때문이다. 불꽃이 튀며 만내와 대답이 오가는 듯해도 어디까지나 승과 패로 갈라질 수 없는 평등에 뿌리를 내리고 양자가 뒤섞여 혼돈을 주고받고 있는 것이다.

'본지(本地)'에서 전해오는 그러한 소식은 싸우지 않고 승리를 거두는 부전승과 같다. 다만 양편이 모두 이기기 때문에 여전히 승패가 나누어지지는 않는다. 듣기 좋은 말과 관념으로 구획하여 보기 좋은 논리로 디자인하고 구석구석을 아름답게 묘사하면 받아들이기에 달콤할지라도 본지의 풍광으로 보면 이미 난도질당하여 돌이킬 수 없을 정도로 깊은 상흔이 패인 결말을 맞는다.

『본지풍광』에서 보이는 대결에서는 이기면 양편 모두 이기고 지면 양편 모두 지기 때문에 영원히 승부를 가르지 못하는 무승부가 된다.

간화선에서 평등은 지향해야 할 이념은 아니다. 하지만 일정한 공안의 본질을 포착하려면 항상 눈에 붙이고 있어야 할 핵심적인 덕목이다. 본분을 추구하는 납자는 중생을 얕잡아 보지도 않고 부처를 갈망하지도 않는다. 악한 사람에게 분노하지도 않고 선한 사람을 떠받들지도 않는다. 어느 편이나 그들의 자유로운 삶을 표현하는 소재로 써먹고 나면 가볍게 버릴 뿐이다. 이러지 않으면 공안상의 모든 말에 따라 휘청거리며 균형을 상실하게 된다. 〈선림시중〉에서 성철스님이 말한다.

> 부처님은 지옥에 떨어지고, 부처님 몸을 해친 조달(調達)은 극락정토에서 쉬고 있다.

이러한 발언에 평등의 균형을 잃지 않는 면모가 자연스럽게 드러난다. '정토에 계신 부처님과 지옥에 떨어진 죄인'이라면 얼마나 식상하고 격에 짜 맞춘 생각이겠는가! 부처님과 조달, 지옥과 극락이 가지는 각각의 의미가 문제가 아니고 그것을 하나의 확고한 틀로 머리에 담아서 분별할 때마다 그것에 의존하는 방식을 때려 부수기 위한 전법과 통한다. 마찬가지 관점에서 법신(法身)의 본질을 간파한 구절은 42칙 〈법어〉에서 다음과 같이 표현한다.

상대가 강하게 나오면 약한 수단을 부리고, 천하게 나오는 상대를 만나면 귀하게 행동한다.

강·약과 귀·천은 흔한 대립 구도이다. 누구나 강하길 원하고 귀한 신분을 바란다. 이것은 차등에 입각하여 상대적으로 높고 강한 편을 차지하려는 욕구에 따른다. 이 자연스럽고 단순한 흐름을 거스르고 몇 가지 지류를 터놓는다. 강하면 약하게 약하면 강하게 그리고 천하면 귀하게 귀하면 천하게 나온다. 강이나 약 그 어느 일변으로 흐르지 않고 어느 편에도 주도권을 주지 않고 평등하게 열어 놓는다. 이런 관점에서 보면 천당과 지옥도 서로 주고받는 관계가 된다. 17칙 〈착어〉에서 성철스님이 말한다.

천당의 문과 지옥의 문은 마주보고 있다.

천당과 지옥을 동일한 차원에 묶어 놓아 평등을 지향하는 납자의 수법이 드러난다. 그렇게 인식의 틀을 부수어 양자 간에 벌어진 선과 악의 차별이 무너져 내린 순간 평등이 자리 잡는다. 본질적인 역할과 영역을 바꾸어버림으로써 평등이 실현되면 이제 부처님과 조달이나 지옥과 정토 따위의 양단을 마음껏 오고 갈 수 있다.

여기까지 오면 지옥도 극락도 처음부터 특별한 의미가 없었다는 것을 알게 된다. 그것을 간화선에서는 아무 맛도 없는 화두라 한다. 괴로운 맛(지옥)도 즐거운 맛(천당)도 쓴맛도 단맛도 없기 때문에 몰자미(沒滋味)라 한다.

일상에서 우리는 보통 일정한 맛에 길들여져 있다. 저도 모르게 그 어떤 맛에 중독되는 그때부터 그것을 자연스럽게 받아들인다. 납자는 무엇보다 이렇게 어떤 맛에 물들어 굳어진 혀를 꺾어서 빼앗는다.

마치 단맛에 물든 아이에게 사탕을 먹지 못하도록 막듯이, 맵거나 짠맛으로 기울어진 어른의 기호를 차단하듯이, 납자들도 부처다 조사다 진여다 불성이다 하며 멋대로 이해하고 환호하는 사람들의 맹목적인 성향을 빼앗아야 할 사치품으로 여긴다. 34칙 〈착어〉에 그 취지가 보인다.

허유(許由)는 귀를 씻어냈고, 소부(巢父)는 소를 상류로 끌고 가 물을 먹였다.

허유와 소부는 세상의 명예와 지위를 부질없다 여기고 받아들이지 않았던 대표적인 전설상의 은둔자들이다. 요(堯)임금이 왕위를 물려주고자 두 사람에게 제안했다. 하지만 허유는 그 말을 들어서 더러워진 귀를 물로 씻어내었다. 소부는 허유가 더러운 말을 듣고 귀를 씻어낸 그 오염된 물을 소가 마실까 염려하여 소를 끌고 강물 더 위로 올라갔다.

성철스님은 허유와 소부가 그러했던 것처럼 부처님의 금과(金科)라고 해도 씻어내고 조사의 옥조(玉條)라고 해도 물들지 않기를 내심 바랐던 것이다. 무엇으로도 더럽혀지지 않은 그 몸, 그 무엇으로도 물들기 이전의 그 모습이 될 때까지 털어내는 먼지떨이와 같은 도구가 화두이다. 어떤 화두가 되었건 이렇게 다 털어져 나간 순간을 맞이한 사람 앞에만 그 진실한 모습을 드러내기 때문이다.

그러나 이러한 말 자체도 뚜렷하게 집착의 실마리를 또 하나 남긴다. '부처'가 달콤하게 삼킬 수 있다는 실마리가 된다면, '쓰레기'는 토해내야 한다고 생각하는 집착의 단서가 된다. 깨끗하게 청소된 마당일지라도 비질한 흔적이 남듯이 더러운 자취를 숨기려 할수록 그렇게 치우려는 속내도 함께 뚜렷이 드러나는 일은 어쩔 수 없다. 50칙 〈법어〉에서 보자.

> 가장 잘 묶은 결박에는 어떤 끈도 없고, 가장 뛰어난 걸음에는 어떤 자취도 남지 않는다. 싸우지 않고도 적병을 굴복시키니(부전승) 직면하고는 그 상황에 합당하게 재빨리 움직인다. 덕산 노인이 보여준 미묘한 솜씨와 예측불허의 기틀은 부처와 조사도 엿볼 수 없으니 영원토록 우뚝 홀로 거니는 경지이다.

이 〈법어〉는 『노자(老子)』와 『손자병법(孫子兵法)』을 섞어서 선의 도리를 밝힌 원오(圜悟)선사의 말에서 빌려왔다. 지나간 길에 자취가 남지 않듯이 아무리 말을 하여도 얽어맬 실마리를 흘려두지 않는다. 만일 그것에 잡아챌 무엇이 조금이라도 있다고 여긴다면 그 당사자가 헛것에 홀린 것에 불과하다. 이는 덕산과 곽시자(廓侍者) 사이에 오간 〈본칙〉의 문답에 대한 성철스님의 평가이다. 시자로서 감히 스승을 무시하는 듯한 발언을 하였음에도 덕산은 그 특유의 방(棒)도 휘두르지 않고 그가 하는 대로 받아들일 뿐이었다. 상대가 강하게 나오면 도리어 약한 수난을 늘고 나오고 상대가 유약하게 나오면 강력한 수단으로 대응하는 수법과도 통한다.

화두참구라는 평등한 관점에 따르면 부처와 중생에 상관없이 지옥에 떨어지면 함께 떨어지고 해탈이라면 함께 해탈한다고 본다. 53칙 〈수시〉에 나타난다.

성불해도 지옥에 떨어지고 성불하지 못하여도 지옥에 떨어진다. 이 곤경을 뚫고 벗어날 한 구절은 무엇일까? (침묵하다가 말했다.) 숲 속에서 만난 그 사람이 알고 보니 오래된 벗이라 손잡고 돌아와 조주차를 마신다.

부정과 긍정을 자유롭게 오가는 면모를 보여준다. 앞에서는 성불한 사람이건 그렇지 못한 사람이건 모두 지옥에 떨어뜨렸다가 뒤에서는 그들을 벗으로 짝지어 차 마시며 어울리도록 하였다. 성불하여도 내치고 성불하지 못하여도 내치며 지독한 평등과 균형을 유지한다. 납자의 눈에는 성불이 예찬의 대상으로 떠오르지 않을 뿐만 아니라, 성불하지 못하고 하천한 단계에 머물러 있는 상태와 한 묶음으로 부정의 대상이 되기까지 한다.

하지만 이러한 부정을 고수하며 머물지도 않는다. 역시나 하나로 꿰어 차 마시는 벗으로 받아들이기 때문이다. 앞말을 진실로 맛보려는 순간 뒤집어엎었듯이 뒷말이야말로 진실이라 여기는 순간 이 또한 뒤집어엎을 것이다. 성불 여부로 갈라지는 양편이 대립으로만 보이는 사람에게 부정할 때는 모두 부정하고 긍정할 때는 모두 긍정하며 하나의 무리로 몰고 다니는 수법은 받아들이기 쉽지 않은 일이다.

선사들에게는 결론짓는 말이 없다. 마지막에 조주차를 마시며 단란한 분위기로 꾸민 스님의 의도로 보면 여기서 주저앉아 도리를 궁구하면 큰 잘못이다. 이는 호의를 베푼 장면이 아니기 때문이다.

80칙 〈수시〉에서는 부처님의 출세와 달마가 서쪽에서 온 인연, 임제의 할과 덕산의 방을 모조리 쏜살과 같이 지옥에 떨어질 일로 몰아넣었다. 이러한 수법을 가리켜 "하나의 판결문에 죄인들의 죄상을 한꺼번에 적어 넣는다."라고 한다. 그 낱낱에 어떤 잘못이 있어서가 아니라 부처님의 교설로부터 덕산의 방에 이르기까지 대단하고 훌륭한 인물이자 탁월한 언행이라고 환호하며 보내는 그 헛된 칭송을 향해 쏘는 독화살이다. 이러한 마음은 화두를 타파하는 본분사를 가로막기 때문이다.

어떤 선사의 수행을 수년 동안 돕던 노파가 암자를 불사른 이야기가 30칙 〈본칙〉에 전한다. 선사는 어떤 잘못을 했고 노파는 무슨 진실을 간파했던 것일까?

옛날 어떤 노파가 한 선사를 20년 동안 공양하면서 항상 딸을 시켜 밥을 보내어 시중을 들도록 하였다. 하루는 딸에게 그 선사를 껴안고 "젊은 여자에게 안긴 기분이 어떠신지요?"라고 묻게 하였다. 그 선사는 "마른 고목이 차가운 바위에 기대어 있으니, 한 겨울에 따스한 기운이 없는 것과 같소."라고 하였다. 딸이 돌아와 노파에게 사실대로 전하자 노파는 "내가 20년 동안 저런 속된 놈을 공양하였다니!"라고 하고서 마침내 분연히 일어나 암자를 불태워버렸다.

일반적으로 이 이야기를 들으면 선사에게 무엇인가 잘못이 있고 그것을 실책하고자 노파가 암자를 불살랐다고 판단하는 경향이 있다. 선사가 활발한 기력을 상실하고 고요함만 추구하는 선법(禪法)에 빠져 있다는 주장이 이편에 선다. 반면 노파는 한층 높은 안목에서 활기를 잃고 싸늘하게 식은 선사에게 불길을 지펴주었다고 본다. 이것은 승부를 가르고 우열을 나누는 관점에 예속된 결과이다. 하지만 우열과 승부는 본래 없었고 도리어 그것은 이 이야기에 파묻어 놓은 가장 깊은 함정이다. 노파가 마치 '속된 놈' 반대편에 성인을 놓아두고 욕한 듯한 외양이지만 그렇지 않다.

이 공안의 〈수시〉에서 성철스님은 양편을 평등하게 보는 관점을 바로 드러낸다.

> 한 쌍으로 잡아들이고 한 쌍으로 풀어주며, 양편 모두 죽이고 양편 모두 살린다. 따귀 세 대와 주장자 세 방에는 상도 있고 벌도 있으며, 한 번의 절과 한 번의 곡에는 나음도 없고 못함도 없다.

여기서 한 쌍과 양편은 말할 여지도 없이 노파와 선사를 아우르는 말이다. 잡아들여도 풀어주어도 모두 한 쌍으로 평등하게 시행한다. 마찬가지로 선사는 죽이고 노파를 살리는 식이 아니라 죽여도 다 죽이고 살려도 다 살린다. 특별히 나은 편도 없고 못한 편도 없다. 그렇다면 도대체 누구에게 상을 주고 누구에게 벌을 내리겠는가! 이렇게 보기만 하면 이 공안의 대체를 낚아채고 있는 셈이다.

〈법어〉에서도 이 공안을 소재로 이렇게 말한다.

> 대답해 보라! 노파가 암자를 불사른 행위는 상을 주는 것일까, 아니면 벌을 내리는 것일까? 만일 상을 주는 것이라고 한다면 선사의 뜻을 등지는 결과이고, 벌을 내리는 것이라고 한다면 노파의 뜻을 매몰하는 결과가 된다. 여기서 특출하게 바른 안목을 갖추고 골수까지 속속들이 뚫어본다면 선사의 굴욕을 씻겨줄 뿐만 아니라 노파에게 축하를 보낼 수도 있을 것이다.

〈본칙〉의 공안을 소재로 또 하나의 화두를 제기한 대목이다. 이 화두를 궁구하는 가장 기본적인 문제의식은 이렇다. 암자를 불사른 행위는 선사가 잘했다고 주는 상도 아니었고 그가 수행을 잘못하여 내리는 벌도 아니었다. 상도 벌도 아닌 이 곤경, 그것이 화두의 관문이다. 이 관문을 뚫고 나가기만 하면 선사가 헛되게 세월만 보냈다는 견해의 속박에서 벗어날 수 있다. 진 자도 없고 이긴 자도 없는 전장에서 부질없이 양자를 가리려 애쓸 필요 없다. 진실한 납자는 승부의 저편에서 승부를 무한히 활용하는 노련한 전략가이다.

8. 『본지풍광』의 현재적 의미

어느 시대나 마찬가지로 오늘날도 모든 영역에서 영웅은 만들어지고 그를 본보기로 따라하라고 부추긴다. 성철스님도 당신의 의도와 상관없이 한 시대가 요청하고 만들어 내면서 때로는 왜곡당하기도 한 영웅에 속한다.

그렇다면 성철스님 자신은 스스로 추종할 영웅을 품고 있다가 결국은 그 영웅과 닮게 되었던 것일까? 아무도 확증할 수 없다. 다만 부처님 밥값을 했다고 자평한 『본지풍광』의 저자에 한정시키면 이 문제에 관하여 추정할 만한 실마리가 보인다. 여기에는 불조(佛祖)의 언행을 부단히 되뇜과 동시에 뒤집어엎는 납자로서의 본색이 들어 있기 때문이다. 그런 한에서 스님은 범부들에게 영웅을 뒤따르도록 꼬드기는 선동가가 아니라 뛰어난 솜씨로 영웅과 범부의 뿌리를 한꺼번에 흔들어 뽑는 전형적인 납자일 수밖에 없다.

그래서 스님은 영웅을 때려 부수고자 철퇴를 쥐고 있는 납자로 그려져야 옳다. 적어도 화두공부를 근본으로 삼았다는 점에서 이러한 평가는 피할 수 없는 성철스님의 운명이다. 『본지풍광』의 진실은 영웅의 거점을 인정사정없이 불살라버리고 그 자신도 흔적 없이 태워 없어지는 인물을 지향하도록 인도한다. 『본지풍광』에 등장하는 수많은 주인공들과 마찬가지로 저자인 성철스님 역시 어떤 유형의 영웅으로도 눌러앉으려 하지 않고 누구도 주인공으로 치켜세우며 떠받치지도 않는다. 누구라도 이 진면목을 놓치고 막연히 스님을 영웅시한다면 허깨비를 숭배하는 꼴에 불과할 것이다.

오늘날 무수한 정보가 주어지는 만큼 선택의 가지도 고를 수 없을 정도로 많다. 그럼에도 우리 스스로 골라낼 수 있는 자유가 있다고 느

끼는 경향이 있다. 그러나 현실적으로 그 하나하나가 모두 자신의 의식을 속박하는 굴레가 될 가능성도 함께 가지고 있다. 스스로를 옥죄는 끈이라는 것을 눈치채지 못하고 자신의 색감에 따라 고르는 행위에 선택의 자유라는 명패를 붙인 것일 뿐이다.

이처럼 우리의 의식을 미리 점유하고 있거나 그럴 수 있는 상태로 항상 대기하고 있는 적들에 대항하기 위한 예리한 무기를 만드는 훈련이 화두공부다. 여러 가지 방식으로 고체화되고 규격화되어 단단하게 굳어진 사고방식과 지식의 틀을 분쇄하는 도구를 이 공부에서 발견할 수 있다.

공안을 음미하다 보면 자연스럽게 우리 주변의 대소사를 바라보는 비판의 관점과 맞닿아 있다는 생각을 갖게 한다. 최상도 최하도 설정하지 않고 자타 모두 끊임없이 비판을 향해 개방하는 공안의 논리는 양자 어디에도 치우치지 않고 중도를 비롯한 어떤 안주처도 쓸어 없앤다. 마치 영웅과 범부의 뿌리를 모두 흔들어 뽑듯이.

이로써 강건하게 굳어진 우리 주변의 갖가지 헛된 가치를 거꾸로 쏘아보는 눈을 지닐 수 있다. 화두를 참구할 때 붙이고 있는 평형감각이 대상을 만나 이러한 안목으로 확장되는 것이다. 각 영역에서 가장 볼 만하고 고귀하다고 굳혀 놓은 본보기도 이 평등한 저울질 앞에서 무게를 상실하고, 부비판적으로 그것을 모방하고 흉내 내는 어리석은 광기도 뒤이어 가라앉는다.

우리 주변에 상주하는 악들이 있다. 그것은 엄청나게 선한 이미지의 가면으로 위장하고 공익과 정의 따위를 외치기도 한다. 빈·부와 귀·천 그 어느 편에도 서지 않고 이들을 모두 혼돈에 몰아넣은 그대로 의심하는 화두 특유의 파괴력을 가지고 이러한 현상의 실태를 들추어낼 수 있다. 일말의 부당한 위세에도 기울어지지 않는 납자의 균형감각은 저들 가면을 남김없이 부수어 참으로 악한 그 정체를 밝히는 경각의 도구로 화두를 사용한다.

화두공부의 관점에 따르면, 정치·철학·문화·종교 등 각 분야에서 내세우는 근본적인 의미나 궁극적인 이념 따위는 모조리 문드러져야 할 대상에 불과하다. 이들 앞에는 또 다른 의미와 이념이 근본을 자칭하며 나타나 갈등과 파당을 조장한다. 어떤 파당에 물든 습성이 되었건 남김없이 무너뜨리는 힘이 이 공부를 통하여 늘어날 수 있다.

화두로 단련된 의식은 권력과 부를 장식하고 있는 온갖 위선을 조롱하고 무력화하여 엄숙한 그 표정에 직격탄을 날린다. 저들 부귀의 당체가 공유하는 특징은 공익을 위한 변화를 거부하고 그럴 듯한 이유를 들먹이며 그 이득을 타자들과 나누지 않고 자신과 자기를 보호하는 집단의 이익만 도모한다는 점이다.

화두는 어떤 사회적 행동을 지시하지는 않는다. 하지만 개별적 존재들이 그러한 부당성을 예민하게 의식하고 그것들의 얄팍한 외피를 벗겨내어 똥막대기와 부처를 교환하는 거래 관점으로 그들이 얼마나 보잘것없고 무의미한지 알아차리는 눈을 뜨도록 유도할 수 있다. 부처라는 관념에 무지하게 붙이는 힘이나 현실의 각종 부귀에 찌그러드는 나약한 심성이나 불평등하기는 마찬가지다.

그러나 『본지풍광』에서 제공하는 화두공부의 성과로 모든 문제를 효과적으로 이해할 수는 없다. 세상에는 대단히 중요하지만 이것과는 무관한 개별적 문제들이 너무나 많이 널려 있다. 간화선 또는 화두공부로 얻은 일부 성과로써 모든 문제를 설명하고 풀어낼 수 있다는 생각은 간화선이 지향하는 세계와 오히려 어긋난다. 그것은 두 갈래 독단에 모두 철퇴를 휘두르고 온갖 대립 요소 어느 편으로나 무한히 개방하는 화두의 평등의식과 괴리되는 탐욕에 지나지 않기 때문이다.

하지만 화두의 본질을 충분히 이해한 사람이라면 적용하기 적절한 대상을 그때마다 주변에서 어렵지 않게 찾을 수 있다. 언젠가부터 우리 생활 깊숙이 침투해 있는 인터넷상의 정보와 지식이 그 예이다. 그놈은 하루가 멀다 하고 진화하며 자가 복제와 증식을 거듭하고 있다. 이 공간에 들어서면 누구나 주체를 알 수 없는 무수한 정보 속에서 그때마다 기분 나는 대로 해답을 선택하도록 내몰린다. 화두를 궁구하듯이 그대로 적용하기는 불가능하지만 이 공부의 몇 가지 요소를 활용하는 일은 가능하다.

의지할 근거와 모색할 수단을 남김없이 빼앗아버리는 간화선의 방법은 어떤 권위에도 의존하지 않고 스스로 문제의식을 가지고 그 소재들을 자기화할 수 있는 적절한 자가 훈련법이다.

지식은 때로는 사람들의 무겁거나 가벼운 온갖 문제를 풀어주는 해결사 역할을 맡는다. 정치·건강·의료·투자·죽음 따위에 이르기까지 그 지식의 혀로 쏟아내지 못하는 해법은 없다. 이곳에서 사람들은 기다리며 참지 않는다. 해답이 만족스럽지 않으면 클릭하여 다른 장소로 즉시 이동하면 된다. 그들은 의심할 필요도 없다. 적당한 선에서 만족할 만한 해결책이 주어시는 탓이다.

화두의 사유법 내지 지향성은 이와 전혀 다르다. 마무리 짓는 결정적 해답은 있을 수 없고 확정된 해결책은 모두 의심의 화로에 집어넣어 녹인다. 하나의 화두를 붙들고 의심의 불길로 태우며 헛된 생각이 모조리 타들어갈 때까지 대결하는 화두참구법을 응용하여 이러한 상황에 대응하는 방법을 연구해 볼만하다. 여기에는 대립하며 맞서는 양자의 우열이 없는 평등한 관계도 수반된다. 이만큼 간명한 방법도 없다. 이것이 이 공부의 장점이 될 수도 있다.

하지만 화두공부가 최상의 수행법이라거나 상근기에게 한정된 수행법이라는 등 근거 없는 견해를 고수한다면 간화선의 진실마저 깎아먹고 좁은 속을 드러냄으로써 배타적 보호막 속에 궁색하게 처박히게 된다. 다양한 수행법 가운데 특수한 하나일 뿐이라는 사실을 받아들이고 그 특징과 장점에 눈을 뜨도록 안내함이 최선이다. 무엇보다 이 공부는 그 뿌리부터 수행자의 자기성찰이라는 한계를 받아들이고 여기서 비판적 대응의 토대를 마련하고 미래의 가능성을 모색해야 한다.

우리는 화두의 사유방식 속에서 거짓과 폭력을 수반하는 차별에 대한 감수성을 가장 예민하게 끌어올릴 수 있다. 그것은 병을 부르는 차별에 대항하여 정신을 건전하게 보존하는 섭생법이다. 원재료는 무수히 주어져 있다. 그 개발이 우리 후손들의 손에 달려 있을 뿐이다.

이러한 개발의 여지가 있더라도 한 가지 명심해야 할 일은 화두를 둘러싼 여러 요소가 그 자체로 위대하다고 마음먹는 순간 자기몰락의 함정에 떨어진다는 점이다. 이 공부의 중심에서 가장 경계하고 있는 자기 폐쇄가 일어나면 타자를 비판으로 개방시키고 자신도 비판을 향해 무한히 열어 놓는 특징을 살릴 수 없다.

돈오돈수설의 종교성에 대하여

박성배
—
뉴욕주립대학교 스토니부룩대학 불교학교수

김용사에 도착하자마자 우리들은 성철스님께 가르침을 청했다. 그러나 성철스님은 우리들의 청을 들어주시지 않았다. 먼저 수험료를 내라는 것이었다. 우리들은 놀랐다. 절에서 수업료를 받다니. 우리들은 어쩔 줄 몰랐다. 큰스님은 껄껄 웃으시면서 말씀하셨다. "절집의 수험료는 너희들 속가의 수험료하고는 다르다. 절집의 수험료란 가르침을 청한 사람이 먼저 '믿음'을 보여야 한다."

1. 들어가면서

　1969년 1월말, 나는 한국을 떠나 미국으로 왔다. 해인사에서 성철스님의 백일법문을 듣고 난 다음, 약 일 년이 지난 뒤의 일이었다. 내가 처음 도착한 곳은 달라스 텍사스, 케네디 대통령이 암살당한 곳이다. 그러나 그곳 주민들은 친절했고 순진했다. 달라스에는 SMU(Southern Methodist University)라는 대학이 있었고, Perkins School of Theology라는 기독교 신학대학원이 있었다. 나는 즉시 퍼어킨스 신학대학원에 입학했다. 그리고 기독교를 공부하기 시작했다.
　평생을 두고 '생각할수록 잘 했다'고 생각되는 일은 별로 없는 것 같다. 그러나 내가 퍼어킨스에서 기독교를 공부한 것은 생각할수록 잘한 일인 것 같다. 기독교 신자도 아니고, 신학자가 되고 싶은 생각도 없었고, 기독교와 불교를 비교해보고 싶은 학문적 관심도 없었다. 한마디로 그때 나는 신학교에서 신학을 공부할 아무런 준비도 되어 있지 않았다. 그러한 나를 누가 기독교의 바다에 던져버렸을까?
　이것을 섭리(攝理)라고 말하는 사람도 있고 인연(因緣)이라고 말하는 사람도 있다. 누가 뭐라고 말하든, 그때 내가 신학교에 들어간 것은 나도 모르는 인연으로 기독교의 바다에 던져진 것 같다. 물에 빠진 자가 죽지 않으려고 갖은 애를 다 쓰듯, 그때 나는 있는 힘을 다해 살아남으려고 기독교 성경을 열심히 읽었다.
　남의 종교를 내려다보는 버릇, 그것은 분명히 나쁜 버릇이었다. 그러나 내가 퍼어킨스에서 기독교를 공부할 때, 나에게는 기독교를 내려다보는 오만 같은 것이 없었다. 그렇다고 당당하게 기독교와 대결한다는 의식도 없었다. 그때의 나는 그동안 내가 가지고 있었던 잣대라고는 하나도 남김없이 모두 다 내던져버린 상태였다. 땅도 내가 살던 땅이 아니고, 말도 내가 쓰는 말이 아니고, 전후좌우 어디를 봐도 나하고는 전혀 다른 서양 사람들 사이에서 내가 할 수 있는 일은 그저 매일매일 온 힘을 다해 기독교 성경을 열심히 공부하는 일밖엔 없었다.

그러한 상황에서 뜻하지 않았던 문제가 하나 생겼다. 그것은 인간을 죄인으로 보는 기독교 사상이 나를 괴롭히는 것이었다. 인간을 이렇게까지 죄인으로 몰아붙일 필요가 뭐 있단 말인가? 강한 반발이 내속에서 폭풍처럼 일어났다. 외부에 있는 남들의 인간관이 아니고 내속으로 들어온 기독교의 인간관이 종래부터 내속에 있어왔던 불교적 인간관과 충돌한 것이다.

이때 홀연히 일 년 전 해인사에서 들었던 성철스님의 백일법문이 떠올랐다. "활구참선(活句參禪)의 세계에서는 구경각이 아니면 어떠한 깨달음도 사람을 죽이는 독약일 뿐"이라는 성철스님의 그 무서운 질책이 생생하게 다시 들리기 시작했다. 못 깨친 자를 사정없이 두들겨 패는 성철스님의 무자비한 장면이 그때 느닷없이 내 앞에 나타난 것이다. 그런데 묘하게도 성철스님의 이러한 모습은 기독교에서 인간을 비판하는 장면과 아주 흡사했다. 기독교와 불교의 차이, 신학교 교수들과 성철스님의 차이, 한국의 해인사와 미국의 퍼어킨스 신학교의 차이, 이런 여러 가지 차이들은 전혀 문제되지 않았다.

다만 성철스님의 그러한 비판이 사람들을 살려내기 위한 자비의 법문임을 잘 아는 나는, 인간을 죄인으로 몰아붙이는 기독교의 인간비판이 인간을 살려내기 위한 사랑의 복음임을 문득 깨달았다. 기독교에서 인간을 비판하는 것이나 불교에서 못 깨친 자를 무자비하게 비판하는 것이나, 다 똑같이 종교의 핵심인 종교성을 드러내기 위한 것임을 알았다.

2. 종교성의 발견

종교성(宗敎性, religiosity)이란 무엇을 의미하는 것일까? 신성(神性)과 인간성(人間性)을 떠나서는 종교성을 이야기할 수 없다. 신성과 인간성, 둘 중 특히 인간성을 바로 보는 것이 종교성을 바로 보는 지름길이라 생각한다. 인간성을 떠나 신성을 이야기하는 사람도 없지 않지만 사실 인간성을 떠나서는 아무도 신성을 밝힐 수 없다. 신성과 인간성은 불가분리다. 다시 말하면 인간성을 이야기하면서 신성을 이야기하지 않을 수 없고, 신성을 이야기하자면 인간성을 이야기하지 않을 수 없다. 인류역사의 종교문화전통에서 신과 인간은 분리시킬 수가 없다. 그러한 의미에서 종교성을 이야기한다는 것은 곧 인간성을 이야기하는 것이 된다.

불교도 기독교도 모두 똑같이 믿음의 세계가 어떤 것인지를 잘 드러내려고 무진 애를 쓰고 있다. 기독교의 인간비판은 인간을 죄인으로 보고 부정하는 것이 아니었다. 거기를 넘어서서 하나님을 발견하고 하나님과 하나되게 하기 위한 것이었다. 불교에서는 깨치지 못한 자가 뭐라 하든 별별 희한한 기적을 다 나타내든, 한결같이 모두 다 때려 부수는 그 무서운 비판이 깨침을 부정하는 것이 아니고 사람들로 하여금 진짜 부처님을 발견하고 부처님과 하나되어 부처님답게 살게 하기 위한 것이었다. 나는 그러한 작업의 핵심에 '종교성이 일하고 있다'고 생각한다.

종교성이 일하고 있는 현장을 들여다보면 기독교든 불교든 둘 다 똑같은 작업을 하고 있다는 사실을 깨닫게 된다. 이러한 깨달음을 맛본 다음부터 나에게서는 기독교인들이 사용하는 '하나님'이라는 말에 대한 거부감이 사라졌다. 나의 이러한 경험을 나는 여러 가지로 이름 붙여보았다. '하나님과 부처님의 만남', 또는 '하나님의 발견' 등등이 모두 그러한 맥락에서 나온 말들이다. 여기에 이르기까지, 나는 오랫동안 불교인들이 사용하는 말과 기독교인들이 사용하는 말의 차이에 사로잡혀 있었던 것 같다.

솔직히 말해서 나는 오랫동안 기독교인들이 사용하는 하나님이란 말을 이해하지 못했다. 그러나 신학을 공부하면서 그동안 내가 기독교의 하나님을 오해하고 있었다는 것을 깨달았다. 몸짓 세계의 말버릇에 갇혀 있었던 것이다. 그래서 말에 집착하여 말이 일하고 있는 현실을 못 본 것이다. 말이야 어떻게 하든 말이 가리키는 달을 보면 될 것을, 그것을 몰랐던 것이다.

퍼어킨스에서의 기독교 공부는 나로 하여금 모든 종교가 가지고 있는 종교성을 바로 보도록 도와주었다. 무엇보다도 나는 신학교에서 자주 쓰는 '종교성'이란 말을 깊이 생각하게 되었다. 우리나라 말에도 '성(性)'자로 끝나는 말들이 많다. 신성(神性), 인간성(人間性), 민족성(民族性), 등등의 말들을 가만히 생각해보면 정신이 바짝 든다.

신성이 무엇인 줄 모르면서 신(神)을 알았다고 말할 수 있을까? 인간성이 무엇인 줄 모르면서 인간을 알았다고 말할 수 있을까? 종교의 세계에서 종교성(宗敎性)을 모르고서 어떻게 종교를 알았다고 말할 수 있을까? 기독교든 불교든 그 종교성이 뚜렷이 드러날 때 하나님을 보게 되고 부처님을 만나게 될 것이다. 하나님이란 말은 기독교의 종교성을 제대로 이해할 때 비로소 드러나는 말일 것이다. 기독교의 하나님은 이 세상 천지만물을 모두 다 창조하신 분이고 창조 즉시 시간과 공간을 초월하여 그 모든 피조물 속에서 그 피조물과 함께 산다는 것이다.

여기서 창조자 '하나님'과 피조물 '인간'과의 관계가 뚜렷해져야 한다. 양자의 관계는 양자를 분명하게 구별할 줄 알 때에 비로소 드러난다. 자기의 언어로 자기가 조작해놓은 가짜 하나님을 알 때가 아니라 자기의 거짓된 조작을 다 때려 부셔 완전히 없애버린 다음 진짜 하나님을 제대로 알 때, 자기 자신을 제대로 안다는 것이다.

기독교에서 양자를 철저하게 구별할 때 노리는 것은 자기의 잣대를 버리라는 것이었다. 여기서 '버린다'는 말은 자기가 가지고 있는 모든 것을 버린다는 말이므로 "이제까지의 자기가 죽는다"는 말이다. 자기가 죽을 때 자기가 산다는 말은 자기와 하나님이 하나가 되는 '다시 태어남'을 의미한다. 불교에서 말하는 '둘 아님' 즉 '불이(不二, not two, non-dual)'의 세계다. 그때 내가 만난 하나님이란 말은 대강 이러한 뜻이었다.

내가 퍼어킨스에서 하나님을 만날 수 있었던 것은 미국으로 떠나오기 1년 전에 해인사에서 성철스님의 백일법문을 들었기 때문이 아니었을까, 이런 생각이 든다. 무슨 말인가? 성철스님은 '깨친 자'와 '깨치지 못한 자'의 구별을 철저히 하였다. 그것은 무자비할 정도의 가혹한 비판이었다. 다시 말하면 '깨치지 못한 자'의 못되어먹음을 가혹할 정도로 나무랬다. 양자의 차이를 제대로 알지 못하면 수행자는 가지가지의 오류를 범하고 수행은 결국 헛수고로 돌아가고 만다.

기독교에서 하나님과 인간을 구별하는 것과 불교의 활구참선(活句

參禪) 세계에서 깨친 자와 깨치지 못한 자를 분명하게 구별하는 분위기가 어쩌면 그렇게도 비슷할 수가 없었다. 한마디로 말해, 두 종교가 가지고 있는 종교성은 서로 떨어질 수 없는 공통점을 가지고 있는 것이다. 종교성을 두고 볼 때 두 종교는 서로서로 크게 다르지 않다. "둘은 다르지 않다!"는 감탄사가 나도 몰래 끝없이 쏟아져 나왔다. 두 종교의 종교성이 제대로 드러나면 '불교와 기독교는 다르다'고 외치는 사람들의 천박함과 경솔함이 저절로 드러날 것이다.

못 깨친 자가 스스로 못 깨쳤음을 제대로 알 때 깨침을 믿게 된다. 그때 믿음은 큰일을 한다. 이것이 바로 둘 아님 즉 불이(不二)에 대한 믿음이라고 말할 수 있을 것이다. 모든 것이 다 상대(相對)가 되어 둘로 갈라져 있는 세상에서 둘 아님의 진리를 발견한다는 것은 쉬운 일이 아니다.

기독교에서 신과 인간의 구별을 철저히 하고, 불교에서 오(悟)와 미오(未悟)의 구별을 철저히 할 때 드러나는 것은 하나님의 세계와 깨침의 세계가 서로 다르지 않다는 것이다. 두 종교의 둘 아님 사상은 신앙으로 이어진다. 기독교의 성경과 성철스님의 백일법문이 내 속에서 만났다는 것은 나에겐 잊을 수 없는 커다란 사건이었다. 이러한 사건은 두 종교의 종교성을 제대로 발견할 때에 일어났다. '종교성'과 '불이(不二)'는 서로 떨어질 수 없는 말이다.

앞에서도 말했듯이, '종교성'이란 종교가 종교이려면 꼭 있어야 할 가장 중요한 것이라고 말할 수 있을 것이다. 인간이 인간이려면 꼭 있어야할 것이 '인간성'이라고 말하는 것과 똑같은 말투다. 불교의 경우, 그것은 부처님이라고 말해야 할 거고 기독교의 경우는 그것을 하나님이라고 말해야 할 것이다.

기독교의 하나님은 이 세상 천지만물을 모두 다 창조하신 분이고 창조 즉시 시간과 공간을 초월하여 그 모든 피조물 속에서 그 피조물과 함께 산다고 앞에서 언급했다. 불교의 부처님은 일즉일체(一卽一切)적인 존재다. 가장 미세한 하나 속에 이 세상 천지만물 자연 대우주가 다 들어 있다는 말이다. 그것이 종교성의 첫째 조건이다. 그 다음, 양자는 완전히 구별된다. 하나님과 인간이 다르고 부처님과 중생이 구별된다는 것이다. 기독교에서 인간을 죄인으로 보는 것이나 불교에서 중생을 삼악도를 윤회하는 존재로 보는 대목이 바로 이것이다.

　천지 자연 대우주로 하여금 저렇게 일하게 하는 이치가 바로 너 다르고 나 다른 개개인이 개개인 노릇 제대로 하게 하는 이치 그것이다. "천지 자연 대우주"라고 말하면 뭐 대단한 것처럼 들리고 "너 다르고 나 다른 개개인"이라고 말하면 그 까짓것 대꾸도 하기 싫은 듯 무시하는 사람도 없지 않겠지만, 사실 알고 보면 "너 다르고 나 다른 개개인"을 빼놓고 "천지 자연 대우주"를 바로 볼 길은 없고, "천지 자연 대우주"를 바로 보지 않고 "너 다르고 나 다른 개개인"을 바로 볼 길이 없다. 이 세상에 있는 것 가운데 가장 어마어마하게 큰 것이 사실은 이 세상에 있는 것 가운데 가장 미세한 것 속에 들어가 있다는 진리가 바로 이 세상 어느 종교든 그 종교성을 문제 삼을 때 반드시 대두된다. 기독교에서 창조주 하나님과 피조물 인간의 관계가 그렇고, 불교에서 깨친 부처와 못 깨친 중생의 관계가 바로 그렇다.

　여기서 기독교의 말투와 불교의 말투가 서로 다른 것을 가지고 왈가왈부할 필요는 없다. 그것은 시간낭비요 허송세월이며 잘못된 주소를 가지고 길을 찾아 나서는 것과 똑같은 잘못이다. 그러므로 나는 말하고 싶다. "어느 종교든, 아니 그 어느 누구든 종교성만 확인되면 똑같이 종교 대접해주고 종교인으로 모셔야 한다"고.

1983년, 뉴욕주립대학교 출판사(SUNY Press)에서 나온 나의 영문판 저서, 『Buddhist Faith and Sudden Enlightenment』에서 나는 성철 사상의 핵심이라고 말할 수 있는 '몸바꿈' 법문을 진지하게 다루었다. '몸바꿈'이란 죽었다가 다시 태어난다는 말이며, 종교계에서 흔히 사용하는 '부활'이란 말과 비슷한 말이다.

불교의 몸바꿈 사상은 대승불교의 유식사상에서 말하는 '전의(轉依)'사상에 잘 드러나 있다. 산 사람이 삶을 포기하고 죽음을 택한다는 것은 쉬운 일이 아니다. 이제까지 삶의 길이라고 생각했던 그 길은 죽음의 길이었고, 죽음이라고 무서워했던 그 길이 진실로 삶의 길이라는 것을 깨닫는 것은 어려운 일이다. 사람은 누구나 자기 생각 속에 갇혀서 산다. 그래서 진짜 삶은 죽음이라 생각한다. 그리고 죽음의 길을 삶의 길이라 착각하고 거기에 집착한다. 비극이다. 어떻게 해야 이런 비극을 극복할 수 있을까?

예수가 십자가에 못 박혀 죽는 장면이 생각난다. 무엇이 예수로 하여금 그 어려움을 극복하도록 도와주었을까? 정말 어려울 때 어려움을 극복하는 힘은 어디서 나올까? 보통 사람들에겐 자기 스스로 죽음을 택할 힘이 없다. 중요한 것은 그 힘이 어디서 나오는가를 똑바로 아는 데에 있다.

일생을 얼음 덩어리처럼 굳어빠진 고체로 사는 사람도 있고, 물처럼 부드럽게 액체로 사는 사람도 있고, 수증기처럼 자유롭게 기체로 사는 사람도 있다. 유식의 '전의사상'은 어떻게 해야 우리들이 고체 상태에서 빠져나와 액체 상태로 바뀌고 더 나아가 액체 상태에서 다시 기체 상태로 몸을 바꿀 수 있느냐를 밝혀 주었다. 여기서 우리들이 주의해야 할 것은 몸 바꾸기에도 여러 가지 차원이 있다는 것을 똑바로 아는 것이다.

어떤 사람은 고체 같은 몸을 바꿔 액체 같은 몸으로 사는 것으로 몸 바꾸기를 마쳤다고 생각할 것이다. 이 정도만 되어도 대단한 것이지만, 그래도 거기에 머물러서는 안 될 것이다. 그래서 어떤 사람은 거기에 머무르지 않고 끊임없이 열을 가하는 수행을 계속한다. 그러면 다시 몸을 바꿔 수증기나 공기처럼 눈에 보이지 않는 기체 같은 몸으로 전의를 한다. 공기라야 천하를 뒤덮는다.

그러므로 나는 불교적 수행을 이야기하면서 몸 바꾸기를 문제 삼지 않는다면 어불성설이라 생각한다. 몸 바꾸기의 원동력은 한마디로 말해서 계속 열을 가하는 '꾸준함'과 '치열함'에서 나온다고 말해야 할 것이다. 성철스님의 돈오돈수 사상은 유식학의 '전의(轉依)'사상을 화두참선의 세계로 끌어들인 것이라고 말해도 좋을 것이다.

3. 돈오돈수설의 종교성

성철스님은 부처님의 구경각만을 깨침으로 인정했다. 그리고 독실한 불교신자나 수행자들이 말하는 어떤 형태의 깨침 이야기도 그것이 부처님의 구경각이 아니면 전혀 인정하지 않았다. 이 대목에서 성철스님은 무서운 분이었다. 그렇다면 돈오돈수란 무슨 말인가? 그것은 부처님의 구경각을 다른 말로 표현한 것이다. '구경각 즉시 돈오돈수, 돈오돈수 즉시 구경각'이다.

그러므로 초보자에게 돈오돈수란 말은 부처님의 구경각을 믿고 받아들이는 것밖에 딴 길은 없다. 한문 불교권에서 돈(頓)이란 말은 사람들의 말문을 막아버리는 말이다. 몰록이란 말이 그런 말이다. 보통 '돈오(頓悟)다' 또는 '점오(漸悟)다'라고 말할 때, 점오는 시간이 오래 걸리는 것이요, 거기에 반해서 돈오는 아주 짧은 시간밖에 안 걸린다는 뜻으로 쓰이고 있다.

그러나 이것은 잘못된 해석이다. 몰록의 세계는 시간이 짧은가 긴가의 문제가 아니고 아예 시간개념 자체를 거부한다. 돈오 또는 돈수란 말은 오(悟)니 수(修)니 하는 착상자체를 거부하는 것이다. 그러므로 돈오란 말은 오에 대한 모든 말들을 막아 버리는 것이다.

그리고 돈수도 마찬가지다. 수에 대한 어떠한 말도 다 거부하는 것이다. 언어거부다. 불립문자다. 문자문화를 거부하는 것이다. 거듭 말하지만 돈이란 말은 사람들의 시간개념을 박살내버리는 말이다. 시간개념이 박살났는데 무슨 시간의 장단이 있겠는가?

성철사상의 핵심은 돈오돈수설(頓悟頓修說)에 있다고 말해도 좋을 것이다. 그러나 돈오돈수라는 말은 아직까지 깨끗하게 정리되어 있지 않은 것 같다. 1981년 12월, 성철스님이 『선문정로(禪門正路)』라는 책을 출판한 뒤로 '돈오돈수'는 갑자기 유명해졌다. 그리고 이젠 이 말을 모르는 사람이 없을 정도다.

성철스님이 『선문정로』를 출판한 목적은 지눌(知訥, 1158~1210)의 돈오점수설(頓悟漸修說)을 비판하기 위해서라고 말하는 사람도 있다. 성철스님에 의하면, 지눌의 돈오점수설은 아직 참선(參禪)이 무엇인지도 모르는 교종의 강사들이나 하는 소리를 마치 선종의 올바른 수행론인

듯 높이 평가하여 그 뒤 거의 천 년이 다 되도록 한국 선종을 잘못 이끌어왔다는 것이다. 지금 불교계는 지눌의 돈오점수설이 옳은가 아니면 성철의 돈오돈수설이 옳은가를 가지고 계속 시끄럽다.

문제는 양쪽의 주장을 제대로 알지도 못하면서 어느 한쪽이 옳다는 소리를 함부로 하는 오늘날 불교계의 잘못된 학풍에 있다. 지눌의 돈오점수설은 조금도 어려울 것이 없다. 수행자는 먼저 깨닫고 그 깨달음에 근거하여 오래오래 닦아야 한다는 지눌의 말을 못 알아들을 사람은 없다. 그러나 성철의 돈오돈수설에 대해서는 모두들 제법 잘 아는 것처럼 말하지만 거의 모두가 오리무중이다.

"읽은 책의 뜻을 제대로 헤아리는 것"은 간단치 않은 일이다. 사람은 누구나 자기의 업에 따라 자기 나름의 잣대를 가지고 산다. '몸과 몸짓의 논리'로 생각해 볼 때, 몸 문화적인 잣대를 가지고 사느냐, 아니면 몸짓 문화적인 잣대를 가지고 사느냐의 차이는 결코 소홀히 웃어넘길 수 없는 일이다. 동아시아 불교사에서 신라의 원측(圓測, 613~696)은 결코 무시할 수 없는 존재이다.

그런데 그는 그의 『반야심경소(般若心經疏)』에서 기원전 5세기의 아함경과 그 뒤 대승불교를 일으킨 반야경과 반야의 공사상을 딛고 일어선 기원 후 3세기의 유식사상을 모두 똑같은 부처님이 설하신 것으로 보고 있다.

원측스님의 이러한 발언은 불교사상사에서 웃어넘길 수 없는 커다란 문제를 안고 있다. 이에 대한 현대학자들의 평은 이렇다: "원측이 보통분이 아닌 것은 사실이다. 그러나 그는 역사에 어두웠다. 불행히도 그는 기원전 5세기의 아함사상과 기원전 2세기의 반야사상과 기원 후 3세기의 유식사상을 동시대로 착각했다." 여기서 문제되는 것은 원측의 저술에 나오는 '부처님'이라는 말이 실지로 무엇을 가리키고 있느냐는 것이다.

현대학자들에게 있어서 부처님은 기원전 5~6세기에 살았던 역사적인 부처님이다. 자기들이 읽은 책들과 사전에 그렇게 쓰여 있기 때문이다. 그러나 원측의 부처님은 시공을 포용한 '일즉일체 일체즉일(一卽一切 一切卽一)'이며 '일미진중 함시방(一微塵中 含十方)'의 우주적인 부처님이다. 몸짓 문화의 부처님과 몸 문화의 부처님을 혼동해서는 안 된다.

내가 강의실에서 이 대목을 아무리 애써 설명해도 학생들은 나의 뜻을 잘 못 알아듣는다. 알아들은 척 고개를 끄덕이는 학생도 나중에 물어보면 똑같이 못 알아듣는 학생이었음을 알 수 있었다. 여기에 현대교육의 맹점이 있다.

현대교육은 사람들을 몸짓 문화의 노예상태에서 빠져 나오지 못하게 하고 있다. 그것이 교육이라고 생각하기 때문일 것이다. 그래서 사람들은 누군가가 몸 문화를 이야기하면 감이 잡히지 않는 것이다. 불행히도 많은 현대학자들은, 원측스님이 말했던 부처님이 어떤 부처님인지를 짐작도 못하고 있는 것 같다. '제대로 헤아린다'는 말이 내뱉기는 쉬워도 '정말 제대로 헤아리기'는 쉽지 않다는 것을 알 수 있다.

'돈오돈수(頓悟頓修)'란 말은 쉬운 말이 아니다. 사람들은 보통 '갑자기 깨치고 갑자기 닦는다'로 번역하는데, 말도 안 된다. '점차로 깨닫고 점차로 닦는다'는 점오점수(漸悟漸修)라는 한자어에 근거해서 억지로 만들어낸 말이다. 점오점수든 돈오점수든 점수파 사람들은 자기의 경험에 근거하여 돈오돈수를 해석한다.

그러나 여기에 문제가 있다. 점수파 사람들은 점수와 돈수는 말의 족보가 다르다는 사실을 간과하고 있다. 점수(漸修)는 연장적인 시간개념이 중심이 되어 하는 말이지만, 돈수(頓修)는 시간개념이 아니다. 꿈의 세계에서 깸의 세계로 넘어올 때 시간의 길고 짧음은 문제되지 않는다. 꿈에서 깨어날 때 점차 깨어나든가 갑자기 깨어나든가? 점의 세계는 시간의 장단이 문제되지만 돈의 세계는 시간의 장단이 문제되지 않는다. 아니, 시간개념을 버려야 '몰록(頓)'이란 말의 참뜻이 드러난다.

꿈속에서 내가 서양 사람이었다고 치자. 꿈속의 나는 서양 사람일지 모르나 꿈을 꾸는 나는 서양 사람이 아니다. 여기서 꿈속의 나와 꿈꾸는 나 사이에 갈등이 생긴다. 그러다가 꿈을 깬다. 꿈속의 서양 사람이 점차로 동양 사람이 되든가? 아니다. 그때 돈이란 말이 나온다. 갑자기란 말도 정확하지 않다. 왜냐하면 꿈을 꿀 때도 꿈을 깰 때도 나는 본래부터 똑같은 동양 사람이기 때문이다. 그래서 몰록이라고 말한다. 망(妄)의 정체를 알아야 한다. 돈오돈수의 종교성이 여기에 있다.

시간? 이것이 문제다. 시간을 빼내면 남는 게 뭔가? 말을 못 한다. 말문이 막힌다. 시간을 빼내면 과거 현재 미래가 없어진다. 그리고 그 사이에 일어난 일들이 허물허물 허물어진다. 나와 너의 차이도 없어진다. 무문자문화다. 몸문화다.

4. 성철스님을 만나기까지

수행(修行)을 한다면서 온 몸으로 하지 않는다면 그건 보통 문제가 아니다. 그러나 너무나 많은 종교인들이 몸짓 수행만을 하고 있으면서 그것을 수행이라고 말하고 있다. 놀라지 않을 수 없는 일이다.

1970년 겨울방학, 나는 퍼어킨스 신학교에서 '수도원순방'이라는 과목을 선택했다. 텍사스, 오크라호마, 아어칸사 등 미국 남부 3개주에 있는 가지가지의 종교단체들을 순방하는 과목이다. 그 가운데는 불교의 간판을 내건 수도원들도 끼어 있었다. 이때에 내가 느낀 것은 한마디로 '저게 뭐 수행일까' 하는 의구심이었다. 겉모습만 불교의 수행을 흉내내고 있었기 때문이다.

이러한 느낌은 서부의 버클리 캘리포니아에서나 동부의 스토니부룩 뉴욕에서도 마찬가지였다. 모두들 '몸 참선'은 하지 않고 '몸짓 참선'만 하고 있었다. 여기서 나는 다시 과거로 돌아가 내가 어떻게 몸짓 참선을 그만두고 몸 참선으로 들어가게 되었는가를 밝혀야겠다. 이것은 결국 내가 어떻게 성철스님을 만났는가를 밝히는 것이다.

1950년대 말엽, 그때 나는 의과대학생이었다. 그러나 의학공부보다는 철학에 더 관심이 많았다. 그래서 기회만 있으면 문리대로 철학 강의를 들으러 다녔다. 한번은 서울대학교 철학과의 박종홍 교수가 전남대학교로 내려와 한국철학을 강의한다는 소식을 들었다. 나는 제백사하고 참석했다.

박종홍 교수의 한국철학 강의는 보조국사 지눌(知訥, 1158~1210)의 사상을 소개하는 것으로 시작되었다. "한국철학 역사상 지눌만큼 이론과 실천의 문제를 공정하고도 완벽하게 전개한 사람을 보지 못했다."고 박종홍 교수는 지눌을 극구 칭찬했다. 이때 나는 속으로 "나도 지눌을 공부해야지." 하고 다짐을 했다.

그 뒤 얼마 안 있다가 나는 의대를 중퇴하고 해남 대흥사로 들어가 정전강 스님의 상좌가 되어 중노릇을 했다. 승적은 전강스님 상좌였지만 실지는 송담스님의 지도를 많이 받았다. 머리를 깎고 중이 된 것도 송담스님 때문에 그렇게 했고, 전강스님의 상좌가 된 것도 송담스님이 하라고 해서 그렇게 했다.

그러나 그때 전강스님의 시봉을 했기 때문에 승려에 대한 견문을 넓힐 수 있었다. 그럼에도 불구하고 전강스님이 깨치신 선지식이라는 것을 확인할 수는 없었다. 오히려 전강스님의 일거일동이 나의 잣대에 맞질 않아서 속으로 저게 무슨 중이야, 저게 무슨 선지식이야, 반발심만 자꾸 일어났다. 우선 참선할 때 앉아 있는 모습이 허리를 구부리고 의젓하지 못했다. 그리고 공양시간에 맛있게 구운 두부가 나오면 술 한 잔이 생각난다고 말해 사람을 놀라게 했다. 이런 것을 하나하나 다 열거하자면 끝이 없다.

그래서 나는 속으로 점을 찍어버렸다. 저 분은 중이 아니라고. 그러나 먼 훗날, 해인사에서 성철스님을 모시고 3년을 지난 다음 내 마음속 잣대들이 변하면서 내 기억속의 전강스님은 나쁜 점보다는 좋은 점들이 더 많이 떠올랐다. 내가 바뀌면 너도 바뀌는 것 같았다.

그때 대흥사 큰절 행자들의 공부방에서 나는 우연히 지눌의 마지막 저술로 알려져 있는 『간화결의론(看話決疑論)』이란 책을 발견했다. 그렇지 않아도 박종홍 선생의 지눌강의를 들은 후로 지눌을 공부해보고 싶다는 생각이 간절했던 판이라 정신없이 읽었다. 그렇게 쉽진 않았지만 활구참선(活句參禪)이 어째서 중요한가를 여기서 배웠다.

그 뒤 전공을 바꿔 동국대학교 철학과에 들어갔다. 순천 송광사 출신인 김잉석 교수의 지눌강의는 깊이가 있었고, 임석진 스님의 금강경 강의는 두고두고 잊혀지지 않는 대목들이 많았다. 동국대학교에서 석사학위를 받은 다음, 구직논문으로 근 300매나 되는 〈지눌연구〉라는 논문을 학교에 제출했다. 그 결과 동국대학교의 시간강사가 되었다. 그리고 새로 생긴 대학선원의 간사로 임명되었다. 그때는 대학선원과 동국역경원이 가까이에 있었다. 그래서 당시의 역경원장이었던 운허스님에게 본격적인 지눌 강의를 들었다.

나는 그때 지눌의 돈오점수(頓悟漸修) 사상에 푹 빠지게 되었다. 퇴경 권상로 선생과 포광 김영수 선생의 지도도 이때에 받았다. 모두가 참선을 하는 선사는 아니었지만 박학다식으로 소문난 일류 강사들이었다. 그러나 박종홍 교수에서 시작하여 김영수 박사에 이르기까지 십수 년이 넘는 오랜 기간 동안 익혀온 돈오점수적인 수련이 커다란 변을 만났다. 그것은 1965년 문경 김용사에서 성철스님의 돈오돈수(頓悟頓修) 사상과 충돌한 것이었다.

지눌의 돈오점수설과 성철의 돈오돈수설의 충돌은 그렇게 길지 않았다. 이들 두 수행론의 충돌은 처음에 지적인 성격을 넘지 못했기 때문에 큰 충돌이 아닌 것처럼 보였다. 그러나 지적 성격을 벗어나 체험의 문제로 넘어가자 두 수행론은 공존을 불허했다.

1960년대 중엽의 일이었다. 뚝섬 봉은사에 세워진 대학생수도원의 지도교수를 맡으면서 일은 벌어졌다. 수도원생들과 합숙을 하면서 「보현행원품」을 조석으로 외웠다. 그리고 보현행자의 길을 걷겠다고 다짐했다. 그러나 이러한 서원은 일 년을 넘기지 못하고 커다란 암초에 부닥쳤다. 낮에는 학교 가서 학교공부를 하고, 밤에는 절로 돌아와 절집 수도생활을 병행하는 공부란 쉽지 않았다. 무엇보다도 체력이 딸렸다. 하루에 두 직장을 뛰는 것 같은 생활을 감당할 수 없었다. 몸에 힘이 떨어지니 매사에 짜증이 나고 결국은 학교공부도 잘 안 되고 절에서의 수도생활도 만족스럽지 못했다. 대학생수도원 생활에 대한 회의가 고개를 들기 시작했다. 그러다가 여름방학이 되었다.

우리들은 구도행각을 떠나기로 했다. 전국의 큰스님들을 찾아가 가르침을 받기로 했다. 구도행각의 마지막 종착지가 문경 김용사였다. 그때 성철스님은 김용사의 방장스님이었다.

김용사에 도착하자마자 우리들은 성철스님께 가르침을 청했다. 그러나 성철스님은 우리들의 청을 들어주시지 않았다. 먼저 수험료를 내라는 것이었다. 우리들은 놀랐다. 절에서 수업료를 받다니. 우리들은 어찔 줄 몰랐다. 큰스님은 껄껄 웃으시면서 말씀하셨다. "절집의 수험료는 너희들 속가의 수험료하고는 다르다." 절집의 수험료란 가르침을 청한 사람이 먼저 '믿음'을 보여야 한다는 것이다. 그것은 대웅전 부처님께 삼천배를 올리는 것이었다. 우리들은 선뜻 삼천배를 하겠다고 나설 수 없었다. 그 무더운 여름날, 구도행각 한답시고 제대로 먹지도 못하고 제대로 자지도 못하고 제대로 쉬지도 못하고, 그러기를 몇 달을 계속해왔던 참이라 모두 지칠 대로 지쳐 있었다.

그래서 우리들은 큰스님께 그동안의 사정을 말씀드리고 다음 기회에 꼭 하겠다고 약속드렸다. 그러나 큰스님은 고함을 치셨다. "당장에 나가거라. 너희들은 여기서 물 한 모금 얻어먹을 자격도 없는 놈들이다. 구도행각을 한다면서 피곤해서 부처님께 절을 못하겠다니 그게 말이 되는 소리냐?" 그러면서 큰스님은 당신이 겪은 지나간 이야기를 하나 들려주셨다.

몇 년 전에 경상도에 사는 어느 비구니가 폐병 말기로 거의 죽게 된 상태에서 김용사로 성철스님을 찾아 왔다. 죽기 전에 성철스님의 법문을 한번 듣고 싶다는 것이었다. 버스 종점에서 큰절까지 건강한 사람은 10분도 안 걸리는 거리를 한 걸음 걷고 한동안 쉬고 또 한 걸음 걷고 또 쉬고, 마침내 하루가 걸려 성철스님 방에 도착했다. 비구니는 그처럼 쇠약해 있었다. 성철스님은 그 비구니에게 먼저 삼천배를 하라고 했다. 비구니는 할 수만 있으면 왜 안 하겠느냐고 반문하면서 그건 불가능한 일이라고 거절하였다. 성철스님은 그때도 역시 고함을 치셨다. "아니, 내가 할 수 없는 일을 시키고 있단 말이냐?"고 야단치셨다.

결국 그 비구니는 삼천배를 시작했다. 건강한 사람은 7, 8시간밖에 안 걸리는 삼천배를 그 비구니는 여러 날이 걸려 끝마쳤다. 삼천배를 끝마친 그 비구니는 생기가 돌았다. 환희심이 난 그는 삼천배를 또 했다. 하고 또 하고, 이러기를 몇 달 동안 계속했다. 마침내 폐병이 나았다. 지금은 건강하게 잘 살고 있다. 그 말씀을 들고 난 우리들은 마침내 삼천배를 시작했다. 그리고 8시간 만에 끝마쳤다. 우리들은 변했다. 무엇보다도 조용해졌다. 그렇게도 말이 많고 밤낮 시비만 일삼던 학생들이 갑자기 조용해진 것이다. 그것은 커다란 변화였다.

우리들이 삼천배를 끝낸 다음, 큰스님은 우리들의 이야기를 다 들어 주셨다. 그리고 다음과 같은 진단을 내려주셨다. "너희들은 보현행자가 되겠다면서 관심이 용(用, 몸짓)에 쏠려 있었구나!" 이 한방에 나의 몸짓 수행은 막을 내렸다. 그 뒤로 두고두고 생각해봐도 큰스님의 이 말씀은 명진단이었다. 큰스님의 이 말씀은 오랫동안 용(用, 몸짓)에 쏠려 있었던 나의 관심을 체(体, 몸)로 돌려놓았다.

'몸 참선'이란 결국 '몸 수행'을 의미했다. 이는 한마디로 이제까지의 자기를 '버리는 것'이었다. 여기서 '버림'이란 '죽음'을 의미한다. 이제까지의 자기가 죽어야 한다는 것이다. 그래야 산다는 것이다. 버림과 죽음과 삶은 떨어져 있는 딴것들이 아니었다. 한 덩어리로 뭉쳐져 있었다. 그러므로 정말 버릴 때 그것은 죽는 것이고 정말 죽을 때 그것은 산 것이란 말이다.

5. 왜 '체용(体用)'을 '몸·몸짓'으로 바꿨는가?

왜 논오논수설이 그렇게 오랫동안 오리무중의 안개 속에 처박혀 있었을까? 동양사상에 대한 잘못된 생각 때문이다. 동양문화에서 종교성이 실종된 것은 커다란 비극이었다. 2007년 3월, 나는 한국에서 책을 한 권 냈다. 민음사에서 나온 『몸과 몸짓의 논리』라는 책이다. 이 책이 나오기 전에 나는 오랫동안 체용(體用)이란 한자(漢字)에 얽매어 있었다. 체용의 논리를 떠나서는 동양사상을 이야기할 수 없었다. 유교,

불교, 도교 사상만이 아니고 동양의 그림도 조각도 건축도 모두 체용을 떠나서는 그 깊이를 이해할 수 없었다. 동양의 문화뿐만이 아니다. 가족, 친구, 이웃 등등의 인간관계도 체용을 떠나서는 이해할 수 없었다. 체용을 떠나서는 천지만물 일체를 이해할 수 없었다.

1977년 가을부터 나는 뉴욕주립대학교 스토니부룩대학에서 불교를 가르치기 시작했다. 그때 내가 주장했던 불교교육은 불교의 체용사상에 근거하고 있었다. 그런데 동료 교수나 학생들의 반응이 의외로 담담했다. 괴로운 일이었다. 오랜 고민 끝에 마음에 짚이는 진단이 하나 나왔다. 그것은 체용을 말하는 사람들이 모두 오리무중이라는 사실이었다. 글을 쓰고 책을 내는 그런 세계에서만이 아니라 말하고 생각하고 행동하는 세계에서도 마찬가지였다.

나의 진단은 중단되지 않고 계속되었다. 결론이 나왔다. 동양에서 체용이란 말이 등장한 이래 너나없이 오랫동안 모두 횡설수설 오리무중의 경지를 벗어나지 못했다는 사실이다. 그래서 나는 체용이란 말을 쓰지 않고 '몸과 몸짓'이라는 우리말로 그 사상을 설명하기 시작했다. 그 결과는 너무나도 놀라웠다. 하도 답답해서 한 번 해본 일일뿐이었는데 그 결과는 천양지판으로 뚜렷하게 달랐다. 말의 중요성을 통절하게 실감했다.

학자의 머릿속에서 '체용(體用)'이란 한자어(漢字語)가 일을 하면 체용은 이 한자어가 일하는 한자문헌(漢字文獻) 속을 헤매고 돌아다니지만, 이를 한국말의 '몸과 몸짓'으로 바꾸니까 학생들의 머리는 한자문헌의 세계를 떠나 우리들의 일상생활로 그 무대를 바꾸더라는 사실이다. 학생들의 머리가 일하는 무대가 바뀌니까 학기가 시작되어 한 달이 채 못 되어 학생들은 몸과 몸짓의 논리를 자기들의 일상생활에 적용하기 시작했다.

그리고 수업시간에 토론을 할 때도 몸과 몸짓의 논리를 야무지게 구사하는 것이었다. 정말 기적이었다. 요즈음 많은 동양학자들은 체용의 논리는 논리가 아니라고 말한다. 심한 경우 "체용의 논리는 공부하면 할수록 혼란밖에 없다."고 말하는 사람도 있다. 한심스러운 현상이다.

학생들이 체용이란 말 대신에 몸·몸짓이란 말을 쓰기 시작한 지 얼마 안 되던 어느 날 한 학생의 가족이 나를 찾아왔다. 그리고 몸과 몸짓의 논리를 가지고 이야기하기 시작했다. "우리 아이는 몸과 몸짓의 논리는 잘 구사하는데도 몸짓 문화에 사로잡혀 몸 문화로 돌아갈 줄을 모른다."고 털어놓았다. 나는 정말 놀랐다. 그래서 물었다. 어디서 몸과 몸짓의 논리를 공부하셨느냐고. 대답이 놀라웠다. "우리 아이가 입만 열면 몸과 몸짓의 논리를 들고 나와서 우리도 귀동냥으로 배웠다."는 것이다.

'체용논리'와 '몸과 몸짓의 논리'가 어떻게 다른가? 우선 둘은 똑같은 것이란 말을 분명히 해야겠다. 양자 간엔 다를 것이 하나도 없는데 다만 하나는 한자이고, 하나는 우리말이라는 차이가 있을 뿐이다. 그러나 그 차이는 무서울 정도로 컸다. 하나는 고전 속에 갇혀 있는 말이고 하나는 우리의 일상생활에서 일하는 말이다. 체용을 몸·몸짓으로 바꾼 것은 사람을 판넘석 문자의 세계에서 일상적 실지 현실생활로 돌아오게 만드는 역할을 한 것이었다.

지금부터 몸과 몸짓의 논리가 일하는 현장으로 들어가 보자. 몸과 몸짓의 논리가 수행해야할 일은 지극히 간단하다. 그것은 다름 아닌 종교적 차원을 드러내는 것이다. 몸짓의 차원이 누구나 알고 누구나 경험하는 가장 일상적인 것인 데 비하여 몸의 차원은 누구나 놓치기 쉬운 종교적인 차원이다. 일상적인 몸짓의 차원에 얽매어 종교적인 몸의 차원을 놓치면 안 된다는 것이 몸과 몸짓의 논리가 수행하려는 사명이다. 몸짓 세계의 그 어떤 것이든 하나도 예외 없이 모두가 종교적인 몸의 차원과 연결되어 있고, 모든 몸짓은 하나도 빠짐없이 몸의 일함이다. 몸을 알면, 모든 몸짓이 몸의 일함임을 단박에 알아차릴 수 있다. 그런데 사람들은 몸을 모르니, 몸짓만 보고 몸을 못 본다. 그래서 삼라만상을 그 가지 수만큼 낱낱이 구별한다. 이것이 큰 문제다.

동양사상을 잘 들여다보면 천지에 가득 차 있는 것이 종교성이다. 그러나 서양문화가 수입되면서 언어에 혼란이 생겼다. 그 혼란은 서양사상에 입각하여 서양의 논리로 동양사상을 난도질한 데서 시작되었다. 그래서 종교도 그런 식으로 정리했다. 서양 종교와 다른 종교는 모두 종교가 아닌 것으로 정리됐다.

그 가운데 대표적인 것이 유교에 대한 오해다. 인간관계를 무엇보다 더 중요시했던 유교는 한낱 윤리로 전락되고 말았다. 유교를 좋아하는 사람도 유교는 종교가 아니라고 강변하는 세상이 되고 말았다. 그 결과, 유교에 스며 있는 종교성은 모두 왜곡될 대로 왜곡되고 말았다. 그 대표적인 것이 유교의 예(禮)에 대한 왜곡이다.

종교라고 말하면 특별한 것이나 되는 것처럼 야단치고 거드름을 부리는 것이 서구적 전통이다. 창조주 유일신을 말하지 않으면 종교가 아니라든가, 죽음을 말하고 사후세계를 이야기하지 않으면 종교가 아니라고 생각하는 전통에서 종교를 이야기 하는 것과 몸과 몸짓의 논리로 종교를 말하는 것과는 그 분위기가 판이하게 다르다. 그래서 전자에 속하는 사람들은 체용의 논리나 몸과 몸짓의 논리를 구사하는 사람들을 종교인으로 보려 하지 않았다.

그러나 이것은 큰 오해가 아닐 수 없다. 이러한 오해는 비단 서양의 종교인들이 동양의 종교인들을 대할 때에만 일어나는 것은 아니었다. 이러한 오해는 같은 동양인들 사이에서도 태연히 일어났다. 동양의 종교적인 세계에 본격적으로 들어가서 종교적인 냄새를 강하게 풍기는 사람들과 종교적인 냄새를 풍기지 않는 사람들 사이에서 이러한 오해는 빈번하게 일어났다.

예를 들면, 불교인들이 유교인들을 대할 때도 이러한 오해가 뚜렷이 드러났다. 더 큰 문제는 남이 나를 볼 때에 어떻게 보느냐에 있지 않고 내가 나를 어떻게 정리하고 있느냐에 있다. 많은 유교인들에게서 빈번하게 일어나는 일은 자기들이 종교인이 아니라고 생각한다는 것이다. 이런 이유 때문에 유교에서 일하는 몸과 몸짓의 논리가 빛을 잃고 오리무중을 헤매게 된다. 적은 밖에 있지 않고 안에 있다는 말이 옳은 말이다. 몸과 몸짓의 논리가 이러한 동양인들의 오랜 오류를 극복하도록 도와주고 있다. 그러면 이런 사실들을 좀 더 구체적으로 이야기해 보자.

'몸·몸짓의 논리'를 설명하기 위해서 사람들은 곧잘 『맹자』에 나오는 어리석은 농부 이야기를 인용한다. 이 이야기의 핵심은 유교교육에서 항상 문제 삼는 보다 중요한 근본(根本, root)과 덜 중요한 지말(枝末, branches)을 똑바로 구별해 볼 줄 알아야 한다는 데에 있다.

어느 여름날, 한 농부가 자기의 논에 나가보고는 대단히 화가 났다. 남들의 벼가 자기의 벼보다 더 키가 컸기 때문이다. 그 농부는 자기의 논에 뛰어 들어가 자기의 벼가 남들의 벼보다 더 키가 크도록 자기 벼를 모두 뽑아 올렸다. 집에 돌아와 자기가 한 일을 부인에게 이야기했다. 그 말을 들은 부인이 논에 나가 보았더니 자기들의 벼는 이미 고개를 수그리고 시들어가고 있었다. 뿌리가 뽑혔으니 벼는 시들 수밖에 없었다. 벼농사를 지을 때 눈에 보이는 가지나 잎도 중요하지만 더 중요한 것은 눈에 보이지 않는 뿌리다. 그래서 농부들은 눈에 보이지 않는 뿌리가 튼튼해지게 뿌리에 물을 주고, 비료를 주고, 잡초를 뽑아준다. 그 결과로 눈에 보이는 가지, 잎, 꽃, 열매 등이 풍성하게 자란다. 농사의 비법은 여기에 있다.

그러나 어리석은 농부는 그걸 몰랐다. 농사의 비법을 모르면 농사를 망칠 수밖에 없다. 한자문화권 철학자들은 눈에 보이지 않는 근본을 체(體, 몸)라 부르고 눈에 보이는 지말을 용(用, 몸짓)이라 부르면서 서로 떨어질 수 없는 양자의 관계에 주목하도록 가르쳤다.

유교교육은 체용논리를 떠날 수 없었다. 학생들로 하여금 눈에 보이는 지말과 눈에 보이지 않는 근본을 알아보게 하는 훈련에서 가장 중요한 것은 눈에 보이지 않는 근본을 발견하는 것이다. 나아가서 이렇게 눈에 잘 보이지 않는 근본과 눈에 보이는 지말의 관계를 바로 아는 것이다. 좀 더 구체적으로 파고 들어가면 아이를 교육시킬 때 아이의 근본은 부모다. 부모 없이는 아이도 없다. 여기서 아이는 지말이고 가족은 근본이라는 말이 나온다. 조부모 부모 형제자매로 이루어진 가족 전체가 잘 되어야 아이가 잘 된다는 것이다.

이러한 사고방식을 더 밀고 나가면 마지막엔 사회 전체가 잘 되고 천하가 잘 되어야 우리도 잘 된다는 결론에 도달한다. 학생들로 하여금 지말과 근본을 똑바로 가려 볼 줄 알도록 가르치는 유교교육은 이기적, 공리주의적 차원에 머무르지 않고 윤리적, 철학적, 종교적 차원으로 자꾸 올라간다. 여기서 천(天), 성(性), 도(道), 태극(太極), 무극(無極)의 세계까지 문제 삼게 되었다. 기독교의 경우는 예수님과 하나님의 세계요, 불교의 경우는 부처님과 불법의 세계가 중요한 문제로 다가오게 되었다.

6. 불립문자

우리는 문자의 세계에 살고 있다. 그렇다면 무문자의 세계란 어떤 것일까? 성철스님은 때와 장소를 가리지 않고 '문자문화(文字文化)'를 때려 부수는 일을 서슴지 않는다. 신문기자들과 인터뷰를 할 때도 "나는 거짓말쟁이야, 내 말 믿지 마라."는 말을 내뱉듯 항상 하신다. 저술마다, 심지어 임종게에서까지도 그렇다. 선종의 구조가 불립문자라는 말을 모르는 사람이 없지만 성철스님의 문자 때림은 그 저의가 뭘까?

불립문자(不立文字)란 말을 빼버리면 성철사상에서 무엇이 남을까? 아니, 불립문자를 떠나서 선종(禪宗)이 설 자리가 있을까? 선종이든 성철사상이든 모두가 다 불법이니 부처님을 떠나서는 있을 수 없다. 그러므로 우리는 맨 먼저 부처님의 경우 불립문자 사상이 어떻게 나타나 있는가를 살펴보자.

첫째, 카피라국의 왕자로 태어난 부처님은 아버지 정반왕의 교육이념에 따라 문자 교육을 철저하게 받았다. 베다 성전을 비롯하여 인도의 모든 경전 교육을 빠짐없이 다 받았다. 그러나 부처님은 거기에 만족할 수 없었다. 그래서 한밤중에 아버지 몰래 성을 뛰어넘어 집을 떠났다. 유성출가(踰城出家)다. 우리는 여기서 실달태자의 문자문화에 대한 반발을 읽을 수 있다.

둘째, 집을 떠난 부처님은 오랜 수행 끝에 커다란 깨침을 얻었다. 그러나 부처님은 이를 말로 표현하려 하지 않았다. 설법거부다. 함께 출가한 카차야나(가전연) 등 소위 5비구에게도 당신의 깨침 체험을 이야기하려 하지 않았다. 이러한 부처님의 모습을 보고 하늘에서 천사가 내려와 제자의 예를 갖추고 설법을 청했지만 부처님은 여전히 설법을 거절했다. 그럼에도 불구하고 천사가 세 번을 거듭 간청했기 때문에 마침내 부처님은 입을 열었다고 한다. 불경은 이러한 맥락에서 이루어졌다. 부처님은 왜 설법을 거부했을까? 여기서도 우리는 부처님의 문자문화에 대한 반발을 읽을 수 있다.

셋째, 부처님은 녹야원에서 5비구에게 최초의 설법을 한 다음, 49년 동안 계속 설법하다가 발제하에서 임종할 때 또 독특한 발언을 했다. 당신은 한평생 단 한 번도 하고 싶은 말을 해본 적이 없다고 말씀하신 것이다. 그의 임종게는 다음과 같다.

시종녹야원(始從鹿野苑)

종지발제하(終至跋提河)

어중사구년(於中四九年)

증무일언설(曾無一言說)

이는 무엇을 뜻하는가? 문자문화에 대한 반발이 아니고 뭔가? 부처님의 설법은 달 가리키는 손가락이었다. 그렇다면 여기에서 달은 뭔가? 무문자문화다.

부처님은 처음 깨친 다음 입 열기를 거부했고, 49년 간의 긴 설법여행을 마친 다음 발제하에서 열반할 때도 그는 그동안 하고 싶었던 말을 한마디도 못했다고 한탄했다. 우리는 선종의 불립문자 구호가 별개의 딴 것이 아니란 사실을 알아야 한다.

7. 왜 종교성이 사라지는가?

　종교성이란 사라질 수 없는 것이다. 천지에 가득 찬 종교성을 못 알아보는 데에 문제가 있다. 잘 안 보이지만 속에는 종교성이 넘쳐흐르고 있음에도 불구하고 겉으로는 그 종교성이 사라지거나 희박해지는 경우가 있다. 동양의 유교가 그 대표적인 예라고 말할 수 있을 것이다. 오늘날 많은 학자들이 유교를 종교가 아니라고 말한다. 그 까닭을 따져 보지 않을 수 없다.

　첫째, 20세기 초에 일본서 나온 동양사상 사전이 문제였다. 이 사전은 동양을 모르는 서양 사람들을 돕기 위해 만든 사전이 아니고 동양을 서양식으로 이해하기 위해 만든 사전이었다. 이 사전은 동양적인 낱말들을 모두 서양식으로 소개하였다. 동양의 종교, 철학, 윤리 등을 소개하면서 동양 고유의 것을 알리지 않고 서양 사람들의 잣대에 두들겨 맞추어 난도질 하는 짓들을 자행했다. 일례를 들면, "공자가 신(神)에 대한 질문"을 받고 "사람도 모르면서 무슨 신(神)이냐."고 답변을 피했으며, 죽음에 대해서도 "삶도 모르면서 무슨 죽음이냐."고 답변한 것을 들어 공자사상엔 종교적 차원이 없는 것이라고 주장했다.

무슨 가르침이던 종교적이려면 신(神)을 이야기하고 죽음(死)을 이야기해야 한다는 서구적 종교 정의에 집착해 있는 것이다. 그래서 유교는 종교가 아니고 윤리라는 말이 나왔다. 20세기 초에 일본인들이 만든 종교사전은 서구에서 썼던 서구적 종교사전을 그대로 베낀 것이었다. 학생들이나 선생들이 모두 이렇게 한심스러운 종교사전을 사용했고, 그때 그들이 읽어야할 책들도 모두 이런 식의 책들이었으니 서양인의 동양오해는 그대로 동양인의 동양오해로 이어졌고, 이런 식의 동양파괴는 전 동양으로 퍼져 나갔으며, 그 피해는 21세기의 오늘날까지도 여전하다. 오늘날 누군가가 유교는 종교라고 외치면 옳다고 따라올 사람들이 몇이나 될지 모르겠다.

둘째, 공자의 가르침엔 항상 두 가지 차원이 동시에 있다. 하나는 사회적 차원이고 또 하나는 종교적 차원이다. 사람들은 유교에서 사회적 차원만을 보고 종교적 차원을 간과한다. 공자의 가르침 가운데서 사회적 차원의 가르침은 사람들이 곧잘 알아듣는다. 그러나 그 종교적 차원은 못 알아듣는다.

이러한 사람들의 한계 때문에 유교의 종교성은 지금 실종위기에 처해 있다. 그 결과로 유교 오해는 널리 퍼져가고 있다. 사실, 공자의 사상 속에서 사회적 차원과 종교적 차원은 서로 떨어질 수 없도록 밀접하게 붙어 있다. 공자는 무엇보다도 인간을 중요시했다. 공자가 들여다보고 있는 인간은 막연한 인간이 아니고 지금 당장 바로 이 자리에서 살아 움직이는 사회적이면서도 현실적인 인간이다. 신도 죽음도 살아 있는 인간을 떠나 이야기하는 것을 공자는 싫어했다. 공자가 내뱉은 '부지생 언지사(不知生 焉知死)'라는 말이나 '부지인 언지신(不知人 焉知神)'이라는 말도 조심스럽게 들여다보면, 살아 있는 인간 속에서 신(神)

도, 사(死)도 봐야 한다는 메시지가 들어 있다.

사람들은 신(神)과 인(人)을 둘로 나누지만 공자는 그걸 싫어했다. 사람들은 생(生)과 사(死)를 둘로 나누지만 공자는 그걸 싫어했다. 인(人)을 떠난 신(神), 생(生)을 떠난 사(死)를 이야기하는 것은 옳지 않다는 말이다. 한마디로 공자사상은 종교적인 차원을 떠나서는 올바로 이해할 수 없도록 되어 있다.

그러면 우리는 어떻게 공부를 해야 할까? 성철스님은 항상 반야사상을 강조하셨다. 반야심경(般若心經)이야말로 생명과 사랑이 무엇인가를 똑바로 가르치는 경전이다. 그래서 나는 반야심경을 불이경(不二經)이라 부르고 있다. 둘 아님이 드러나지 않으면 사랑도 생명도 제 모습이 드러나지 않기 때문이다.

반야심경은 그 제목부터 제대로 이해해야 한다. 반야심경의 핵심은 그 제목에 잘 나타나 있다. 문제는 '마하반야(maha prajna, great wisdom,

摩訶般若, 위대한 지혜)'라는 말과 '바라밀다(paramita, arrival at the other shore, 到彼岸, 피안에 도착함)'라는 말의 관계를 어떻게 이해하느냐에 달려 있다. 다시 말하면, 이러한 두 개의 전문적인 불교용어의 관계를 '둘 아님(불이 不二, not two, non-dual)' 사상으로 풀어나가느냐, 아니면 이원론적으로 풀어나가느냐에 따라 커다란 차이가 생긴다는 말이다.

사람이면 누구나 다 잘 알고 있는 우리의 몸과 몸짓의 관계로 설명할 때 불교의 불이(不二)사상은 가장 잘 드러난다. 다시 말하면 '마하반야'는 몸이고, '바라밀다'는 그 몸짓이란 말이다. 몸과 몸짓의 관계에서 드러나는 불이관계를 마하반야와 바라밀다에서 읽어야 한다. 행여나 요즈음 많은 사람들이 이해하는 것처럼, '위대한 지혜를 가지고 피안에 이른다'고 읽으면 안 된다. 그렇게 읽으면 반야사상의 핵심인 불이사상을 등지는 것이 된다. 그렇게 읽으면 불이(不二)의 반대인 이원(二元)으로 반야심경을 왜곡하는 것이 된다. 무슨 말인가?

첫째, 그렇게 읽으면, 독자인 '나'와 '마하반야'가 둘로 나누어지고 만다. 경을 읽는 사람과 마하반야가 둘로 나누어질 때 반야심경은 파산을 당하는 꼴이 된다. 둘째, 그렇게 읽으면, 경을 읽는 사람이 가지고 있는 '마하반야'와 경을 읽는 사람이 성취해야할 '도피안'이 둘로 나누어진다. 이원론이다. 셋째, 그렇게 읽으면, 반야심경이 전개하고 있는 '불이론적인 무문자문화'에 역행하는 '이원론적인 문자문화'에 사로잡히는 현상이 벌어지고 만다.

기독교는 믿음을 강조하지만 불교는 그렇지 않다고 말하는 사람도 있다. 그러나 실지로 불교를 믿고 불법을 실천하는 세계에 들어가 보면 불교만큼 믿음을 강조하는 종교도 없다는 것을 알게 될 것이다. '믿음(FAITH, 신앙)'은 모든 종교가 똑같이 강조하는 것이지만 그 의미는 종교에 따라 조금씩 차이가 있는 것 같다. 설사 같은 종교를 믿는다 할지라도 사람 따라 그 내용에 차이가 있는 것도 사실이다.

'믿음'이란 말이 지니고 있는 깊이나 폭이나 차원 등등이 사람 따라 처지 따라 모두 다르기 때문일 것이다. 그럼에도 불구하고 믿음이 종교의 생명이라는 사실에는 이의가 없을 것이다. 특히 사람의 고질적인 병이라고 말할 수 있는 이원론적인 오류를 극복하는 길은 믿음밖에 없다고 말해도 과언은 아닐 것이다. 그러면 지금 우리들이 반야심경을 읽으면서 문제 삼는 믿음이 무엇인가를 한번 밝혀 보겠다.

불경에서 말하는 지혜는 일반적으로 부처님의 지혜를 말한다. 그러므로 불교의 지혜는 어둠을 밝히는 빛의 역할을 한다. 사람들이 가지고 있는 어둠은 가지가지이기 때문에 어둠을 밝히는 지혜 또한 가지가지다. 반야심경에서 말하는 지혜는 '마하반야' 즉 위대한 지혜이기 때문에 등잔불 같은 지혜가 아니다.

그것은 태양과 같은 것이다. 태양이 어둠을 비출 때는 친불친을 가리지 않는다. 옳고 그른 것도 가리지 않는다. 일체만물을 똑같이 골고루 다 비춘다. 부처님의 지혜는 그러한 것이다. 부처님의 그러한 지혜가 나 자신에게도 있다는 것을 믿어야 한다. 아니, 나 자신이 바로 부처님의 마하반야임을 믿어야 한다. 일체중생이 모두 다 부처님이란 말이 바로 그 말이다. 이것이 불교의 믿음이다. 이러한 '믿음'이 확립되어야 한다.

'마하반야'라고 말할 때, 바로 그 자리에 '바라밀다' 즉 도피안이 있는 것이다. 그래서 마하반야는 몸이고 바라밀다는 그 몸짓이라고 말하는 것이다. 양자는 둘이 아니라는 말이다. 모든 생명이 있는 모습은 둘이 아닌 모습이다. 그것이 사랑이다. 그것이 사람이다. 그것이 삶이다. 그것이 생명이다. 우리말에서 생명과 사랑과 사람이라는 말은, 말은 다르지만 사실은 똑같은 것을 가리키고 있다. 한마디로 불이(不二)다. 둘이 아니다.

　자기가 가진 지식으로 불교를 판단하는 사람들이 곧잘 저지르는 오류 중 하나가 불교의 역사에는 종교개혁(宗敎改革)이 없었다고 말하는 것이다. 그러나 반야심경을 조심스럽게 읽어보면 사실이 그렇지 않다는 것을 깨달을 것이다. 반야심경은 불교적 종교개혁(宗敎改革)의 선언문이다. 동국대학교 불교대학에서 오랫동안 불교를 가르쳤던 고 이기영 교수는 기독교와 불교의 차이를 이렇게 말씀하셨다: "기독교는 16세기에 종교개혁이 일어나 다시 태어났지만, 불교에는 불행히도 그러한 종교개혁이 없었다."고. 이기영 교수의 이러한 말씀은 나에게 일종의 화두를 던져준 셈이다. "과연 그런가?" 오래오래 생각하게 되었다.

　오늘 우리들이 하고 있는 반야심경 공부가 바로 그러한 물음에 대한 해답이다. 다시 말하면 반야심경이야말로 불교의 종교개혁 선언문이란 말이다. 한마디로 반야심경은 불교의 모든 사전을 다 때려 부수고 있다. 반야심경의 첫 머리부터 등장하는 '불이의 논리', '즉시의 논리'가 뭔가? '색'은 이러한 것, '공'은 이러한 것… 이라고 정의해 놓은 우리들의 사전을 거부하고 있다. 불교사전에 적혀 있는 불교용어들의 정의에 사로잡혀 거기에 주저앉아 있는 우리들의 지적인 '업의 아성'을 때려 부수고 있다.

　반야심경은 사리자를 두 번 부르면서 중요한 메시지를 전달하고 있다. 두 번째 사리자 장에서 반야심경은 커다란 폭격을 가하고 있다. 몸짓 문화의 근본이라고 말할 수 있는 '생멸과 구정과 증감'이라는 원리를 거부한다. "불생불멸이요, 불구부정이요, 부증불감"이라 외치고 있다.

　사람치고 '생멸이라는 잣대' 밖에 사는 사람이 있는가? '옳다느니 그르다느니' 하는 문제 밖에서 사는 사람이 있는가? 윤리나 철학이나 종교를 문제 삼는 사람이라면 '더럽다느니, 깨끗하다느니' 하는 '구정이라는 잣대'를 가지고 있지 않는 사람이 있는가? 어떠한 직업을 갖던, 사회라는 구조 속에서 일거리를 갖고 있는 사람치고 '잘 됐다느니 못 됐다느니' 하는 '증감의 잣대'를 가지고 있지 않는 사람이 있는가? 반야심경이 밝히고자 하는 공의 세계는 생멸, 구정, 증감이라는 잣대를 가지고 일하는 그러한 세계가 아니란 말이다. 그게 뭘까?

그 다음에 반야심경은 더 무서운 세 번째의 폭격을 가하고 있다. 폭격 맞아 부서진 것들이 뭔가를 알아보자. 오온, 육근, 육진, 육경의 18계, 12인연의 순관과 역관 모두, 그리고 사제법문, 마지막엔 지도 없고 득도 없다고 때려 부셨다. 그 결과를 한번 상상해 보자. 어떻게 됐는가? 폭격을 당한 다음, 무엇이 남았는가? 아무것도 남은 게 없다. 나는 이러한 현상을 사람들이 몸짓 문화와 결별하고 몸 문화로 다시 태어나는 순간으로 본다.

문자문화에서 무문자문화로 넘어가고, 이원론적인 이기주의 문화에서 불이론적인 우주와 자연의 문화로 넘어가는 것으로 본다. 이것이 반야심경이 수행한 종교혁명이다. 이러한 반야심경의 종교개혁의 결과는 어떻게 됐는가? 불교인들이 붙들고 있는 불교적인 잣대를 빼앗아 버린 것이다. 모든 중생이 신음하고 있는 몸짓 문화의 감옥에서 벗어나는 것이다. 그리하여 몸 문화라는 부처님의 세상에 다시 태어나는 것이다.

이러한 반야심경의 종교개혁은 불교인만을 살려내는 것이 아니었다. 불교 밖의 모든 종교가 다 그 덕을 본 것이다. 한마디로 말해 일체 중생이 모두 다 그 덕을 보았다. 불교의 자연사랑, 불교의 우주사랑, 불교의 중생사랑, 불교의 타종교사랑 등등 끝이 없다.

동양의 도교를 보라! 동양의 신유교를 보라! 동양의 모든 윤리 철학 종교 등등을 보라! 반야심경이 수행한 불교적 종교개혁의 덕을 보고 있지 않는가? 반야심경이 수행한 불교적 종교개혁이란 이런 것이다. 그것은 불교마저 버리고 벗어나는 종교개혁이다. 그래서 유교도 도교도 모두 그러한 불교적 종교개혁의 덕을 보았다고 말하는 것이다. 아니, 이 세상 모든 사람들이 다 그 덕을 보았다. 16세기 마르틴 루터의 기독교적 종교개혁과는 차원이 다르다. 루터의 종교개혁은 기독교의 성경으로 돌아가자는 것이었다. 반야심경의 종교개혁은 무문자문화인 몸으로 돌아가자는 것이었다.

불이(不二)를 실천하는 자는 자비를 실천하는 자다. 관자재보살이 바로 그런 분이다. 어떻게 실천하는가? 조견(照見)이다. 여기서 조견하는 자는 '등잔불'이 아니고 '태양'같은 자다. 태양 앞에서는 일체의 차별이 다 없어진다. 공(空)이다. '텅 비었다'는 말이다. 일체의 차별을 모두 다 넘어섰다는 말이다. 그것이 생명이다. 생명이란 모두가 다 한 덩어리로 어우러져 함께 일하고 있는 모습을 말한다. 그것은 사랑이다. 사랑은 사람의 본래 모습이다. 고통이란 무엇인가? 사랑을 모르고 생명에 거슬려 비인간화 될 때 나타나는 현상이다. 그래서 반야심경은 '텅 빔의 세계'에서는 모든 고통이 다 사라졌다고 말하는 것이다.

색 따로 공 따로 정의내리고 있는 사전을 버려라.
색불이공 공불이색 색즉시공 공즉시색이다.
생멸과 구정과 증감이라는 잣대로 세상을 사는 사람들에게 하차 명령을 내리고 있다.

그러므로 공의 세계에는 색수상행식이라는 오온의 세계가 따로 있을 수 없다.

또한 공의 세계에는 안이비설신의라는 6근도 없고,

색성향미촉법이라는 6경도 없고,

안계에서 의식계까지의 6식도 없고,

무명에서 노사까지의 12인연도 없고

고집멸도라는 4성제도 없고

지(智)도 없고 득(得)도 없다.

아무 것도 얻는 것이 없기 때문에

모든 보살들이 다 반야바라밀에 의지하는 것이다.

성철스님의 모든 가르침은 반야심경의 진리를 잘 드러내고 있는 것 같다.

8. 나가면서

나는 뉴욕주립대학교 스토니부룩대학에서 여러 해 동안 '기독교와 불교의 대화'라는 과목을 강의했다. 기독교 사상의 핵심에는 항상 예수님이 계신다. 그 대목을 몸과 몸짓의 논리로 생각해보자.

'기독교와 불교의 대화' 강의에서 우리들이 공부한 것의 핵심은 "사람은 그 누구를 막론하고 모두 다 진리의 산물이며 언제나 어디서나 진리와 함께 살고 있다."는 '사실'을 깨닫는 데에 있었다. '사실'은 진리의 대명사다. 이렇게 엄연한 진리 앞에서 동양의 불교와 서양의 기독교는 똑같은 태도를 취하고 있다. 기독교의 하나님 사상도 불교의 부처님 사상도 그들의 제자들을 가르치는 데 있어서는 똑같았다. 이러한 두 종교 간의 공통된 진리를 동양에서는 '둘 아님(불이 不二, non-dualism or not two)'의 진리라고 표현했다. 하나님과 인간이 둘이 아니요, 부처님과 중생이 둘이 아니요, 원수와 친구가 본래 둘이 아니라는 말이다.

그러나 이러한 '둘 아님'의 사상은 지금 현실적으로 무서운 어려움을 겪고 있다. 불교인이든 기독교이든 모두 둘 아님 즉 불이사상을 실천하지 않고 있기 때문이다. 모든 종교의 핵심이라고 말할 수 있는 '둘 아님'의 사상을 다른 말로 표현하면 "모든 생명을 똑같이 존중하고 똑같이 사랑하는 것"이다. 그러나 지금 종교인들은 이를 실천하지 않고 있다. 그러면서도 이렇다 할 부끄러움도 없고 심각한 고민도 없다. 한 마디로 타락한 것이다. 왜 우리는 이 지경에 이르렀을까? 답변은 간단하다. 겉으로는 종교인인 척, 모든 생명을 다 사랑하는 척 하지만 속에는 항상 '나'밖에 모르는 이기주의가 도사리고 있기 때문이다.

종교의 진정한 모습이란 어떤 것일까? 요즘 TV나 책을 보면, 종교의 힘 덕분에 지독한 고난을 극복하고 성공에 이른 사람들의 일화가 종종 소개되고 있다. 사업의 실패로 밑바닥까지 떨어졌다가 기적같이 재기에 성공한 사람들이 있고, 이런 예화들은 많은 사람들에게 희망과 꿈을 준다. 또한 종교의 '기적' 덕분에 암을 극복한 사람의 이야기도 종종 등장하며, 이는 많은 사람들에게 큰 희망이 되고 있다.

그러나 실패했다가 기적적으로 다시 성공한 사람들의 수가 실패했다가 성공하지 못한 사람들의 수보다 많을까? 그리고 죽기만을 기다리는 말기 암환자들 중에서, 기적적으로 병이 치료되어 다시 삶을 되찾은 사람들이 많을까? 아니면 그대로 죽음을 맞이한 사람들이 많을까? 실패했다가 다시 성공해서 돈 잘 벌고 잘 먹고 사는 사람은 극소수다. 병실에서 죽음의 문턱까지 갔다가 돌아오지 못한 사람들이 훨씬 더 많다.

그런데 왜 사회는, 종교는 기적을 강조하는가? 이름 모를 죽어간 사람들, 실패해서 밑바닥을 헤매는 사람들을 왜 외면하는가? 왜 종교는, 사회는 더 많은 수의 사람들을 감추려 하는가? 종교가 진실되게 우리 사회에 줄 수 있는 메시지는 무엇인가?

내가 보기에 종교의 진정한 모습은, 병실에 누워 다시 살아날 수 있을 것이라는 실낱같은 희망을 버리지 못한 채 죽어간 이름 모를 수많은 사람들에게 있다. 파산을 당하거나, 사업이 실패하여 가난하고 비참하게 살아가는 사람들 속에 종교의 진실됨이 함께하고 있다. 병실에 누운 환자가 죽음을 맞이하고 있는 그 순간, 숨을 헐떡이며 죽음에 이르고 있는 그 순간, 가족들이 오열하는 그 순간 부처님과 하나님이 함께 하고 있다. 넉넉하고 부족함이 없이 행복하게 잘 살던 사람들이 파산에 이르러, 단칸방에 모여 앉아 배고픔을 겨우 달래고 있는 그 순간 부처님과 하나님이 함께한다.

부처님과 하나님이 계시지 않은 곳이 있는가? 기적과 가피는 극소수의 사람들에게만 내려지고, 부처님과 하나님은 그들에게만 함께하는가? 성공이라는 놈은 무엇이며, 실패라는 놈은 무엇인가? 삶은 축복받은 것이요, 죽음은 저주받은 것인가? 삶과 죽음 중에서 부처님과 하나님이 계시지 않은 곳이 있는가? 가난하고 힘듦 속에, 죽음이 다가오고 있는 바로 그 속에 부처님과 하나님이 더욱 더 환하게 빛나고 있다.

1983년, 성철스님은 신년법어에서 다음과 같이 말씀하셨다: "지식만능은 물질만능 못지않게 큰 병폐입니다. 인간 본질을 떠난 지식과 학문은 깨끗하고 순진한 인간 본래의 마음을 더럽혀서 인간을 타락시키기 일쑤입니다. 인간의 본래 마음은 허공보다 깨끗하여 부처님과 조금도 다름이 없으나 진면목을 발휘하려면 삿된 지식과 학문을 크게 버려야 합니다. 아무리 좋은 보물도 깨끗한 거울 위에서는 장애가 됩니다. 거울 위에 먼지가 쌓일수록 거울이 더 어두워짐과 같이 지식과 학문이 쌓일수록 마음의 눈은 더욱더 어두워집니다. 우리 모두 마음의 눈을 가리는 삿된 지식과 학문을 아낌없이 버리고, 허공보다 깨끗한 본래의 마음으로 돌아가서 마음의 눈을 활짝 열고 이 광명을 뚜렷이 바로 봅시다."

곁에서 본 성철스님

원소
—
삼정사 주지, 중앙승가대학교 도서관 관장

학생들에게 불공하는 방법을 여러 가지로 예를 들었더니 어떤 학생이 이렇게 질문해 왔습니다.
"스님은 불공 안 하시면서 어째서 우리만 불공하라고 하십니까?"
"나도 지금 불공하고 있지 않은가, 불공하는 방법을 가르쳐 주는 이것도 불공 아닌가."

1. 자신에게 엄격했던 수행자

은사이신 성철스님을 처음 친견한 것이 지금으로부터 37년 전이 되니 감회가 새롭다. 성철스님이 열반하신 후 1993년 출간한 『해인지』와 2006년 성철스님과 인연을 맺은 사람들이 공동으로 저술한 『가야산 호랑이를 만나다』, 그리고 백련불교문화재단에서 발간한 학술지 『백련불교논집』 등에 시봉이야기를 발표해 왔는데 그동안 발표한 글 중에 성철스님을 회상할 수 있는 중요한 부분은 중복되더라도 한 번 더 정리하고, 아직 알려지지 않은 성철스님의 일화를 회상해 보려고 한다.

한국 불교사를 보면 당대에 존경받던 큰스님이었는데 행장이나 법문이 후대에 전하지 않고 전설속의 인물이 되는 수가 많다. 이것은 법문을 상좌들이 기록하지 않았거나 보존 전달을 하는 데 소홀했기 때문에 후배들이 도인 스님들의 법문을 접할 수 없는 것이다. 후대의 사람들을 위하여 도인 스님들의 법문과 시봉기는 정신문화사적으로 매우 중요한 작업이라는 생각이 든다.

성철스님은 두뇌가 명석한 분이었다. 상단법문을 할 때면 원고지를 보고 법문을 하는 법이 없었다. 또한 스님이 몸이 불편할 때 상좌들이 안마를 해드리는 경우 그때 자연히 소참법문을 듣곤 하였는데 암기 암산하는 능력이 대단한 분이었다. 머리가 명석한 사람들은 노력을 소홀히 하는 경향이 있다. 성철스님은 깨치기 전부터 천재적인 머리에다 노력까지 겸비했으니 남보다 앞설 수밖에 없었다.

대중의 지도자가 되는 사람은 승속을 막론하고 솔선수범하지 않으면 대중을 이끌 수 없고 권위가 서지 않는다. 스님은 젊을 때 수행자로 살 때나 깨달은 이후에도 그의 생활은 변함이 없었다. 누구보다 늦게 자고 누구보다 일찍 일어나는 철저한 생활과 공부를 마친 도인이지만 어느 누구보다 열심히 공부하는 그의 하루 일과는 그를 가까이 모신 상좌들의 회고담에서도 잘 나타난다.

> 큰스님의 일상생활은 독일의 철학자 칸트처럼 시계 초침과 같이 정확하고 규칙적이었다. 새벽 2시쯤 일어나서 3시에 백팔참회를 하고 정해진 시간에 무염식(無鹽食)으로 소량의 공양을 들었다. 물론 간식은 조금도 하지 않았다. 하루 두 번 산책하고 채소밭과 정원수를 돌보고, 삼천배를 마친 신도와 공부 점검받으러 오는 스님들을 접견하는 시간 외에는 밤 10시까지 하루종일 참선과 독서로 소일하셨다.[1]

승가에서 큰스님이라 평가 받는 사람들은 하루 일과에서 보통 승려와 확연히 차이가 난다. 성철스님도 혼자 있을 때나 대중 속에 있을 때나, 누가 보거나 안 보거나 관계없이 그는 평생을 통하여 수행자로서의 위의를 잃지 않았으며 철두철미하게 자기 자신을 관리하며 살았다. 시간관리만 잘 한 것이 아니라 매사에 근면 검소 절약하였으며 의식주 등 일상생활에 타의 모범이 되었다.

성철스님은 고희를 넘기고서도 옷이나 양말을 손수 기워 입으시곤 하셨다. 행자 때 하루는 스님께서 "키달아(키다리), 이거 입으라." 하며

---

[1] 원소, 「다시없을 스승을 그리며」, 『가야산 호랑이를 만나다』(아름다운 인연, 2006), p.136.

던지는 물건이 있어서 받아 보니 엉덩이 부분 전체를 면조각으로 기운 낡디 낡은 겨울내복이었다. 이것을 입고 매일 백팔참회를 하고 오후에 백련암 뒷산에 지게를 지고 나무를 하러 다니니 내구연한(耐久年限)이 지나도 한참이 지난 낡은 내복이 도저히 견디지를 못했다. 무릎 부분을 기워 놓으면 다음날은 엉덩이 부분의 솔기가 터지고 이렇게 보름 동안을 계속 기워 입다 보니 공부를 할 시간이 없었다. 그래서 스트레스를 받은 나머지 아궁이에 던져 불살라 버렸다.

그 후 상좌스님들에게 들으니 큰스님이 입던 옷을 물려받아 입으면 공부가 잘된다고 상좌들 간엔 누더기 헌옷을 서로 받으려고 경쟁이 붙었다고 한다. 그때 낡은 내복을 없애지 않고 잘 보존했더라면 큰스님께서 50년 이상을 손수 기워 입으신 누더기 겉옷 두 벌과 더불어 귀한 보물이 되었을 터인데 지금 생각하면 그때는 정말 안목이 없었던 것 같다. 상좌들의 성화에 못이겨 일반 화장지를 쓰기 전까지는 시장에서 멸치 싸는 재생지를 화장지로 사용하였다. 이런 행동들은 신도들이 갖다 주는 시주물을 항상 아껴 쓰라는 것이며, 스님 스스로 솔선수범을 실천하였던 것이다.

2. 검소함을 몸소 실천해 보이다

큰스님은 출가 후 선방과 토굴에서 수행할 때 20년 정도 생식을 하였다고 한다. 청담스님과 함께 봉암사결사 때 부처님을 본받아 곡식

 몇 알로 허기만 때우는 벽곡(辟穀)을 하자 극심한 영양부족으로 치아 사이가 벌어지고 손톱이 얇아 휘어질 지경이었다고 한다. 찾아온 향곡 스님이 "생식에 참깨라도 갈아 먹으라."시며 참깨 한 말을 가져오셨다. 그러나 성철스님은 "니나 먹어라." 하시며 거절하셨다고 한다.

 식사다운 식사는 해인사 백련암에 주석하시고부터이나 소식은 평생 지키셨다. 아침은 현미죽을 들고 점심과 저녁은 현미밥을 들었다. 버섯을 물에 담가 우려낸 국물에 감자와 당근을 약간 썰어 넣은 것이 국겸 찌개였다. 반찬은 가늘게 썬 솔잎 한 숟가락, 알이 작은 삶은 검은 콩 한 숟가락, 곰취나물 조금, 마와 더덕을 소량 섭취했고 계절별 반찬으론 쑥갓이 날 땐 쑥갓 세 줄기, 복숭아가 나올 땐 복숭아 반쪽, 가을과 겨울엔 사과 반쪽이 반찬으로 올랐다. 아주 더운 여름엔 수박을 조금 드셨고, 평소에 몸이 냉하여 가끔씩 설사를 했기 때문에 식후에 곶감을 하루 한 개씩 드셨다. 차는 인동과 대나무 잎, 녹차를 넣어 삶은 물을 갈증이 나면 한 잔씩 마셨고, 피곤할 때는 차에 꿀을 조금 넣어 마시기도 하셨으며 간식은 전혀 하지 않았다. 반찬엔 소금과 간장이 전혀 들어가지 않은 무염식(無鹽食)을 하였으며, 출가 이후 술이나 고기를 전혀 드시지 않았다. 큰스님은 식생활만 떼어 놓고 보아도 수행자다웠다. 다음은 성철스님의 주거생활과 경제에 대한 상좌의 증언이다.

> 스님께서 거처하는 방도 아주 검소해서 3평 정도의 옹색한 방에 석굴암 부처님 사진 한 장과 경상(經床), 좌복 외에는 화분이나 그림 하나 없었다. 스님이 백련암에 주석하실 때는 암자 전체에 단청을 못하게 하였다. 스님은 상좌를 둔 이후에는 돈을 전혀 만지지 않았고 관심도 두지 않았다. 백련암에는 불전함조차 없었다. 그런데 예외적으로 일 년에 한 번 스님이 돈 만지는 날이 있었다. 바로 설날이다. 스님은 아랫마을의 꼬마들이 세배하러 오면 세뱃돈을 주셨다. 이것이 굳이 말해 스님께서 하시는 경제활동의 전부라고 할 수 있다. 그리고 스님은 신도의 집에 특별한 일 없이 방문하지 말며, 신도들이 주는 돈을 무서워하라고, 그 돈은 꿀이 아니고 독약이라는 것을 강조하였다.[2]

성직자는 재물과 여색에 대하여 초연해야 한다. 윤리적으로 깨끗하지 않으면 성직자로서의 자격이 없다. 성철스님은 경계를 뛰어 넘은 도인이었지만 다음과 같은 경우에도 후학들을 위해 항상 모범을 보였다.

---

[2] 원소, 「다시없을 스승을 그리며」, 『가야산 호랑이를 만나다』(아름다운 인연, 2006), p.137.

젊은 보살들이 삼천배를 하러 오거나 젊은 비구니 스님들이 친견하러 오면 절대 혼자서는 오지 못하게 하고 두 명 이상 짝을 지어 오게 했다. 만약 이 규칙을 어기는 사람은 백련암에 들어올 수 없게 했다.[3]

『초발심자경문』과 『율장』에도 나오는 말이지만 수행자의 방에, 젊은 여성 신도나 이성(異性)의 수행자가 출입을 할 때는 부처님 당시부터 엄격히 규제하고 있었다. 성철스님도 이 규칙에 충실했으며, 스님의 방에서 일대일로 혼자서 대면하는 경우에는 상좌들이 생활하는 큰방으로 건너와서 면담을 하셨다. 사람은 정(情)의 동물이기 때문에 혼자 자주 만나다 보면 남녀노소(男女老少)와 승속(僧俗)을 가릴 것 없이 사고가 생기기 쉽다. 이것은 사소한 것 같지만 윤리적으로 대단히 중요한 문제다.

3. 확고한 교육철학과 법문

1) 상좌들에 대한 교육

승가의 전통 중에 입산출가한 초발심의 행자시절에 은사를 모시면서 예불을 드리고 밥 짓고 빨래하고 청소하며 산에 가서 땔감을 준비

---

3) 원소, 위의 책, pp.138~139.

하고 심부름을 하는 이런 모든 과정들이 승려생활을 해나가는 데 가장 중요한 밑바탕이 된다. 성철스님은 해인사 백련암으로 입산하는 행자들에게는 일반 대중처소와 달리 독특한 방법으로 공부를 시켰다.

『초발심자경문』과 『사미율의』 등은 행자들 스스로 번역본으로 자습하고 백팔참회문과 대불정능엄신주(大佛頂楞嚴神呪)를 외운 다음 사미계를 받기 전까지는 일본어를 독학하게 하셨다. 그 이유는 범어(梵語)로 된 경전이 대부분 일어로 번역되었기 때문이다.

사미계를 받은 후 비구계를 받기 전에 백련암에서 2~3년간 생활하는데 이 기간 동안 경전과 선어록을 30권 정도 공부한 이후에 바로 선원으로 가는 것을 원칙으로 하였다. 경전을 배우는 강원에는 보내지 않으셨다. 성철스님은 직계 상좌들이 선원에 가지 않고, 바로 주지를 하거나 포교나 종무행정에 종사하면 달가워하지 않았다. 초발심 때부터 사판으로 빠지면 평생 선원에 가기 힘들기 때문이라는 것이 이유다.

성철스님은 건강이 좋을 때는 행자들과 상좌들이 대중생활을 하는 큰방에 가끔씩 와서 불교교리, 선어록, 도인 스님들에 대한 소참법문을 하기도 했는데, 이 시간은 행자들과 상좌들이 불교교리에 체계를 세우고 신심을 고취시키는 아주 중요한 시간이었다. 다음은 백련암에 상좌들과 같이 살면서 내렸던 생활지침이다.

특별한 일 없이 새벽 예불에 빠지지 마라. 승려는 노소를 가릴 것 없이 불전에 대한 신심이 제일 중요하다. 새벽 예불은 하루 일과의 첫 번째로 첫 단추가 잘못 끼워지면 하루가 어그러진다.

항상 소식(小食)하라. 수행자는 음식을 많이 먹으면 잠도 많아지고 정신통일에 방해가 되니 몸에 약으로 생각하고 조금만 섭취하라.

수행인은 재물과 여색을 가장 경계해야 한다. 수행자는 정신적으로

나 육체적으로 철저히 고독해보지 않고는 독신으로 평생 살 자격이 없다.

　승려는 신도들이 갖다 주는 시주물로 살아가니 언제나 검소하고 절약하며 살라고 강조하셨다. 다음의 수박사건은 백련암에서 기도하던 신도들과 상좌들이 혼난 유명한 사건이다.

　신도들이 수박을 나누어 먹는 것까지는 좋았다. 그런데 먹고 쓰레기통에 버려 놓은 수박 껍질이 문제였다. 너나 할 것 없이 수박을 먹기는 먹었는데 많이 먹었어야 3분지 1정도, 심지어는 4분지 1정도도 안 먹고 수박 속살이 벌건 채로 버렸던 것이다. 성철스님의 노여움은 대단했다.
　"돈은 너거 돈으로 수박을 사왔는지 모르지만 먹기는 농부들 정성을 생각하고 먹어야 하지 않겠나? 그럴려면 수박 껍질이 하얗게 나오도록 먹어야 될 것인데 이렇게 반도 안 먹고 버렸으니 기도하지 말고 싹 다 가든지, 아니면 쓰레기통에 처박아 놓은 이 수박을 다시 꺼내 먹든지 둘 중에 하나를 빨리 선택해라."
　신도회장이 엉금엉금 기다시피 나가 큰스님에게 빌고 또 빌었다.
　"제가 불민해서 그랬으니 한번만 용서해 주십시오."
　그동안 신도들은 쓰레기통에 버려 놓은 수박을 다시 집어 들고 먹어야만 했다. 수박을 사온 장본인 원주인 나도 무사할 리가 있겠는가? 그날 이후 수박을 먹을 때는 붉은 살이 없을 때까지 먹는 버릇이 생긴 것이다.[4]

---

4) 원택, 『성철스님 시봉이야기 2』(김영사, 2001), p.207.

이 사건 이후로 백련암에서는 수박뿐 아니라 음식을 먹을 때에 승속을 막론하고 모두 조심하며 먹게 되었다.

또한 수행자들에게 나태함을 경계하기 위하여 가끔씩 "수행자는 절대 게을러서는 안 된다. 시간을 자기의 생명처럼 여기고 아껴 써라." 하고 늘 당부하셨다.[5] 성철스님 스스로 시간 관리에 철저했지만 공부하는 사람은 자투리 시간도 헛되이 버리지 말고 잘 활용해야 하며 시간은 바로 우리의 생명 그 자체라고 강조하기도 하셨다.

경전을 읽고 참선을 하는 것만이 공부가 아니라, 예불을 드리고 밥 짓고 청소하고 물품을 정리정돈하고 나무하고 채소밭을 가꾸며 대중시봉하는 모든 일상생활을 공부의 연장선상으로 생각하고 성심성의껏 할 것을 늘 강조하셨다.

못난 중으로 살아라. 못난 중이 퇴속하지 않고 절을 지킨다. 이것은 항상 하심하며 잘 난체 하며 살지 말라는 말씀인데, 일제강점기 때 종비생으로 유학을 간 똑똑하고 능력 있는 승려들이 대부분 속퇴한 사건을 예로 들기도 하셨다. 또한 스님들이 법문을 잘 하거나 글을 잘 쓰면 대중들에게 인기를 얻게 되는데, 자칫 잘못하면 헛된 명예심에 빠져 수행자의 본분을 잃을 수도 있다는 것을 경계하기도 하셨다. "쭉 곧은 나무는 목수의 톱날을 피하기 어렵고 반듯한 돌은 석수의 정(釘)을 피하기 어렵다. 승속을 막론하고 능력이 있으면 질투와 시기를 많이 받으니 겉으로 보기에 천대받고 못난 중이라야 진정한 공부를 할 수 있다."는 것도 상좌들에게 당부하셨다.

백련암에 살 때는 불교경전과 선어록과 불교신문 이외에 일간 신문,

---

[5] 원소, 「다시없을 스승을 그리며」, 『가야산 호랑이를 만나다』(아름다운 인연, 2006), p.136.

잡지, 외전 및 라디오 청취, TV시청을 금하셨다. 이런 세속의 정보 차단은 백련암에 있을 때 철저히 속물을 빼고 고독하게 생활하면서 자기 자신의 내면세계와 마주쳐 보라는 것이었다.

공부하는 좋은 도반을 가져라. 평소에 스님은 청담, 향곡, 자운스님 등의 훌륭한 도반들을 만난 것을 가장 좋은 인연이었다고 회고하셨다. 부처님의 말씀처럼 좋은 도반을 가지는 것은 수행의 전부라고 하였다. 상좌들에게 열반에 앞서 마지막 유훈은 "참선 열심히 하거라."였다.

성철스님의 상좌들에 대한 중요한 가르침은 대신심을 가질 것, 수행자로서 재색을 경계할 것, 자투리 시간이라도 낭비하지 말고 열심히 공부할 것, 시주물은 신도들의 피와 땀이 엉긴 것이니 소중히 여기고 아껴 쓸 것, 좋은 도반을 사귈 것, 참선수행을 열심히 할 것으로 크게 분류할 수 있다.

암자에서 생활하며 신심이 없거나 게으르고 계행을 지키지 못하고 맡은 바 소임에 철저하지 않으면 세 번까지는 봐주지만 그 다음부터는 대부분 암자에서 추방하였는데, 예외적인 경우도 있었다.

큰스님 보시기에 좀 마음에 안 들어도 평생 중노릇 잘할 것 같으면 봐주는 경우도 있었다. 사제인 원초스님이 그런 경우이다. 스님께서 꾸중하고 야단을 쳐도 계속 스님의 기대에 미치지 못하니 나중에는 초선생이라 별명을 붙였다. 원초스님도 스님께 너무 미안하고 죄송해서 시봉을 그만두고 떠나겠노라고 말씀드리기에 이르렀다. 그러자 스님은 "또 다른 놈이 와서 너만큼이라도 시봉하게 만들려면 6개월은 또 싸워야 하니 계속 시봉하라."고 말씀하셔서 스님을 잘 모신 후 백련암을 떠나 30년 가까이 선방 수좌로서 정진을 잘하고 있다.

원초스님 외에도 ○○선생이라고 들은 상좌들이 몇 명 더 있는데 모두 다 중노릇을 잘하고 있다. 성철스님을 모시고 살 때 행자나 상좌들을 가릴 것 없이 특별한 이유 없이 백련암을 떠나 마을이나 해인사 큰절에 내려가는 것도 굉장히 싫어하셨다. 살림을 사는 원택스님 외엔 결제 때 초하루 보름 법문하는 날이나 예비군이나 민방위 훈련날이 아니면 외출은 사실상 불가능했다. 이러한 통제는 해제철에도 마찬가지였다.

이런 상황에서 재미있는 에피소드가 있다. 상좌 중에 부산에서 대학을 나와 외항선을 6년간 탄 성격이 활달한 스님이 있었다. 큰스님께선 항상 소식을 하시고 몸이 냉하였기 때문에 겨울이 되어 추울 때 설사를 하시고 힘들어 하셨다. 이럴 때는 따뜻한 부산의 해월정사나 독방이 있는 신도집(지금의 고심정사)에 피한(避寒)여행을 5일에서 7일 정도 하고 오셨다.

바로 이 틈을 이용하여 속가에서 외항선을 탔던 상좌가 원택스님께 허락을 받고 1박2일간 특별 휴가를 다녀오곤 하였다. 영화감상을 좋아했던 상좌스님은 짧은 기간동안 영화를 2~3편 정도 감상하고 입산 전에 좋아했던 우동과 유부초밥을 실컷 사먹고 친한 도반스님 절에서 숙박을 한 후 귀사하는 재미를 몇 번 보았다.

어느 몹시 추운 겨울날, 큰스님께선 5일 정도 예정을 하고 피한여행을 떠나셨는데 특별휴가에 재미를 붙인 상좌스님도 2시간 후에 백련암을 출발하였다.

그런데 하필 이날 큰스님께선 어지럽다며 3시간 후에 차를 돌려 백련암으로 다시 돌아오셨다. 그 다음날 오후에 소원성취를 한 상좌스님은 콧노래를 부르면서 백련암으로 가는 오솔길을 오르고 있었다. 백련암의 원통전과 불면석이 보이는 장소에 오니 웬 노스님이 산책을 하는 것 같았다. 그런데 일주문을 들어서니 부산에 계셔야 할 성철스님이 아닌가? 도둑이 제발 저린다고 그날 비가 와서 마당이 축축한데 상좌스님은 자기도 모르게 그 자리에서 바로 7배의 큰절을 드렸다고 한다. 곧 청천벽력 같은 호통이 떨어지겠지 하고 몸둘 바를 몰라 하는데 뜻밖에 큰스님께선 한 번 쳐다보시더니 아무런 꾸지람도 하시지 않고 "잘 놀았나?" 한마디 하시고는 안마당으로 들어 가셨다고 한다.

누가 고자질을 한 것도 아닌데 "스님께서 그동안 다 알고 계셨구나." 라고 깨달은 상좌스님은 백련암을 떠날 때까지 두 번 다시 특별휴가를 가지 않고 큰스님 시봉을 성심성의껏 하였다.

글을 쓰는 소승도 해인사에 입산하여 예비군 훈련으로 가야면과 합천부대에 가는 일 외에는 바깥세상을 전혀 구경하지 못하였다. 해인사 강원의 사미율반 때 입산 후 처음으로 15일간의 방학을 맞아 2년3개월 만에 대구와 포항을 거쳐 강원도 양양 낙산사 관음성지를 참배할

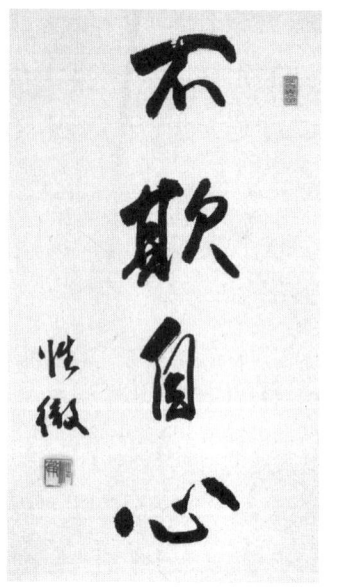

때 기분이 "very nice!" 하늘을 찌를 것만 같았다.

살아오면서 백련암에 살 때 비록 타율적이었지만 바깥세상과 단절하며 철저하게 고독하게 살았던 시간들이 승려생활을 하는 데 이만저만한 도움이 되는 것이 아니었다.

해인사 주지를 하셨던 보광스님이 옛날부터 내려오던 『해인사 사지』를 살펴보았는데 성철스님이 살 때 자운스님, 영암스님, 지월스님,

혜암스님, 일타스님 등 이판사판의 걸출한 큰스님들이 함께 살았고 이때 해인사 선원이나 강원에 대중이 제일 많았으며 산내 암자도 마찬가지로 해인사의 전성기였다고 한다.

그리고 그 당시 해인사 선원이나 강원에는 제방의 스님들이 서로 방부를 들이려고 경쟁이 심했기 때문에 입방이 굉장히 어려웠다. 규율도 아주 엄했으며 출가승으로서 해인사에 사는 것을 더할 나위 없는 영광으로 생각하였다. 그 당시 선원이나 강원에 살았던 스님들은 우리들이 도인들을 마지막으로 본 세대라고 이구동성으로 말하고 있다.

2) 해인사 대중들에 대한 법문

큰스님께선 하안거 동안거 결제철엔 한 달에 두 번씩 큰절에 내려가 상단법문을 하셨다. 기운이 좋을 땐 선원과 강원에 불시에 들러서 대중들의 공부하는 모습을 살폈는데 잠자는 스님들을 보면 제일 싫어하여 "이놈 밥값 내놔라." 하며 몽둥이로 경책을 하시곤 하셨다. 수행인은 잠을 적게 자야 하니 항상 소식하라고 대중들에게 당부하셨다.

상좌뿐 아니라 선원의 수좌스님들이나 강원의 학인스님들이 공부를 안 하고 게으름을 피울 때 스님이 쓰는 경책방법은 질풍노도와 같아 눈물이 찔끔 날 정도로 꾸지람을 했는데, 선어록을 보면 임제종 계통의 선사들이 제자들을 지도하는 방법이 '할(喝)'이나 '방(棒)'으로 아주 거칠었던 것과 마찬가지로 스님도 임제종 선사들의 면모를 잘 갖추고 있었다. 성철스님의 경책은 거칠었지만 선원에서 수행하는 수좌스님들을 매우 아끼는 모습도 보이셨다. 다음은 종무소에서 소임을 보는 스님들에게 내린 지침이다.

"주지 이하 소임 사는 너거들은 수좌들이 방에 똥을 싸놓고 뒹굴어도 허물 잡지 말고 외호(外護)나 잘해야 된다이!"
언제나 선방에 다녀올 때면 흐뭇해하며 하던 말씀이 있다.
"그래도 결제가 되면 부처님 혜명을 잇겠다고 꾸벅꾸벅 졸든지 말든지 좌복 위에 앉아 있는 수좌들 모습이 얼마나 좋노. 저 속에서 그래도 한 개나 반 개나 되는 인물이 나오는기라! 그런 기대로 선방을 둘러보는 거 아이가. 저거들 없으면 난들 무슨 소용 있겠어?"[6]

얼마 전 열반에 드신 해인사 방장 법전스님은 성철스님이 가장 치열하게 수행할 때 시봉을 했으며, 참선을 할 때 절대 졸지 않고 자세가 꼿꼿한 절구통 수좌로 전국의 제방선원에 이름이 난 스님이다. 성철스님이 참선하는 수좌들에게 수좌오계(首座五戒)를 내렸는데, 수좌오계를 가장 잘 지킨 스님으로도 정평이 나 있다. 법전스님의 수행담을 들어 보기로 한다.

첫째, 네 시간 이상 자지 말라.
둘째, 잡담하지 말라.
셋째, 정진 중에 문자를 보지 말라.
넷째, 포식하지 말고 간식하지 말라.
다섯째, 일을 하라.

출가해서 나는 한평생 잠 때문에 낭패를 본 적은 없다. 본디 잠이 적은 탓이기도 했지만 공부에 마음이 바쁜데 어찌 충분히 잠을 잘

---

6) 원택, 『성철스님 시봉이야기 2』(김영사, 2001), p.114.

수 있겠는가? '깨치지 못하고 죽으면 지옥'이라는 생각으로 이불 한 번 변변히 덮고 자지 않았다.

방선 중에 잡담을 하거나 문자를 보는 것은 정진을 방해하는 마장이니 삼가야 한다. 음식은 도를 이루는 약으로 알고 알맞게 먹어야 한다. 포식(飽食)은 수마(睡魔)를 불러 공부를 방해하는 독이 된다. 나는 태백산에 들어가서 10년 동안 홀로 살 때 밥 한 공기에 김치만 먹고 살았어도 건강을 유지해가며 공부하고 일했다. 나무를 하루에 한 짐씩 하는 것도 거르지 않았다. 잘 것 다 자고 먹을 것 다 먹고 시간 나면 잡담하고 그렇지 않으면 시비하고, 도대체 어느 겨를에 공부하겠는가?

해제하면 여기저기 돌아다니면서 막행막식(莫行莫食)하고 수행자의 본분을 잃고 있지는 않은가 돌아봐야 한다. "계를 스승으로 삼아 정진하라." 부처님께서 입적 직전 유훈으로 남긴 말씀이다. 언제 어디서나 출가삭발한 수행자의 본분을 잊지 않고 세속에 물들지 않고서 홀로 묵묵히 걸어갈 때 수행자의 자존심이 서는 것이다. 세간의 눈으로 보면, 휘황찬란한 세상에 산속에 들어앉아 세 끼 밥 먹고 사는 것에 만족하고 사는 것이 어디 그게 사람이겠는가 할는지 모른다. 그러나 그렇게 등신 소리, 바보 소리 들어야 공부할 수 있다.[7]

수좌오계를 내린 성철스님은 이렇게 해도 화두공부가 되지 않으면 자신이 맡고 있는 해인사 방장직을 걸겠다고 대중들에게 여러 차례 강조하셨다.

---

7) 법전, 『누구 없는가』(김영사, 2009), pp.251~252.

3) 계율에 대한 법문

성철스님의 계율에 대한 단호한 입장은 1982년 9월에 있었던 범어사 합동수계식 때 내린 법어에 잘 나타나 있다.

부처님께서 말씀하셨습니다.
"만약 음행을 하면 반드시 마군의 길에 떨어지니 그 마구니들도 패를 지어 각각 성불하였다고 하느니라. 말세에는 많은 마구니들이 세상에 불꽃같이 일어나서 널리 음행을 하면서 선지식이라 하여 중생들로 하여금 보리의 길을 잃게 한다.
만약 살생을 하면 반드시 귀신의 길에 떨어지니 그 귀신들도 패를 지어서 성불하였다고 하느니라. 말세에는 이런 많은 귀신들이 세상에 불꽃같이 일어나 고기를 먹어도 성불한다고 하니, 고기 먹는 사람은 모두 나찰귀요 부처님 제자가 아니다. 이들은 서로 잡아 먹기를 그치지 아니하거늘 어찌 삼계고해를 벗어나리오.
만약 도적질을 하면 반드시 사도에 떨어지니 요사한 무리들도 떼를 지어서 각각 성불하였다고 하느니라. 말세에는 이 요사한 무리가 불꽃같이 일어나서 중생들을 잘못 가르쳐 무간지옥에 떨어진다.
만약 도를 성취하지 못하고 했다고 거짓말하면 지견마(知見魔)에 떨어져서 부처님 종자를 잃어버리느니라. 이런 사람은 도를 깨치지 못하고 깨쳤다고 사람을 속여 대접받기를 좋아하다가 영원히 선근을 잃고 삼도고해에 떨어진다.…"
또 『범망경』에서 말씀하셨습니다.
"술을 먹으면 한량없는 과실이 생기느니라. 술잔을 들어 사람에게 먹게 하여도 오백생 동안 손이 없는 과보를 받거늘 스스로 먹으리오. 모두 술을 먹지도 말며 남에게 먹게 하지도 말아라."

이상의 부처님 말씀은 우리 불교 만세의 교훈이니 부처님 말씀은 성불의 길이요 마구니의 말은 지옥의 길입니다.…

수계자 여러분! 우리는 항상 손으로 깎은 머리를 만져 보면서 살아갑시다. 우리는 엄연한 부처님 제자입니다. 만약 부처님 제자로서 마구니의 말에 속아 부처님 법에 어긋나 마구니가 된다면 이는 타락중에 타락이니 천추의 한이 되고도 남을 것입니다.

수계자 여러분! 우리 불교를 파괴하는 마구니의 말을 만나거든 철저히 분쇄하고 영원한 진리인 부처님 계율을 끝까지 지켜 중생들로 하여금 사로(邪路)에서 방황하지 않고 부처님 정도(正道)에 들어가 남김없이 성불케 합시다.[8]

성철스님의 계율에 대한 가르침의 핵심은 불사음, 불살생, 불투도, 불망어, 불음주의 오계의 실천에 있음을 알 수 있다. 다음은 1979년도에 백련암에서 상좌들을 위한 소참법문이다.

도인 스님들 중에 간혹 파격적인 기행(奇行)을 하는 경우가 있는데, 그 도인 스님들은 공부를 마쳤기 때문에 어떤 행농을 하는 인과에 구속되지 않지만, 뒤의 후학들은 도인 스님들의 공부한 것은 보지 않고, 기행만 본받을 수 있으니 어른 스님들은 후학들을 위해 일거수 일투족(一擧手 一投足)에 아주 주의해야 한다.

---

8) 성철, 『자기를 바로 봅시다』(장경각, 1987), pp.136~137.

그러면서 한 가지 더 부언하셨다. '석가모니 부처님께서 깨치기 전의 수행자 시절이나 깨치고 난 후의 생활을 볼 때, 한 점의 흐트러짐이 있었느냐고 반문하시고, 불교인들의 만고의 표준은 석가모니 부처님이 다'라고 한 말씀 중에 스님의 계율에 대한 실천관이 다 들어 있다고 볼 수 있다.

4) 사판승에 대한 법문

성철스님은 수행을 하는 이판승(理判僧)뿐만 아니라 포교나 복지활동, 종무행정, 주지 등 사판소임(事判所任)을 사는 스님들도 가르침을 청하면 역시 가르침을 주셨다. 사판승도 역시 가장 중요한 것은 불전에 대한 신심과 사리사욕을 버리고 대중을 위하여 공심(公心)을 가지고 일할 것을 항상 강조하셨다.

총림의 어른이신 성철스님께서는 살아생전 직계상좌들에게 해인사 큰절의 주지를 전혀 맡기지 않았다. 방장스님의 상좌로서 혹시 권력을 남용할까 미리 예방하는 조치였다. 자신의 취향에 따라 포교를 열심히 하는 스님들이 암자에 인사를 하러 오면, 기왕에 하는 것 아주 열심히 하라고 격려하곤 하셨다.

특히 초창기 월간 『해인』지 편집장을 하던 현장스님이나 외국인 포교를 전문으로 하던 원명스님이 찾아오면 아주 반가워하며 인터뷰에도 잘 응해 주었고, 상좌들에게 『해인』지를 많이 매입하여 신도들에게 나누어 주라고 지시하기도 하셨다. 그러나 어른스님으로서 한마디 하는 것도 잊지 않으셨는데, '선종에선 깨친 후에 하화중생(下化衆生)을 하는 것이 원칙이라'고 말씀하셨다.

다음은 1981년에 『해인』지 편집팀과 가야중학교와 야로고등학교 불교학생회를 담당하는 해인사강원의 지도법사 스님들이 인사차 암자에 찾아 왔을 때 내린 소참법문이다.

> 승려라면 첫째, 계행이 청정하고 둘째, 불교에 대한 해박한 지식을 갖추고 수행력을 겸비해야 한다. 자기 정립(定立)이 되지 않은 상태에서 포교에 나서면 포교하려다 포교 당하는 경우가 생길 수도 있다. 세상에 나와 무엇인가 좋은 일을 하려고 큰 뜻을 품은 사람은, 유교에서 말하는 수신제가치국평천하(修身齊家治國平天下)는 우리 불교인들도 명심해야 할 명언이다.

공부하는 학인스님의 입장에서 남을 위해 포교를 하는 사람, 계행이 청정하여 타의 모범이 되고, 불교교리에 대한 이론적인 체계를 갖추고 수행력도 겸비해야 된다는 것이다. 승려로서 자기정립이 되지 않은 사람이 이성인 젊은 신도들을 향하여 포교를 하려다 감정의 노예가 되어 도리어 속퇴하는 경우가 있는 것을 경계한 말이다. 짧은 법문이지만 포교를 전문으로 하는 승려들이 새겨들을 만한 말이라고 생각한다.

5) 종단의 재산관리에 대한 법문

종단의 어른스님으로서 승려교육과 역경 포교에는 경제적인 뒷받침이 없으면 할 수 없기 때문에 공적인 재산관리에 대하여 언급하신 일도 있다. 출가승은 수행과 포교에 전념하고 재산관리는 전문 경영인을 두어 맡기는 것이 좋다고 하셨다. 본·말사의 모든 재원은 중앙으로 집중되어 교육, 포교, 복지 사찰운영 등으로 우선순위로 나누어 집중 투자나 분배하는 것이 효율적이라고 스님은 평소에 대중들에게 이야기 하셨는데 다음의 일간지 기자와의 대담에서 짧지만 그 사상이 잘 나타나 있다.

> 종단의 권력구조를 강력한 중앙집권제로 하고 전 종단의 수입을 가톨릭과 같이 중앙에 집결시켜 승려교육과 역경, 포교사업 등에 전적으로 투자해야 한다고 생각합니다. … 사찰재산과 수입의 개인적 분산관리의 현 체제가 승려들의 온갖 부정, 비행, 암투의 원천이기 때문에 혁신적인 중앙통제의 재정운영이 앞으로 제도개선을 통해 우리 종단에는 반드시 필요합니다.[9]

본·말사를 비롯한 종단의 수입을 중앙에 집결시켜, 우선순위에 따라 도제양성(徒弟養成), 포교, 역경사업 등에 투자해야 되며, 사찰재산과 수입의 개인적 분산관리의 허용이, 일부 비리승려들의 온갖 부정, 비행, 암투의 원천이기 때문에 반드시 중앙통제의 재정운영이 제도개선을 통하여 정착되어야 하며, 가톨릭의 중앙집권적인 재정운영을 배워야 한다는 스님의 말은 재정관리의 핵심을 찌른 말이다.

승가에도 신도가 많거나 수입이 많은 절은 재정상태가 좋고 이것도 재정을 담당하는 몇몇 승려의 관리 하에 있기 때문에 재정을 관리하는 담당자가 공심을 가지고 쓰지 않는 경우, 온갖 비리의 온상이 된다.

---

9) 1981년 1월 19일자 〈중앙일보〉 및 2월 1일자 주간중앙기자와의 대담기사 요약 : 이은윤 기자 정리

즉 다시 말해서 교육과 포교, 역경과 복지사업에 쓰일 재원이 개인적인 이익을 도모하거나 아니면 종단정치에 관심이 있을 때, 종권쟁탈전의 자금으로 투자되는 경우이다.

그리고 조계종단은 큰스님들을 제외한 나머지 스님들은 문중, 본사, 종단차원을 가릴 것 없이 노후보장이 전혀 되어 있지 않기 때문에, 수입이 좋은 절을 차지하려고 임명장을 받는 과정 중에 돈을 쓰고, 주지직을 승계하는 중에 문제가 있다하여 서로 재판하는 것도 종단분쟁의 가장 큰 원인이다.

그래서 이런 폐단을 없애기 위해서는 스님들은 수행과 포교, 역경과 복지사업에만 전념하고 재정관리는 전문 경영인을 두어서 관리하게 해야 한다. 그리고 본·말사를 비롯한 종단의 수입을 중앙에 집결시켜, 우선순위에 따라 도제양성, 포교, 역경사업 등에 투자해야 하도록 반드시 제도화해야 한다는 것이 스님의 재산관리에 대한 견해였다.

6) 승려교육에 대한 법문

성철스님은 또 종단의 행정은 사람을 키우는 교육사업에 집중되어야 한다는 의견을 내기도 하셨다.

> 내 생각으로는 고등학교 이상의 교육을 받고 처음 절에 들어오면 승가대학에 들어가 4년간 불교의 기본교육을 배우고 익히게 한 후 비로소 비구계를 주어 승려가 되어야 할 거라고 봅니다. 승려의 교육수준이 대학수준에 이르지 못하면, 앞으로 불교교단은 자멸하게 될 것이고 이 시대의 골동품이 되고 말 것입니다. 기성 승려들도 재교육의 기회를 주어 대학수준에 이르도록 해야 된다고 생각합니다.[10]

스님이 구상한 현대적인 교육을 받을 수 있는 총림의 구조는 다음과 같다. 승가대학, 종무처(宗務處), 중앙종학원(승려재교육), 종학연구소를 두도록 하였다. 그리고 학교법인으로 만들어 전통교육이 아닌 현대교육을 시도하려고 했음을 승가대학 설치계획서에서 살펴 볼 수 있다. 성철스님이 구상한 승가대학 설립은 상당히 구체적으로 움직였다. 기획은 광덕스님이 주관하고 설립인가는 그 당시 〈대한불교〉 사장인 이덕산에 의해 추진되어 정부에 서류까지 제출했는데 인가받지 못하고 좌절되었다.

성철스님은 소학교와 서당에서 한문밖에 공부하지 못하였지만 평소

---

10) 성철, 『자기를 바로 봅시다』(장경각, 1987), p.188.

에 타종교의 성직자를 배출하는 교육과정과 그것을 지원하는 종무행정 체계에 대해 관심이 많아서 나름대로 책을 통하여 많은 공부를 하였다. 말년에 이르러서도 해인사에 정규 4년제 승가대학을 만들어 현대교육을 시키지 못한 것을 제일 아쉬워 하셨다.

　스님이 평소에 구상한 현대적인 승려교육은 열반 후, 현재 종단차원에서 적극 추진되고 있다.

7) 사회인들에 대한 법문

　스님은 사회인들을 상대로 교훈적인 법문을 내린 일도 있다. 역시 일간지 기자와의 대화를 예로 들어 보겠다.

> 문 : 요즈음 말하기를, 현실적 상황이니, 물질만능시대이니, 자기상실이니 하는 이야기가 많이 등장하고 있습니다. 고뇌하는 현대인을 위하여 한 말씀 해주십시오.
> 답 : 인간의 마음은 생명의 주체이고 모든 만물의 근원입니다. 그러나 인간은 자기 자성을 잃고 일상의 수레에 이끌려 가고 있습니다. 이것은 물질만능에 의해 자기를 잊어버렸기 때문입니다. 그래서 옛 조사들은 재색을 보기를 독사 보는 것 같이 하라고 했습니다. 부처님도 제자인 아난존자와 길을 같이 가다가 황금을 보고 '독사를 보아라.'고 외친 일이 있습니다. 물질로는 인간의 공허를 메울 수가 없습니다. 그리고 잃어버린 자기는 오직 자기 심성 속에서 되찾아야만 가능한 것입니다.[11]

오늘날 너무 물질만능의 시대에 빠져 인간성을 잃어버리는 것을 경계한 것이다. 자본주의의 논리인 물질만능으로 인간은 절대 행복해질 수 없다. 물질은 계속 새로운 욕구를 유발시키기 때문이다. 인간의 행복은 바깥에 있는 것이 아니라 자기 자신이 태어날 때부터 가지고 있는 순수한 마음에 있다. '자기를 바로 보라'는 말이다.

4. 성철스님의 교화사상

성철스님의 교화사상을 엿볼 수 있는 것은 스님이 발표한 신년법어와 초파일법어 등 대중법어를 통해서이다. 성철스님이 재가불자에게 가르친 중요한 가르침은 흔히 '자기를 바로 봅시다', '남을 위해 기도합시다', '남 모르게 남을 도웁시다'의 세 가지 표어로 대별할 수 있다. 성철스님이 강조한 신행의 첫걸음은 바로 자신을 바로 보는 일이다. 1982년에 발표한 초파일 법어에서 그 사상이 가장 잘 드러난다.

    자기를 바로 봅시다.
    자기는 원래 구원되어 있습니다.
    자기가 본래 부처입니다.
    자기는 항상 행복과 영광에 넘쳐 있습니다.

---

11) 1981년 2월 14일 〈조선일보〉 이준우 문화부장과의 대담.

극락과 천당은 꿈속의 잠꼬대입니다.
…
자기를 바로 봅시다.
모든 진리는 자기 속에 구비되어 있습니다.
만약 자기 밖에서 진리를 구하면, 이는 바다 밖에서 물을 구함과 같습니다.[12]

'자기를 바로 본다'는 것은 자기가 '원래 구원되어 있다'는 것을 바로 보는 것이고 '본래 부처'라는 것을 바로 보는 것이며 '모든 진리가 자기 속에 구비되어 있음'을 바로 보는 것이다. 이것은 대중들에게 성불이 무엇인가를 직접적으로 제시하고 있는 법어라고 할 수 있다.
1982년 초파일 법어의 다음과 같은 말씀에도 주목해야 한다.

자기는 본래 순금입니다.
욕심이 마음의 눈을 가려 순금을 잡철로 착각하고 있습니다.
나만을 위하는 생각은 버리고 힘을 다하여 남을 도웁시다.
욕심이 자취를 감추면 마음의 눈이 열려서,
순금인 자기를 바로 봅니다.[13]

자기는 본래 순금이지만 욕심이 마음의 눈을 가려 잡철로 보고 있다는 설명이다. 중생이라면 누구나 본래 가지고 있는 불성이 번뇌에 가려져 있으며 이것만 제거하여 자신의 본래 모습을 바로 보면 성불이

---

12) 성철, 『자기를 바로 봅시다』(장경각, 1987), p.18.
13) 위의 책, p.18.

라고 하고 있다.

자기를 바로 보는 일, 즉 견성에서 이제 '자기'라는 말은 나 개인만을 지칭하는 것이 아니라 전체 중생으로까지 확장된다.

> 자기는 시간과 공간을 초월하여 영원하고 무한합니다.
> 설사 허공이 무너지고 땅이 없어져도
> 자기는 항상 변함이 없습니다.
> 유형, 무형할 것 없이 우주의 삼라만상이 모두 자기입니다.
> 그러므로 반짝이는 별, 춤추는 나비 등등이 모두 자기입니다.[14]

세상의 모든 것이 성불하였다면 "일체 만물은 서로서로 의지하여 살고 있어서, 하나도 서로 관련되지 않은 것이 없다는 이 깊은 진리"[15] 속에서 이제 할 수 있는 일은 "참으로 내가 살고 싶거든 남을 위해 기도하고 남을 돕는 것이다." "내가 사는 길은 오직 남을 위하는 것밖에 없기" 때문이다.

성철스님은 재가불자들의 신행교육을 위한 실천방법으로 삼천배, 백팔참회, 대불정능엄신주 독송, 아비라기도 등을 제시하셨다. 스님의 재가불자들에 대한 신행교육 중 대표되는 것은 삼천배이다. 1984년 4월 1일자 「주간조선」과의 인터뷰에서 기자가 삼천배에 대해서 다음과 같이 질문을 했다.

문 : 스님을 만나려면 부처님께 삼천배를 먼저 해야 한다고 해서 화

---

14) 성철, 『자기를 바로 봅시다』(장경각, 1987), p.18.
15) 위의 책, p.21.

제가 되고 있습니다. 스님을 만나 뵙기 어렵다는 이야기로 이해되기도 하고 스님이 오만하기 때문이 아니냐는 오해도 있는 것 같습니다.

답 : 흔히 '삼천배하라' 하면 '나를 보기 위해' 삼천배 하라는 줄로 아는 모양인데 그렇지 않습니다. 승려라면 부처님을 대행할 수 있는 사람을 말하는데, 어느 점으로 보든지 내가 무엇을 가지고 부처님을 대행할 수 있겠나 하는 생각입니다. 아무리 생각해봐도 내가 남을 이익되게 할 수는 없습니다. 그래서 내가 늘 말합니다. 나를 찾아오지 말고 부처님을 찾아오시오. 나를 찾아서는 아무 이익이 없습니다. 그래도 사람들이 찾아오지요. 그러면 그 기회를 이용하여 부처님께 절하라, 하는 것이지요. 그래서 삼천배 기도를 시키는 것인데 그냥 절만 하는 것이 아니라 '남을 위해서 절해라, 나를 위해 절하는 것은 거꾸로 하는 것이다'라고. 그렇게 삼천배를 하고 나면 그 사람의 심중에 변화가 옵니다. 그 변화가 오고 나면 그 뒤부터는 자연히 스스로 절하게 됩니다.… 삼천배는 그전부터 시켰는데 본격적으로는 6·25 사변 뒤 경남 통영 안정사 토굴에 있을 때부터입니다.[16]

스님은 삼천배를 시키는 데 대해서 나를 찾아오지 말고 부처님을 찾으라는 뜻이며, 자기를 위해 하지 말고 남을 위해서 절을 하라고 훈계하셨다. 삼천배에 대하여 한 가지 더 부언하기도 하셨다.

---

16) 성철, 『자기를 바로 봅시다』(장경각, 1987), p.152. 1982년 1월 1일 법정스님과의 대담을 〈중앙일보〉 이은윤 기자 정리.

"중이 신도를 대하는 데 사람은 안 보고 돈과 지위만 본단 말입니다. 안 그래요? 그래서 난 이 대문에 들어올 때는 돈 보따리와 계급장은 소용없으니 일주문 밖에 걸어놓고 알몸만 들어오라고 하지! 사람만 들어오라 이겁니다. 그리고 들어오면 '내가 뭐 잘났다고 당신을 먼저 만날 수 있나?' 하지요. 부처님을 찾아왔다면 부처님부터 뵈라는 뜻입니다. 부처님을 정말로 뵈려면 삼천배는 해야지요. 부처님한테는 무엇보다도 신심(信心)이 제일입니다. 부처님을 알 때까지 절하는 정신이 중요한 겁니다. 그래야 부처님이 '너 왔구나' 하실 게 아니오. 그런 사람이면 나도 옆에서 좀 도와주지요. 중도 사람이고 나도 사람이니 부처님을 믿어야지요."[17]

스님은 자기가 잘 나고 오만해서가 아니며, 신도를 대할 때 재물의 많고 적음이나 사회적인 지위는 보지 않으며 불전에 대한 신심을 본다는 것이다. 불전에 삼천배 정도의 절을 한 신도와는 이야기를 좀 하겠다는 뜻이다. 세상에 잘 알려져 있진 않지만 백련암에서는 스님의 뜻에 따라 아비라기도를 수십 년째 하고 있다.

성철스님의 뜻에 따라 1년에 네 번, 하안거 결제와 해제, 그리고 동안거 결제와 해제를 전후해서 3박4일의 아비라기도를 갖는다. 음력으로 치면 정월 4일에서 7일, 음력 4월 12일에서 15일, 음력 7월 12일에서 15일, 음력 10월 12일에서 15일까지다. 백련암 법당에 모여 비로자나법신주인 "옴 아비라 훔 캄 스바하"를 염송하는 기도

---

17) 원택, 『성철스님 시봉이야기2』(김영사, 2001), p.132.

행사이다. 예불대참회문을 독송하며 백팔배를 먼저 한 다음, 장궤합장(長跪合掌)[18]하여 30분 동안 "옴 아비라 훔 캄 스바하" 하며 우렁차게 합송하는 기도이다. 새벽 3시에 일어나 아침 예불을 올리고 매 기도 시간을 50분으로 하여 저녁 공양전까지 하루 여덟 번씩 기도를 한다. 1년 네 번의 기도 기간에 지금도 매번 500여 명이 넘게 참여하고 있다. 성철스님도 "백련암에서 삼천배 기도와 아비라 기도가 끊이지 않게 하라"고 늘 당부하였다.[19]

아비라기도를 실제 해 본 사람은 누구나 이구동성으로 말하지만 이것보다 더 힘든 기도는 없는 것 같다. 기도가 끝나고 나면 전생과 금생에 걸쳐 알게 모르게 지은 나쁜 업장이 확 녹아 버리는 느낌을 누구나 갖게 된다. 1년에 네 차례 하는 아비라기도는 스님들이 참석하지 않고, 신도들이 자발적으로 참여하여 신도들이 하는 기도이며 이 기도를 통해 스님은 기복신앙을 지양(止揚)하고 참회(懺悔)와 발원(發願)의 신앙으로 바꾸어 놓았으니 '자기 기도는 자기가 해야 한다'는 생각을 신도들에게 확실히 심어 주셨다.

송광사의 법정스님이 해인사강원을 졸업하고 해인사 뒷방에서 글을 쓸 때 『서 있는 사람들』이라는 수필집에, 여름수련회에 참석한 100여 명의 남녀 학생들이 대적광전에서 땀을 뻘뻘 흘리며 삼천배를 하는 것을 보고 굴신운동이라고 비판하는 글을 올렸다.

아마도 법정스님은 온 몸이 땀에 젖어 절하는 모습이 오히려 부처님

---

18) 장궤합장(長跪合掌) 꿇어앉은 상태에서 엉덩이를 들어 올려 일직선이 되게 하여 합장하고 기도하는 모양.
19) 원택, 『성철스님 시봉이야기2』(김영사, 2001), pp.132~133.

께 불경하다고 느끼셨거나, 아니면 저런 힘든 기도에 무슨 감화가 있을까 하는 생각이 드셔서 그러시지 않았을까 생각해 본다.

이에 평소 성철스님을 존경하던 해인사 총무국장 도성스님이 법정스님에게 거세게 항의하면서 법정스님이 해인사를 떠나는 필화사건이 발생했다.

그 후 법정스님과 성철스님과의 관계가 소원해졌으나 백련암의 원정스님과 친분이 있던 해인사 중강 돈연스님의 중재로 도성스님의 항의가 큰스님의 뜻이 아님을 알게 되면서 법정스님이 다시 백련암을 찾고 섭섭함을 풀었던 일이 있었다.

필화사건을 겪은 법정스님이 그때 해인사를 나와서 다른 산중의 회상에 가서 살아본 결과 당대에 선(禪)·교(敎)·율(律)에서 수행력과 이론과 실천력을 완벽하게 갖춘 스님은 성철스님밖에 없다는 것을 깨달았다고 한다. 선적인 수행력은 갖춰 있어도 교학적인 뒷받침이 없어 상단법문이 시원찮은 스님도 계셨고 선과 교는 갖춰 있어도 계율적인 면에서 하자가 있는 스님도 계셔서 이 시대에 성철스님 만한 분이 없구나 하는 것을 확실하게 느꼈다고 한다.

성철스님께서 백일법문을 할 때 녹음테이프를 들어보면 가끔씩 질문하는 스님이 있었는데, 대중스님들 중에서 교학에 밝은 법정스님이 제일 질문을 많이 하였다고 한다. 모습은 볼 수 없지만 음성으로 들어보면 질문을 하면 성철스님이 꼬박꼬박 답변을 해주시고 당신의 법문을 알아듣는 대중이 있구나 굉장히 즐거워하시면서 기특하게 생각하시는 느낌을 받을 수 있었다.

세월이 흘러 성철스님이 『선문정로』와 『본지풍광』을 출판할 때 1차 원고교정을 송광사 불일암에 계시는 법정스님께 맡겼던 것은 성철스님이 일찍이 법정스님의 실력을 인정했기 때문이다.

법정스님께서 불일암에 계실 때 일 년에 한번 씩 백련암에 오시면 원통전 뒷방에 걸망을 풀어 놓고 4~5일씩 쉬어 가시곤 하였다. 법정스님이 성철스님 방에 들어가면 고고하고 엄숙하신 두 분 스님께서 의기가 투합하는지 웃음소리가 그치질 않았다.

그리고 언젠가 법정스님의 수필집에 대해서 성철스님께서 상좌들에게 말씀하시길, "법정스님의 글을 보면 문장의 기교도 탁월하지만 법정스님의 생활자체가 글에 그대로 묻어나오니 독자들에게 신선한 감동을 주고 생명력이 있는 것이다."라고 말씀하면서 글을 쓰는 사람들을 보면 글 따로 생활 따로 엇박자로 가는 사람이 많은데 법정스님은 필행일치(筆行一致)하니 존경받을 만하다고 말씀하신 적이 있다.

5. 불공이란 남을 도와 주는 일

성철스님은 1981년 3월 1일의 「주간한국」(849호 게재)과의 대담에서, "불공이란 남을 도와주는 것이지 절에서 목탁 두드리는 것이 아니며, 절은 불공을 가르치는 곳"이라 하고 "불공은 밖에 나가서 해야 하며 남을 돕는 것이 불공"[20]이라고 강조하셨다. 그리고 "불교에서는 사람이고, 짐승이고, 미물이고 할 것 없이 일체 중생 모든 것이 다 불공의 대

---

20) 성철, 『자기를 바로 봅시다』(장경각, 1987), p.46.

상입니다."²¹⁾라고 중생계 전체를 대상으로 함을 밝혔다.

또한 "내가 생각할 때는 절에 사는 승려들이 목탁치고 부처님 앞에서 신도들 명과 복을 빌어 주는 이것이 불공이 아니며, 남을 도와주는 것만이 참 불공이라는 것을 깊이 이해하고 이를 실천할 때, 그때 비로소 우리 불교에도 새싹이 돋아날 것입니다."²²⁾라며 남을 위해 불공할 것을 강조하셨다.

다음은 1981년 2월 14일자 〈조선일보〉 이준우 문화부장과의 대담 기사인데 여기서 우리는 퇴옹성철스님의 참다운 불공사상을 엿볼 수 있다.

> 남을 도울 때는 자랑하는 생각이 없어야 합니다. 몸으로서, 마음으로서, 물질로서 좋은 불공을 해놓고 입으로 자랑을 하면 그 공덕은 참다운 공덕이 아닙니다. 그래서 나는 일체생명을 불공의 대상으로 삼아야 한다고 주장하는 것입니다.²³⁾

스님이 말하는 불공은 『금강반야바라밀경』에 나오듯이 무주상보시(無住相布施)를 해야 참다운 불공이라는 것이다. 스님도 측근에서 오래 시봉했던 상좌들의 말을 종합해 보면, 세상에 드러내놓고 하지는 않았지만 공부를 열심히 하는 승려들이 학비가 없거나 몸이 아파서 암자에 찾아오면 상좌들을 시켜 장학금도 주게 하고 치료비도 많이 대 주었으며, 백련암에 필요 이상의 양식이나 과일 채소 등이 쌓이면 상좌

---

21) 성철, 위의 책, p.46.
22) 성철, 『자기를 바로 봅시다』(장경각, 1987), p.47.
23) 성철, 위의 책, p.150.

들을 시켜 산중의 가난한 암자에 소문 없이 나누어 주곤 하셨다.

 스님은 해인사 인근 마을인 마장에 사는 사람들이 가난하게 산다는 말을 듣고 항상 가슴 아프게 생각하다가 어느 날 상좌들을 데리고 직접 마장마을을 방문하여 그 동네 사람들의 생활상을 보고 도와주기로 하셨다. 다음은 그때의 일을 시봉기를 통하여 살펴보기로 한다.

"내 오늘 마장 갔다 온 얘기를 할 테니 잘 들어 보거래이"
무슨 말씀인가 싶어 다들 귀를 모았다.
"맨날 건너다 보면서 저곳은 어찌 사는고 참 궁금했는데, 오늘 가 보니 지지리도 못살데. 사람 사는 것이 이런 것인가 싶고, 애새끼들도 올망졸망하고…, 그래 가서 보니 참 딱하데. 뭐 도와줄 수가 있을낀데…"
좀처럼 그런 말을 잘 안 하시던 큰스님이 그날은 몹시 가슴아파 하셨다. 결국 다음 날 맏상좌인 천제스님이 큰스님께 불려갔다.
"아무리 생각해도 안 되겠다. 누구 시주할 사람 없는가 찾아봐라. 개개인에게 돈 줄 수는 없을끼고 마을공동으로 재산을 불릴 수 있도록 송아지 몇 마리쯤 보시하면 안 되겠나?"
시주물을 피하고 세속과 떨어져 살고자 하는 성철스님으로서는 매우 이례적인 결정이다. 천제스님은 평소 큰스님을 존경하는 몇몇 신도들을 방문하기 위해 부산으로 갔다.
그 결과 천일여객이란 버스회사를 운영하던 분께 부탁해서 송아지 열 마리를 마장에 기증할 수 있었다. 큰스님은 그 후 보시한 그 처사를 볼 때마다 "보시처럼 좋은 인연과 공덕을 맺는 것이 어디 있겠노? 아주 훌륭한 불공을 했어."라며 고마워했다.[24]

스님은 또 마장 사람들이 고랭지 채소를 재배하여 살림이 윤택해질 때까지 내복을 갖다 주었다고 한다. 이런 후일담을 종합해 보면 법상에서 법문으로 그치는 그런 스님은 아니었다.

스님의 불공에 대한 경전적인 근거를 찾아보면, 경전 중에서 『법화경』과 『화엄경』을 최고의 경전으로 꼽았는데, 그중에서 『화엄경』의 「보현행원품」을 가리켜 여기에 "불교의 근본진리가 포함되어 있으며 불교인이 어떻게 행동해야 될 것인가가 모두 규정되어 있다."고 말씀하셨다.[25] 스님은 타인을 위한 불공 개념의 근거로 『화엄경』의 보현보살십대원 중 「광수공양(廣修供養)」 편을 들었다. 「보현행원품」에서 보현보살은 선재동자와 보살들에게 불타와 같은 공덕을 성취하기 위해서는 열 가지 큰 행원(行願)을 닦아야 한다고 말씀하셨다. 그 열 가지 행원의 세 번째가 널리 공양하면서 닦는다는 광수공양이다. 널리 공양하는 예로 꽃공양, 천상의 음악공양, 갖가지 향을 발라 드리고 향을 태우는 공양 등 각종의 공양이 언급되지만, 보현보살은 이 모든 공양 중에서 법공양이 최고의 공양이라고 말한다. 그리고 법공양을 다음과 같이 설명한다.

> 이와 같은 모든 공양구를 가지고 항상 공양하더라도 선남자야, 법공양(法供養)이 으뜸이니라. 여래가 설하신 대로 수행하는 공양, 중생을 이롭게 하는 공양, 중생을 받아들여 포용하는 공양, 중생의 고통을 대신 받는 공양, 부지런히 선근을 닦는 공양, 보살의 업을 저버리지 않는 공양, 보리심(菩提心)을 떠나지 않는 공양이다. 선남자야, 앞에 말한 공양이 무량공덕이 있지만 법공양의 일념공덕(一

---

24) 원택, 『성철스님 시봉이야기1』(김영사, 2001), p.170.
25) 성철, 『자기를 바로 봅시다』(장경각, 1987), p.40.

念功德)에 비교하면 백분의 일에도 미치지 못하고 천분의 일에도 미치지 못한다.… 이처럼 최승의 공양을 넓고 크게 하는 것을 허공계가 다하고 중생계가 다하고 중생의 업이 다하고 중생의 번뇌가 다할 때까지 하면 나의 공양도 다하겠지만, 허공계와 번뇌는 다할 수가 없으니 널리 하는 나의 공양 역시 다함이 없도다.[26]

성철스님은 일곱 가지 법공양 중에서도 "중생을 이롭게 하는 것이 그 골수"[27]라고 강조하셨다. 스님은 「보현행원품」의 말을 인용하여 길가에서 배고파 죽어 가는 강아지에게 식은 밥 한 덩어리 주는 것이 부처님에게 만반진수를 차려놓고 수천만 번 절하는 것보다 더 큰 공양이라고 강조한다.[28] 다음은 1981년 3월 1일 「주간한국」 제849호에 게재된 불공에 대한 선사와 학생들과의 대화를 신문기자에게 공개한 것이다.

학생들에게 불공하는 방법을 여러 가지로 예를 들었더니 어떤 학생이 이렇게 질문해 왔습니다.
"스님은 불공 안 하시면서 어째서 우리만 불공하라고 하십니까?"

---

26) 「入不思議解脫境界普賢行願品」(『大正藏』 10, p.845a). "以如是等諸供養具。常爲供養。善男子。諸供養中。法供養最。所謂如說修行供養。利益衆生供養。攝受衆生供養。代衆生苦供養。勤修善根供養。不捨菩薩業供養。不離菩提心供養。善男子。如前供養無量功德。比法供養。一念功德。百分不及一。千分不及一。百千俱胝那由他分。迦羅分。算分。數分。諭分。優婆尼沙陀分。亦不及一。何以故。以諸如來尊重法故。以如說修行出生諸佛故。若諸菩薩。行法供養。則得成就供養如來。如是修行。是眞供養故。此廣大最勝供養。虛空界盡。衆生界盡。衆生業盡。衆生煩惱盡。我供乃盡。而虛空界。乃至煩惱。不可盡故。我此供養。亦無有盡"
27) 성철, 『자기를 바로 봅시다』(장경각, 1987), p.40.
28) 성철, 위의 책, p.41.

"나도 지금 불공하고 있지 않은가, 불공하는 방법을 가르쳐 주는 이것도 불공 아닌가."[29]

이것은 철저히 무소유로 살아서 재물이 없는 스님이 남에게 불공하는 최상의 방법은 법문을 통한 법공양(法供養)뿐임을 나타내는 말이다. 사부대중을 위해 깨달음의 길로 이끌기 위한 정기적인 법문은 수행자가 중생들에게 베풀 수 있는 최상의 불공임을 강조한 것이다.

6. 권력 앞에 꼿꼿했던 수행자

종교와 정치와의 관계는 어떤 관계가 되어야 하는가에 대한 법문을 살펴 보기로 하자.

정치와 종교는 어떤 관계이어야 하는가 할 때, 종교와 정치는 완전히 분리해야 됩니다. 분리해야 될 뿐이 아니라 종교는 정치이념의 산실이라고 봅니다. 정치이념의 근본이란 말입니다. 종교는 정치의 정신적인 근본 공급처, 정신적인 원동력이 되어서 모든 정치이념이 종교에서 비롯되어야 하는 것입니다. 이것이 아니고 만약에 종교가 정치의 지배를 받게 된다면 이것은 서로 전도된 것이 되어서 국가

---

29) 성철, 『자기를 바로 봅시다』(장경각, 1987), p.43.

적으로 큰 위험이 오게 되며 결국에는 파멸에까지 이르게 됩니다. 역사적으로 보면, 통일신라시대에 불교가 근본이념이 되어서 우리의 5천년 역사상 가장 찬란한 문화의 황금탑을 세운 시기가 됩니다. 어느 나라 어느 시대에나 종교가 정치의 지도이념이 되었을 때는 문화가 발달한 것이 역사적 사실입니다. 그러니 종교와 정치는 분리되어야 하며, 분리되면 그 관계는 어떻게 되느냐? 종교는 정치의 지도이념이 되어야 한다고 생각합니다.[30]

종교와 정치는 분리되어야 하며, 종교가 정치에 예속(隸屬)되어서는 절대 안 되고 옳은 정치를 할 수 있게끔 언제든지 지도이념이 되어야 한다는 것이다. 성철스님은 관념적인 세계에만 머문 것이 아니라, 자신이 수행자로서 어떻게 처신해야 하는 것을 누구보다 잘 알았고 그것을 실천했던 사람이다. 다음은 해인사에서 직접 있었던 유명한 사건이다.

1977년 구마고속도로(丘馬高速道路) 개통식에 참석했던 박정희 대통령이 가는 길에 해인사를 들르게 됐다. 당연히 방장인 성철스님의 영접을 요구해 왔다. 해인사 주지스님이 백련암으로 올라와 부탁을 했다.
"대통령께서 오시니까 큰스님이 큰절까지 내려와 영접을 해주셨으면 좋겠습니다."
성철스님은 한동안 주지의 얼굴만 쳐다보다가 말했다.
"나는 산에 사는 중인데, 대통령 만날 일이 없다 아이가."

---

30) 성철, 『자기를 바로 봅시다』(장경각, 1987), pp.157~158. 1982년 1월 1일 법정스님과의 대담을 중앙일보 이은윤 기자 정리.

주지를 비롯해 맏상좌인 천제스님까지 나서 성철스님을 설득하려고 많은 애를 썼으나 성철스님은 끝내 큰절로 내려가지 않았다. 그래서 박대통령은 방장 대신 주지스님의 안내를 받으며 사명대사가 열반한 암자인 홍제암을 둘러보고 허물어져 가던 홍제암의 건물들을 보수토록 했다.

그 짧은 방문 중에 박대통령은 해인사에 여러 가지 도움을 주었다. … 성철스님이 박대통령을 영접하지 않은 사건을 두고 산내에서도 평가가 갈렸다.

한쪽에서는 '성철스님이 박대통령을 영접해 한마디만 했으면 퇴락해 가던 해인사 건물들을 일신하는 큰 지원을 얻을 수 있었을 텐데.'라는 아쉬움과 함께, 성철스님이 너무 까다로워 해인사가 발전이 없다는 비난도 적지 않았다.

또 다른 한쪽에서는 성철스님이 선승들의 권위를 지켜주었다는 찬사를 보냈다. 선승들의 지도자로서 세속의 최고 권력자를 가벼이 봄으로써 산중의 자존심을 지켜냈다는 것이다. 주로 선방에서 수행 중이던 선승들이 절대적 지지를 보냈음은 두 말할 필요도 없다.[31]

다음은 5공화국 때의 일인데 성철스님의 처세관을 엿볼 수 있는 기록이다.

5공화국 때 청와대에서 몇 번이나 스님을 초청했지만, 그때마다 종교인과 정치인은 길이 서로 다르니 만날 필요가 없다고 응하지 않

---

31) 원택, 『성철스님 시봉이야기2』(김영사, 2001), pp.134~135.

았다. 그때 상좌들에게 말씀하시길, "역사적으로 볼 때 수행하는 종교인이 정치인과 너무 밀착하면 필요에 따라 서로 이용해 먹게 되어 결국 타락하게 된다."고 하셨다. 평소에 권력자나 재벌가의 유명 인사들이 큰스님과 인연을 맺으려고 무척 노력을 많이 했었지만, 스님께서는 그들을 교화할 대상으로 생각했지 그들의 후광이나 득을 볼 생각은 추호도 없었다.[32]

일반적으로 보면, 최고 권력자가 사찰을 방문하면 영접을 한다고 아주 분주했을 것이고, 청와대에서 초청하면 영광스럽게 생각했을 것이다. 그러나 성철스님은 한국의 최고 권력자가 해인사를 방문해도 만날 필요가 없다고 두문불출하고, 청와대의 초청을 가볍게 일축한 것은 그가 오만해서가 아니라 종교인으로서 어떻게 처신해야 한다는 인생관이 확고했기 때문이다.

프랑스인 서명원 신부가 지난해 '성철스님의 돈오사상은 3, 4, 5공화국의 독재정권의 정치이념에 부합한 사상'이라는 발표를 보고 경악을 금할 수 없었다. 과거의 중국 한국 일본 불교사를 보면 화엄이나 법화사상 내지 선사상이 최고 권력자와 결탁하여 정치권의 통치이념을 제공하였다는 학자들의 해석이 가끔씩 있지만 성철스님의 돈오사상은 동화사 금당선원에서 깨친 이후 평생을 통하여 주장하던 정신적인 체험의 세계를 표현한 것이지 정치이념에 부합한 사상이 절대 아니다. 옛날의 왕사나 국사 같이 최고 권력자가 사는 처소를 방문하고 교류를 한 일도 평생 없었고, 최고 권력자나 재벌가의 인사들이 스님과 인연

---

32) 원소, 「다시없을 스승을 그리며」, 『가야산 호랑이를 만나다』(아름다운 인연, 2006), pp.139~140.

을 맺으려고 무척 노력을 많이 하였지만 평생을 통하여 이런 사람들과 인연을 맺은 일이 한 번도 없었다.

  서명원 신부에게 묻고 싶다. 성철스님 같이 목숨을 걸어 놓고 장좌불와나 벽곡, 20여 년의 생식, 10여 년의 동구불출과 같은 초인적인 수행을 한 일이 있는가? 성철스님 같이 정신적으로 돈오의 체험을 해 본 적이 있는가? 『법화경』에 나오듯이 "부처님의 세계는 부처님만이 알 수 있다" 그런 수준이 아니면 더 이상 구업(口業)과 필업(筆業)을 짓지 마시길 바란다.

  성철스님께서 해인사 방장으로 부임하여 얼마 되지 않아서 일어난 일인데 그 당시에 시봉했던 사형님들로부터 전해들은 이야기다.

  하루는 국일암 쪽으로 난 오솔길로 부리나케 혼자 내려가셨는데, 한 시간 쯤 있다가 웬 할아버지 한 분을 모시고 올라와서는 백련암의 큰방에 모셨다. 그런 다음 성철스님께서 그 할아버지한테 큰절을 올리더니 상좌들에게 차담을 준비해가지고 오라고 해서 대접해 드리니 2시간 정도 이야기의 꽃을 피우시더란다. 가실 때는 여비까지 드리면서 상좌들에게 버스 타는 데까지 잘 모셔드리라고 해서 '집안에 어른이 오셨구나.'라고 상좌들은 생각했었단다. 그날 밤에 성철스님께서 말씀하시는데 소학교 다닐 때 왜놈들 모르게 한글과 조선역사를 가르치며 민족사상을 고취시켜 주셨던, 존경하던 담임선생님이라는 것이다. 대통령이 해인사에 와도 내려가지 않던 스님이었는데 소학교 때 담임선생님은 성철스님에게 대통령보다 더 소중한 존재였던 것이다.

  문 : 크게는 한 나라를 다스리는 최고 권력자를 비롯하여 작게는

한 기업체를 이끄는 사장에 이르기까지 바람직한 지도자가 되려면 어떤 자질을 갖추어야할 것인지 말씀해주셨으면 합니다.

답 : '단체의 지도자라고 하면 근본정신이 사리사욕을 버려야 합니다. 국가의 지도자라고 하면 그는 오직 국가와 민족을 위하여 사는 사람이어야 합니다. 만약에라도 자기의 명리를 위해서 산다고 하면, 그것은 자살이 되고 맙니다. 단체의 지도자라고 하면, 그 단체를 위해서 사는 사람이어야 합니다. 그렇게 하려면 자기의 사리사욕을 완전히 떠나서 오직 그 단체를 위해서 활동하는 사람이어야 합니다. 그러면 그 단체도 살고, 그 국가도 살고, 그 민족도 사는 것입니다. 이렇게 되면 동시에 자기도 사는 것입니다. … 그러므로 지도자의 자격이란 참으로 사리사욕을 완전히 버린 무아사상(無我思想)에서 전체를 위해서 사는 사람이어야 합니다.'[33]

단체나 국가를 이끄는 지도자의 위치에 있는 사람은 사리사욕을 버리고 단체나 국가와 민족을 위해 완전히 몸을 던질 수 있는 무아사상을 갖춘 사람이어야 단체도 살고 국가도 살며 아울러 자기 자신도 산다는 것이다. 성철스님은 '우리나라 정치인들이 입으로는 애국애족과 민주주의를 부르짖지만, 속을 들여다보면 대부분 권력지향적이고 사리사욕을 채우는 사람들이 대부분이다'고 말한 적이 있다.

요즘 세태를 보면, 날이 갈수록 인간사회가 험악해지고 있는 느낌

---

33) 성철,『자기를 바로 봅시다』(장경각, 1987), p.158. 1982년 1월 1일 법정스님과의 대담을 〈중앙일보〉 이은윤 기자 정리.

입니다. 어떻게 하면 인간다운 인간노릇을 할 수 있습니까? 인간사회에서 존립의 터전으로 내려온 기존의 가치체계나 규범이 크게 흔들리고 있습니다.

요새 풍조를 보면 너무 물질에 치중한 것 같아요. 물질에 치중해서 물질에 자꾸 끄달리다 보니 이성을 상실하고 자연 탈선행위를 하게 되지요. 그 근본원인을 보면 서양의 물질문명을 너무 맹종하기 때문이지요. 이 병을 고치려면 아무래도 정신문명에 있어서는 동양문명이 서양문명보다 수승하다고 보는데, 그래서 전통적인 동양정신문화를 새로 복구시켜서 정신이 위주가 되어 물질을 지배해야겠습니다. 물질이 정신을 지배하면 역지배가 되고, 인간은 자기 상실을 하고, 완전히 동물이 되어버리고 맙니다. 그렇게 되면 약육강식 그대로입니다.[34]

지금 전 세계적으로 일어나고 있는 살인, 방화, 약탈, 빈부의 격차, 기아, 테러, 지구의 온난화로 인한 생태계 변화 등으로 인간세상이 점점 험악해지고 있는 원인은 서양의 물질문명을 너무 맹종하기 때문에 일어나는 현상이라는 것이다. 이러한 전 세계적인 현상을 치유하기 위해선 정신문명을 존중하는 전통적인 동양정신문화를 복구시켜서, 정신이 위주가 되어 물질을 지배해야만 회복될 수 있다는 성철스님의 일반 사회인들을 위한 법문이다.

---

34) 성철, 『자기를 바로 봅시다』(장경각, 1987), p.153.

7. 열반 전의 성철스님

　수행자는 말년이나 임종 직전의 행동을 보면 대부분 진면목이 드러나는데 성철스님도 열반 전에 유명한 사건이 있었다. 『선문정로』에서 병중일여(病中一如)란 법문이 있는데, 이것은 병이 들어 위급할 때나, 타계하기 직전에 육신은 괴롭지만 화두는 평소와 다름없이 성성한 모습이다.

　　열반(涅槃)이 가까워 올 때 상좌들 중에서 참선을 오래한 원담스님이 성철스님 방에 같이 기거하면서 시봉을 했다. 큰스님은 열반하시던 날까지 새벽 2시만 되면 일어나 손수 이불을 개고 세수를 한 다음 좌복에 앉아 참선을 하셨다고 한다. 지금 해인사 선원에서 수좌(首座)의 직책을 맡고 있는 원융스님이 상좌들과 직접 겪은 일 하나를 소개하겠다.
　　성철스님이 열반하기 며칠 전에 체력이 극도로 쇠퇴하여 자주 주무시길래 완전히 혼침(昏沈)에 빠진 줄 알고 "큰스님, 지금 경계는 어떠하십니까?" 하고 법거량(法擧揚)을 하였더니 혼침에 빠져 주무시는 줄 알았던 성철스님이 벌떡 일어나서 원융스님의 뺨을 후려쳤다고 한다. 이 일은 그 당시 전국의 제방선원(諸方禪院)에서 화제가 되었던 유명한 사건이다. 성철스님은 생사의 갈림길 앞에서도 전혀 흔들리지 않고 간화선(看話禪)의 선사(禪師)답게 늘 깨어 있었던 것이다.[35]

---

35) 원소, 「다시없을 스승을 그리며」, 『가야산 호랑이를 만나다』(아름다운 인연, 2006), p.142.

　성철스님이 개인의 하루 일상생활부터 산중의 어른으로서 한 점의 흐트러짐이 없이 산 것은 그 당시 해인사에 살았던 사부대중들이 다 같이 공감하는 바다. 그는 수행자의 위의를 잃지 않고 평생을 통하여 치열하게 살았기 때문에 그의 일거수 일투족(一擧手 一投足)은 바로 살아 있는 법문이었다.

　성철스님은 사부대중(四部大衆)의 지도자로서 수행은 물론 일상생활에서 언제나 타의 모범이 되었다. 공부를 마친 도인으로서 자기만의 정신세계에만 안주한 것이 아니라 승속을 막론하고 스님의 도움이 필요한 사람들에게는 그들의 근기에 맞추어 지도하셨다.

　스님의 법어집이나 상좌들의 시봉기를 살펴보면 다음과 같은 공통점을 찾을 수 있다. 출가승에 대한 법문은, 첫째, 불전에 대한 신심을 가져라. 둘째, 시주물을 아껴라. 셋째, 열심히 공부하라. 넷째, 계행을 잘 지켜라. 다섯째, 사판승은 공심(公心)을 가지고 살림을 살아라로 요약할 수 있는데 가장 중요한 가르침은 '참선수행해서 자성을 깨치라'는 것이다.

　재가불자들에 대해서는, '자기 기도는 자기가 해야 한다'는 철칙 속에서 시키는 이유와 기도를 할 땐 자기를 위한 기도가 아니라 남을 위한 기도를 해야 한다는 것, 불공은 절에 와서 하는 것만이 불공이 아니라 일체 유정물(有情物)이 불공의 대상이라는 것, 불공을 할 땐 남이 모르게 무주상보시(無住想布施)를 하라는 것이다. 성철스님이 재가불자들에게 가르친 중요한 법문은 '자기를 바로 봅시다', '남을 위해 기도합시다', '남 모르게 남을 도웁시다'의 세 가지 표어로 압축할 수 있다. 이러한 세 가지 표어는 자리이타 자각각타(自利利他 自覺覺他) 혹은 상구보리 하화중생(上求菩提 下化衆生)이라는 대승불교 수행의 일반적인 구조와 정확히 일치하는 것으로서 '자기 견성', '공덕의 회향', '이타의 실천'으로 이해할 수 있다.

　일반 사회인들을 위하여서는 너무 서구적인 물질문명에 빠짐을 경계하고 동양사상으로 회귀할 것을 권유하셨다. 사회 지도급 인사들에 대해서는 사리사욕을 버리고 공심을 가지고 사회와 민족과 국가를 위하여 멸사봉공(滅私奉公)할 것을 강조하셨다. 이것은 이 세상 만물이 모두 더불어 살아가는 연기적인 세상이기 때문에 자기 자신만 잘 사는 것을 경계하신 것이다.

성철스님의 행장

1912년 (1세)　경남 산청군 단성면 묵곡리에서 아버지 이상언, 어머니 강상봉의 4남4녀중 장남으로 출생. 속명 이영주(李英柱).
1936년 (25세)　해인사로 출가, 3월에 하동산 스님을 은사로 수계 득도. 범어사 금어선원에서 하안거, 범어사 원효암에서 동안거.

　　　　　　　미천대업홍로설(彌天大業紅爐雪)
　　　　　　　과해웅기혁일로(跨海雄基赫日路)
　　　　　　　수인감사편시몽(誰人甘死片時夢)
　　　　　　　초연독보만고진(超然獨步萬古眞)
　　　　　　　하늘에 넘치는 큰일들은 붉은 화롯불에 한 점의 눈송이요
　　　　　　　바다를 덮는 큰 기틀이라도 밝은 햇볕에 한 방울 이슬일세
　　　　　　　그 누가 잠깐의 꿈속 세상에 꿈을 꾸며 살다가 죽어 가랴
　　　　　　　만고의 진리를 향해 초연히 나 홀로 걸어가노라.
　　　　　　　　　　　　　　　　　　　　〈출가시〉

1937년 (26세)　3월 15일 범어사에서 비구계 수지.
　　　　　　　범어사 원효암에서 하안거, 통도사 백련암에서 동안거.
1938년 (27세)　범어사 내원암에서 하안거, 통도사 백련암에서 동안거.
1939년 (28세)　경북 은해사 운부암에서 하안거, 금강산 마하연에서 동안거.
1940년 (29세)　금강산 마하연에서 하안거, 금당선원에서 동안거.

　　　　　　　황하서류곤륜정(黃河西流崑崙頂)
　　　　　　　일월무광대지침(日月無光大地沈)
　　　　　　　거연일소회수립(遽然一笑回首立)

청산의구백설중(青山依舊白雪中)
황하수 곤륜산 정상으로 거꾸로 흐르니
해와 달은 빛을 잃고 땅은 꺼지는도다
문득 한번 웃고 머리를 돌려 서니
청산은 예대로 흰구름 속에 섰네.

〈오도송〉

1941년 (30세)	전남 송광사 삼일암에서 하안거, 충남 수덕사 정혜사에서 동안거
1942년 (31세)	충남 서산군 간월암에서 하안거, 동안거.
1943년 (32세)	충북 법주사 복천암에서 하안거, 경북 선산 도리사에서 동안거.
1944년 (33세)	선산 도리사에서 하안거. 경북 문경 대승사에서 동안거.
1945년 (34세)	대승사에서 하안거. 대승사 암자인 묘적암에서 동안거.
1946년 (35세)	경북 파계사 성전암에서 하안거, 동안거.
1947년 (36세)	통도사 내원암에서 하안거. 경북 문경 봉암사에서 동안거. 봉암사에서 '부처님 법답게 살자'는 기치 아래 결사하여 청담, 자운, 월산, 혜암, 성수, 법전스님 등과 주석. 중국 총림의 일과에 맞게 생활하고 대불정능엄신주를 독송하도록 함.
1948년 (37세)	봉암사에서 하안거, 동안거.
1949년 (38세)	봉암사에서 하안거, 경남 월내리의 묘관음사에서 동안거.
1950년 (39세)	경남 고성군 문수암에서 하안거, 동안거.
1951년 (40세)	경남 고성의 은봉암에서 하안거, 경남 통영 안정사 천제굴에서 동안거. 안정사와 은봉암 사이에 초가삼간의 토굴을 지어 '천제굴'이라고 이름함. 신도들에게 처음으로 삼천배를 하게 함.
1952년 (41세)	천제굴에서 하안거, 경남 마산의 성주사에서 동안거.
1953년 (42세)	천제굴에서 하안거, 동안거.

1954년 (43세)	천제굴에서 하안거, 동안거. 비구 종단의 정화가 시작됨.
1955년 (44세) ~ **1963년 (52세)**	비구정화 후, 해인사 초대 주지로 임명하였으나 취임하지 않았음. 파계사 성전암에서 동구불출하며 하안거, 동안거.
1964년 (53세)	부산 다대포에서 하안거, 서울의 도선사에서 동안거.
1965년 (54세)	경북 문경의 김용사에서 하안거, 동안거. 겨울에 육조단경, 금강경, 증도가 및 중도 이론을 대중들에게 최초로 설법함.
1966년 (55세)	김용사에서 하안거.
1967년 (56세)	해인사로 와서 백련암에 주석함. 해인총림의 초대방장으로 취임. 동안거 기간 중에 백일법문을 함.
1967년~93년	11월 4일 열반하기까지 해인총림 방장으로 퇴설당과 백련암에 주석.
1976년 (65세)	『한국불교의 법맥』 출간.
1981년 (70세)	1월 20일 대한불교조계종 제6대 종정으로 추대.

원각(圓覺)이 보조(普照)하니 적(寂)과 멸(滅)이 둘이 아니다
보이는 만물은 관음(觀音)이요 들리는 소리는 묘음(妙音)이라
보고 듣는 이 밖에 진리 따로 없으니
시회대중(時會大衆)은 알겠는가?
산은 산이요 물은 물이로다.

〈종정 수락법어〉

12월 『선문정로』 출간.
『선문정로』는 조사 스님들의 수시 법문을 모아서 선문의 바른 길을 제시한 성철스님의 법어집이다. 부처님의 바른 법이 전해져 오는 동안에 여러 가지 이설들이 나타나 신심 있는 납자들이 이를 성취하지 못하게 됨을 크게 염려하여 펴낸 책으로서, 성철스님은

이 책을 통해 돈오돈수를 설파하였고, 견성이 곧 성불임을 누누이 강조하는 한편, 현대의 수행자들이 이 책에 수록된 정전의 말씀을 지침으로 삼아 이설에 현혹되지 않기를 간절히 전하고 있다.

1982년 (71세)	11월 『본지풍광』 출간.

『본지풍광』은 성철스님이 1967년 동안거 결제부터 1982년 하안거 결제까지 해인총림 방장으로서 사부대중을 위해 한 법어 가운데 상당법어만을 모아 엮은 책이다. 『선문정로』가 참선의 이론적인 지침서라면 『본지풍광』은 실제 수행의 결과를 밝힌 설법이다. 성철스님은 "이 상당법어가 어렵기는 하지만 우리 자성의 본지풍광을 밝힌 것이므로 많은 사람들이 널리 익혀 눈 밝은 사람이 나온다면 다행"이라고 하였다.

1986년 (75세)	6월 『돈오입도요문론 강설』과 『신심명·증도가 강설』 출간.
1987년 (76세)	6월 『자기를 바로 봅시다』 출간.
	7월 백련불교문화재단 설립.
	11월 도서출판 장경각 설립, 〈선림고경총서〉 발간 시작.
1988년 (77세)	2월 『돈황본 육조단경』 출간.
1991년 (80세)	대한불교조계종 제7대 종정으로 재추대됨.
1992년 (81세)	4월 『백일법문』 상·하권 출간.

『백일법문』은 중도사상(中道思想)을 핵심으로 인도의 원시불교에서 중국 선종 및 우리나라 선종사상까지를 언급하고 있다. 성철스님이 67년에 해인총림이 방장으로 추대되면서 백일 동안에 한 법문을 정리하여 두 권의 책으로 묶었다.

불교 전반에 걸쳐 두루 밝히고 있는 이 설법은 일찍부터 백일법문이라 불리며 오랫동안 많은 수행자와 불자들의 귀중한 지침이 되어 왔다.

상권에서는 근본불교, 곧 아함경과 남전대장경에 나타난 원시불교의 온갖 이론을 대승의 입장에서 풀이하고, 또 대승의 제반사상인 중관과 유식에 대해서도 설명하고 있다. 하권에서는 천태와 화엄 등에 이르는 다양한 사상의 요점과 선사상의 핵심인 선종의 근본이 돈오에 있음을 여러 조사의 어록을 중심으로 설명하고 있다.

1993년 (82세) 　11월 4일 오전 7시30분 해인사 퇴설당에서 "참선 잘 하라." 는 말씀을 남기고 입적. 세수 82세, 법랍 58세.

　　　　　　　생평기광남여군(生平欺狂男女群)
　　　　　　　미천죄업과수미(彌天罪業過須彌)
　　　　　　　활함아비한만단(活陷阿鼻恨萬端)
　　　　　　　일륜토홍괘벽산(一輪吐紅掛碧山)
　　　　　　　일생동안 남녀의 무리를 속여서
　　　　　　　하늘 넘치는 죄업은 수미산을 지나친다
　　　　　　　산채로 무간지옥에 떨어져서 그 한이 만 갈래나 되는데
　　　　　　　둥근 한 수레바퀴 붉음을 내뿜으며 푸른 산에 걸렸도다.
　　　　　　　　　　　　　　　　　　　　　　　　　〈열반송〉

1993년　　11월 10일 영결식 및 다비식 봉행.